여성, 영화에 묻다

*이 저서는 2018년 대한민국 교육부와 한국연구재단의 지원을 받아 수행된 연구임
(NRF-2018S1A6A4A01035202)

여성, 영화에 묻다
- 다르게 보기의 젠더 정치학

2021년 5월 15일 초판 1쇄 펴냄

지은이 박인영
펴낸이 신길순

펴낸곳 도서출판 **삼인**

등록 1996.9.16 제25100-2012-000046호
주소 03716 서울시 서대문구 성산로 312 북산빌딩 1층

전화 (02) 322-1845
팩스 (02) 322-1846
전자우편 saminbooks@naver.com

디자인 디자인 지폴리
인쇄 수이북스
제책 은정제책

©2021, 박인영
ISBN 978-89-6436-195-5 93680

값 22,000원

다르게 보기의 젠더 정치학

여성, 영화에 묻다

박인영 지음

삼인

머리말

    이 책은 영화를 바라보는 관객으로서 나의 분열적 정체성을 고백하는 글로 완성됐다. 어떤 영화를 보면서도 대체 나는 저 영화를 좋아하는 사람인가, 싫어하는 사람인가를 명료하게 분간하지 못하는 혼돈의 감각이 고스란히 담겨 있다. 영화를 해석하고 삶을 학습하는 데 도움을 받은 훌륭한 저작물들이 갖는 정돈된 사유의 힘과 흔들림 없는 판단의 견고함, 저 밑바닥과 저 너머를 내다보는 통찰력 같은 것과 견줄 수 없는 부실한 생각의 단편들이 모여 있다. 하지만 삶이라는 바다를 헤엄쳐 여기까지 오는 동안 여성으로서 내 몸과 영혼에 남아 있는 온갖 흔적들과 냄새, 삶의 감각과 비전이 담겨 있는 글이기도 하다.

    내게는 이창동의 〈박하사탕〉, 봉준호의 〈살인의 추억〉 등을 커다란 스크린으로 보던 감흥이 여전히 생생하지만, 그 영화들을 경원하고 멀리 두려는 감각 혹은 의지의 강렬함 또한 생생하게 느낀다. 정지우의 〈4등〉, 스티븐 스필버그의 〈더 포스트〉, 알폰소 쿠아론의 〈로마〉, 그리고 〈기생충〉 등을 강렬한 몰입과 굉장한 감흥으로 감상해놓고는 뒤돌아서며 점차 마음이 식어가는 '변심'을 다반사로 하는 분열이 이 책에서 거의 확대경으로 포착된다. "엄마들"이라는 발화가 환기하는 모성의 확장성을 전폭적으로 지지하면서도 〈가족의 탄생〉의 어떤 함의를 여전히 경계한다. 문소리와 이영애, 틸다 스윈튼과 메릴 스트립, 김지수와 천우희, 에밀리 블런트와 김혜자…, 그리고 수많은 여성 연기자들에 대한 존중과 경외와 지지에도 불구하고 그들이 표상하는 인물들에게서 발견한 주저와 두려움, 공포와 무기력 혹은 훼손된 섹슈얼리티로 인해 나 또한 상처 입었던 체험의 토로이기도 하다.

그게 여성으로서, 여성으로서의 각성을 토대로 일상을 살아가는 영화 관객으로서, 또한 짧지 않은 시간 동안 스크린을 예의 주시하는 것으로 살아온 연구자로서 내가 영화를 보는 방식이다. 이 책을 쓸 수 있었던 동력이기도 하다. 따라서 이 책에는 딸/자매/아내/엄마/며느리로, 그리고 여자들의 친구로 살아온 나의 감각과 삶의 경험으로부터 얻은 생각의 틀에 대한 신뢰와 존중이 담겼다. 남성 중심적인 지식 체계로부터 멀어짐으로써 나 자신의 존재성과 가장 가까운 거리에서 바라본 영화세상의 이야기가 담겨 있다.

이 책은 다양한 얼굴로 다양한 삶을 살아가고 있는 여성들과의 대화를 통해 완성됐다. 갓 성인의 길목에 들어선 대학교 학생들, 이제 막 여성으로서의 각성을 시작하던 20~30대 직장 여성들, 그리고 엄마와 아내, 혹은 며느리 어쩌면 시어머니라는 사회적 정체성 속에서 때로는 흔들리고 때로는 호방하게 웃던 사람들과 함께했던 시간이 있어 나는 영화를 더욱 깊게 생각하고 영화에 좀 더 가까이 갈 수 있었다. 내게 영화에 대한 열정과 함께 여성으로서의 삶에 대한 존중을 일깨워준 그 모든 이들에게 깊이 감사드린다. 이 책이 그 경외와 감사에 값하는 것이었으면 좋겠다.

2021년 봄
박인영

차례

머리말 4

프롤로그 〈버닝〉과 〈기생충〉으로 시작되는 이야기 9

1부   그 여자는 어디에 있는가

물리적 부재와 상징적 소멸 35

〈살인의 추억〉, 무엇을 질문할 것인가 53

〈박하사탕〉, 〈뮌헨〉의 '성녀와 창녀' 75

〈박하사탕〉과 〈봄날은 간다〉 다시 쓰기 93

총을 든 여자들 104
〈윈드리버〉, 〈시카리오: 암살자의 도시〉, 〈공동경비구역 JSA〉

성폭력 피해 생존자의 낯선 얼굴 126
〈한공주〉, 〈여자, 정혜〉

소녀들의 죽음 151
〈동전 모으는 소년〉, 〈마더〉, 〈죄 많은 소녀〉

〈아이 엠 러브〉, 그 여자의 집은 어디인가 174

2부   모성 탐구 생활

어디에나 있-다-는 모성 187

〈가족의 탄생〉, 여자들만의 집   210

"엄마 나빠!", 〈4등〉과 가해자-모성 223

혁신, 혹은 고색창연함 242
〈서치〉, 〈그래비티〉

3부   오빠들의 여성/영화

〈더 포스트〉와 '가부장제의 유령' 259

〈로마〉의 자매애, 무모순적인 판타지? 282

그 풍경이 나를 울리네, 〈위로공단〉 298

〈스토커〉는 왜 〈인디아〉가 아닌가? 316

아버지의 '귀가', 〈바닷마을 다이어리〉 337

에필로그 '여성 서사라는 현실' 353

찾아보기 356

〈버닝〉과 〈기생충〉으로 시작되는 이야기

이창동의 〈버닝〉(2018)을 개봉된 지 어느 정도 지난 뒤에 보았다. 개봉 이후 〈버닝〉은 '해석이 필요한 영화', '논란이 분분한 영화', 혹은 '모호함의 영화'로 받아들여졌고 그 지독한 불친절함 때문에 꽤 많은 원성을 샀다. 하지만 내가 본 〈버닝〉은 더없이 명료하고 분명한 데다 의아할 정도로 손쉽게 풀려나가는 영화였다. 영화의 핵심 사건이라 할 해미(전종서)의 사라짐에 관해서 그러했다.

그녀의 실종은 영화적으로 충분히 효율적으로 동기화돼 있었다. 인상적인 신예 전종서가 맡은 해미는 먼저 종수(유아인)를 발견하고('보는 자'), 말을 걸며('발화하는 자'), 접근하고('행위하는 자'), 침대로 이끈다('유혹하는 자'). 삼겹살을 앞에 둔 술자리에서 그녀의 시선은 마치 종수를 꿰뚫을 것처럼 강력하게 꽂힌다('응시하는 자'). '리틀 헝거'와 '그레이트 헝거' 이야기도 세상을 '해석하는 자'로서의 능동적 발화로 이해될 수 있었다. 그렇다면 영화 초반 충분히 느닷없다고 느낄 만큼 능동적이고 적극적이며 주도적인 여성 인물을 보면서 그녀가 곧 그 이유로 처벌받고 응징당하며 사라질 운명임을 예감하기란 결코 어렵지 않다.

나는 어떻게 〈버닝〉과의 행복한 만남에 실패했는가

해미의 실종은 그렇게 '설명'된다. 여성에 대한 본격적인 탐구를 목표로 하는 일부 영화들을 제외한다면, 어떤 여성도 해미처럼 행동했다가는 물리적으로든 상징적으로든 영화 속에서 살아남는 행운을 차지하기는 어렵다. 그러니 설명은 이미 충분했다. 대체 더 이상 무엇이 필요한가. 그래서 나는 사실 해미의 실종이 그렇게 많이 궁금하지 않았으며, 신예 전종서의 가능성을 더 탐색할 수 없다는 것에 더 큰 아쉬움을 느꼈다.

영화 서사 내부에서 여성을 지우거나 잘 보이지 않게 하기 위한 장치로는, 목숨을 빼앗는 극단적 경우를 제외한다면, 목소리를 허락하지 않는 방식이 애용된다. 〈태극기 휘날리며〉(2003), 〈집으로〉(2002) 등에서 엄마와 할머니가 말을 하지 못했던 이유가 그것이었고, 〈웰컴 투 동막골〉(2005)에서 그나마 발화의 자격이 주어졌던 여성 캐릭터 여일(강혜정)이 이치에 맞는 말을 못 하는 사람이었던 것도 그 때문이었다. 〈박하사탕〉(1999)의 순임(문소리)이 사경을 헤매는 모습으로 등장하는 것도 그런 연유겠다. 그 다음으로 애용되는 방식은 여성이 눈을 감거나 잠에 빠져 있는 모습, 혹은 뒷모습을 주로 보여주는 것인데, 마침 〈버닝〉에서 해미가 딱 그런 습성을 갖고 있다.

해미와 종수, 벤(스티븐 연)이 처음 만나던 날 술집에서도 금세 곯아떨어졌던 것처럼, 해미는 파주의 종수네 집 앞마당에서 상체를 드러낸 채 춤을 추고 난 뒤 바로 잠든다. 그런 해미를 거실로 옮기고 나서야 비로소 때가 됐다는 듯, 나란히 앉은 벤과 종수는 암호를 교환하는 것처럼 신중하게 패를 내보이며 서로의 내밀한 욕망을 교류한다. 해미는 영화의 가장 중요한 화두가 제시되는 바로 그 순간 단잠에 빠져 있다. 젊고 매력적인 한 여자와 두 남자의 성적 긴장을 다룰 것이라고 짐작되고 알려졌던

사진 1〉 아름다운 빛으로 넘쳐나는 이 장면에서 젊고 아름다운 남녀 3인이 만들어내는 나른한 평화는 사실 거짓이다. 내밀한 고백의 공유와 교류가 이루어지는 이 빛과 무드의 사전 정지작업은 해미와 종수, 벤 셋을 위한 것이 아니라, 종수와 벤 두 남자만을 위한 것이기 때문이다.

영화가 결국 종수와 벤, 두 남자에게만 집중할 것임을 더 이상 분명할 수 없게 드러내는 장면이다. 그러니 실종이라는 사건은 그녀의 '상징적 소멸'에 대한 '물리적' 층위의 확정일 뿐. 말하자면 반복인 것이다.

〈버닝〉이 종수와 해미의 이성애적 관계에 벤이 가세하는 멜로물은 처음부터 아니었으며, 궁극적으로 벤과 종수의 동성사회적 관계를 탐구하고, 비록 파국으로 끝날지라도 연대의 가능성을 신중하게 모색하는 남성 서사임을 영화는 군이 감추려고 하지 않는다. 대신 '소멸'이 해미의 운명이라고 해도 서사를 위한 그녀의 '쓸모'는 만만치 않다. 그녀는 서사의 '필요를 위해' 종수의 눈앞에 나타났고, '필요한 만큼' 종수를 벤에게로 이끌어 욕망을 품게 했으며, 그 '필요가 다한' 후 퇴장한다. 그녀의 빈 자취방은 종수의 정체성 재/구축 및 경합을 위한 공간으로 수차례 무단 침입되고, 그녀의 일상을 포착한 사진들 또한 종수의 성적 욕망을 분출하기 위해 효과적으로 배치된다. 판타지 혹은 꿈이라는 장치 속에서 그녀의 몸-손은 부지런히 움직인다. 그리고 해미의 고양이 보일마저 세계에 대한 종수의 인식 제고를 위한 도구로 제공된다.

겉으로 보기에 여성 한 명에 남성 두 명의 삼각관계를 운용하는 〈버닝〉을 이해하는 데 이브 세즈윅이 제안한 '욕망의 삼각형'은 유용한 도구가 될 수 있을 것 같다.[1] 세즈윅은 이러한 삼각관계의 구조가 남성의 동성사회적 욕망을 반영하며 남성성 및 남성적 권력의 작동 방식을 나타낸다고 말한다. "여성의 성적 객체화를 서로 인정함으로써 연대를 이루는 남성들의 주체화 과정이 삼각관계를 통해 드러난다"는 그의 설명을 함축적으로 보여주는 것이 〈버닝〉의 포스터이다(사진 2). 노을 속으로 곧 사라질 것임을 암시하는 어두운 해미의 옆얼굴과, 분명하고 크게 배치된 종수와 벤의 앞 얼굴 구도는 '여성 교환에 기초한 동성사회적 연속체'의 실체를 선명하게 드러낸다. 여기에 더해 포스터에서는 해미에게 중첩되는 또 하나의 '배제'를 찾을 수 있다. 〈버닝〉은 '청년 세대를 바라보는 타자화된 시선'[2]이라는 점에서 비판받은 바 있는데, 그나마 '청년'의 이미지가 남성으로 대표되는 성별화의 맥락에서 해미의 배제가 반복되는 것이다.[3]

해미의 실종은 그렇게 쉽게 설명되는 것이었으나, 내게 영화는 정작 다른 지점에서 매우 당혹스러웠다. 이제 와서 생각해보면 도무지 납득되지 않을 정도인데, 나는 '헛간의 불태움'이 해미의 실종 혹은 죽음과 맺고 있는 강력한 연관 관계의 가능성을 영화를 처음 관람하면서 깨닫지 못했다. 미스터리 혹은 스릴러라는 장르적 규정이 이창동 영화를 이해하는 데 별 소용이 없음을 확신했던 탓이었는지도 모르겠다. 설사 그렇다고 해도, 벤의 화장실에서 발견된 목걸이 등이 벤의 '여성 살해'에 따른 유품 수집이라는 사건적 정황을 말해줄 수 있으며, 따라서 종수가

1 이하 허윤, 「멜랑콜리아, 한국문학의 '퀴어'한 육체들−1950년대 염상섭과 손창섭의 소설들」, 권보드래 외, 『문학을 부수는 문학들』, 민음사, 2018, 164쪽에서 재인용.
2 김민, "식상함에 갇히고 만 영화 '버닝'", https://brunch.co.kr/@minikimi/5.
3 박정훈, "이창동이 말하는 '청년'에 여성은 없다", https://brunch.co.kr/@youngmusic/31.

사진 2〉 이창동, 2018.

발견한 해미의 핑크색 시계는 곧 해미의 죽음 및 '연쇄살인마'(일지도 모를) 벤의 정체성을 규명하는 결정적 단서가 될 수도 있으리라는 스릴러적 맥락을 모조리 놓쳤던 건 정말이지 어이없었다.

이럴 수가, 나는 이토록 우둔한 관객이었단 말인가. 하지만 "해미의 사라짐을 죽음으로 한정하는 것은 삼가야 한다"[4]는 주장이 적지 않은 만큼, 꼭 그렇게 절망할 것만은 아니겠다. 그렇다면 '여성 살해'라는 실제 사건적 가능성에 그토록 둔감했던 건 다른 설명이 필요하지 않을까. 그리고 결론부터 미리 말하자면, 나는 이창동의 영화에서까지 '그것'을 보고 싶지 않았다! 충격적 사건 앞에서 차라리 기억을 지워버리는 트라우마 환자처럼, 영화가 매우 섬세하게 혹은 차라리 바로 눈치 채기를 원하며 노골적으로 제기했던 힌트와 정보 앞에서도 지레 눈을 감아버

---

4 전찬일, "문제적 감독 이창동만의 영화적인, 기념비적 모험", 〈CULTURA〉, http://www.cultura.co.kr/news/articleView.html?idxno=230.

리기를 선택했던 것이 아닐까 싶다. 그래서 내게 〈버닝〉은, 같은 미켈란 젤로 안토니오니의 영화라도 여자 사체를 화두로 미스터리를 탐구하는 〈블로우업〉(1967)보다는 사라짐 그 자체의 전경화를 통해 현대 사회를 통찰하는 〈정사〉(1959)와 가깝게 느껴지는 영화였다.

　간략하게 정리하자면, 은유이자 타자, 공백이자 블랙홀, 광기와 모호 함 등등 여성을 재현하는 관습적이고 진부한 영화적 전략들에 모두 동 의할 수 없지만, 그중에서도 특히 혐오와 타자 배척의 극단적 형태로서 이루어지는 여성 살해의 희생자라는 지위만큼은 더 이상 어떤 영화에 서도 보고 싶지 않았던 것이겠다. 그것이 〈시〉(2010) 이후 8년을 기다린 끝에 만난 이창동의 영화에서라면 더욱. 그런데 다시 생각해보면 차라 리 다행이었을지도 모르겠다. 해미의 실종으로부터 기민하게 스릴러적 맥락을 탐색하는 관람이었다면, 그러니까 〈살인의 추억〉류에서 익히 보았던 널브러진 여성 사체의 이미지를 곧바로 환기하는 관람이었다면 어쩌면 〈버닝〉을 끝까지 보아내지 못했을 수도 있거나 아주 고통스러 운 관람이 되었을 것이기 때문이다.

　〈버닝〉에서 발가벗은 채 불타고 있는 벤의 포르쉐로부터 멀어지는/ 도망치는 종수를 보여주는 장면은 결국 패배로 확정될지언정 '청년-남 성의 성장'이라는 서사의 엔딩으로 귀결된다. 이 엔딩은 종수의 실제 범 행을 관찰하는 것일 수도, 혹은 종수가 쓰는 소설의 강렬한 대단원일 수도 있다. 그러나 한 가지만은 확실하다. 그 엔딩에 해미-여성의 자리 는 없다는 것. 남성 주체의 성장 플롯으로 수렴되는 서사의 마지막, 〈버 닝〉은 여성의 자리를 준비하지 않는다.

　강력한 응시의 주체, 해미-여성의 인상적인 얼굴 클로즈업으로 시작 돼 종수-남성의 클로즈업으로 끝나는 〈버닝〉과 겹쳐지는 영화는 당연히 많다. 가령 개인적으로 사랑해 마지않는 불멸의 로맨스 〈봄날은 간다〉

(허진호, 2003)는 어떨까. 인생의 화양연화를 구가하는 아름다운 은수/이영애의 얼굴 클로즈업이 압도적이었던 영화에서 은수는 엔딩을 책임지지 못한다. 엔딩은 보리밭 한가운데 서서 세상을 포용하듯, 세상에 나설 준비가 되었음을 선언하듯 혼자 프레임을 차지하는 상우/유지태의 것이었다. 그렇게 여성을 '경유'하거나 '매개'해서 청년-남성들은 성장한다는 선언! 숱하게 반복해서 보고 들어 친숙해진 서사를 2018년 〈버닝〉에서 발견하는 건 결코 반가울 수 없다.

이창동의 〈버닝〉이 갖는, '미스터리로서의 인간/삶'에 관한 미학적 보고서로서의 가치를 몽땅 부정할 필요까지는 없겠다. 특히 스티븐 연이 인상적으로 재현한바, '인간 이해에 관한 공백'을 효과적으로 형상화하기 위해 처음부터 끝까지 물음표로만 구성된 듯한, 도무지 알 수 없는 모호함 그 자체로 구축한 캐릭터들과 플롯은 최근 한국 영화에서는 낯설게 접하는 것이어서 더욱 인상적이었다. 이창동의 필모그래피 면에서도 그러했다. 그러니 통상적으로 여성의 비가시화와 탈초점화를 위해 사용되는 '미스터리로서의 여성'이라는 해미의 표상 또한 전반적인 영화적 기획에 나름대로 성실하게 복무하는 듯이 보인다. 그렇게 보이기를 영화는 의도한다. 그리고 그러한 의도는 꽤 많은 이들에게 수긍되어서, 이 영화가 동시대 한국 영화의 미학적 정체나 퇴행과 확연히 차별화되는 의미심장한 성과로 받아들여지고 있음은 주목할 만하다.

해미는 '보이지 않는 것에 대해서 회의하며 끊임없이 갈구'한다는 점에서 〈버닝〉에서 "셋 중 가장 입체적 인물"로 해석되기도 한다.[5] 썩 내키는 것은 아니나, 이러한 평에 마지못해 동의한다고 해도 '표상으로서

---

5 "이동진 평론가의 〈버닝〉 라이브톡", https://m. blog. naver. com/PostView. nhn?blogId=juanpista&logNo=221289621398&proxyReferer=https%3A%2F%2Fwww. google. com%2F.

의 여성'이라는 내러티브 지위는 여전히 선명하고 이로부터 오는 상실과 결핍의 감각은 해소되지 않는다. "역설적으로 보면 해미는 꿈을 이룬 인물"이라는 말도 허망하기는 마찬가지다. '역설적으로' 말고 '현실에서' 살아남아 꿈을 이루는 길이 봉쇄된 영화 속 여성을 바라보는 현실의 여성들에게 그런 말은 별무소용일 뿐이다.

해미의 사라짐에 대해서는 언제까지고 의견이 분분할 것이다. 그녀의 사라짐을 죽음으로 한정할 수 없다고 하면서도, "그녀는 사라짐으로써 자신의 존재 증명을 하는 셈"[6]이라고 의미 부여하거나, "이 인물의 사라짐이 경제적인 문제로 인한 확률이 높지만 표면적인 구조로 보면 자기가 되고 싶은 방향으로 성취했다고 볼 수도 있다"(이동진)는 등의 해석들은 해미의 실종으로 옆구리가 허전한 느낌의 관객에겐 한결같이 '음풍농월'(그 자체로는 설득력이 없지 않다. 남성의 자기동일성 논리에서 보면)로 들린다. 이 얼마나 남성이라는 젠더적 특권을 무심하게 향유하는 말이던가.

당연하게도, 모든 영화가 '꿈을 이루는 남/자'를 그리지는 않는다. 남자라고 다 존재 증명에 성공하거나, 누군가를 '구원'하는 '예술'의 경지에 오르는 것도 아니다. 그러니 그저 꿈 같은 건 꾸지 않더라도, 혹은 꿈을 이루는 데 처절히 실패하더라도, 이승이라는 개똥밭을 구르며 살아가는 여성, 생생한 호흡과 뜨거운 체온을 느끼게끔 하는 '그저 여성'을 보고 싶다는 관객의 꿈, 물리적이든 상징적이든 '사라지지 않고' 스크린에 버티고 선 여성을 꿈꾸는 것은 어쩜 이리도 어렵단 말인가.

한 인터뷰에서 이창동 감독은 "어떤 상징이나 관념보단 각자 다른 느낌으로 받아들여지길 바랐다"고 말한 바 있다.[7] 〈버닝〉을 바라보는

---

6 전찬일, 앞의 글.
7 나원정, "이창동 감독이 해석한 '버닝' 비하인드", 〈중앙일보〉, https://news.joins.com/article/22664344.

내 몫의 '각자 다른 느낌'은 씁쓸한 소외와 배제의 감각, 그리고 분노의 감정으로부터 온다. 세상이 모두 나를 제외하고 돌아가는 느낌, 너무나 오랫동안 반복되고 되풀이돼서 더 이상 반응하기도 귀찮아지는 느낌, '그럼 그렇지'의 심드렁한 느낌, "아 제발 좀! 이제 그만!"이라고 소리 지르고 싶을 만큼 짜증이 솟구치는 느낌, 그럴듯하게 차려놓은 뷔페 식당을 몇 바퀴 돌아도 손이 갈 만한 음식 하나를 발견하지 못했을 때의 울고 싶거나 허기로 인해 분노가 치솟는 느낌이라고 할까.

이는 '은유로서의 실종'이라는 메타포를 바탕으로 한 '걸출한 예술 작품'에 어울리지 않는 저열한 감정적 반응일까. 영화적 쾌락을 넉넉하게 즐기지 못하는 '속 좁은' 여성 관객의 지나치게 예민한 반응이라고 몰아붙여질지도 모르겠다. 하지만 그게 지금 이 땅의 여성 관객으로서 갖게 된 생생하고 분명한 '느낌'임을 부정할 수 없다. 오랫동안 스크린을 마주보며 학습한 한국 여성 관객으로서의 감각과 정서가 말하는 바인 것이다. 〈버닝〉은 영화 잡지 『씨네21』이 선정한 '2018년 최고의 한국 영화' 1위로 뽑혔다. 내게 그나마 위안인 것은, 〈버닝〉을 1위로 꼽은 다수의 평론가 그룹에 단 한 명의 여성 평론가도 포함되지 않았다는 사실이었다.[8]

나는 이 책 1부와 2부에 실린 〈봄날은 간다〉와 〈4등〉에 관한 글에서 허진호 감독이 찍고는 최종 버전에 싣지 않았거나, 정지우 감독이 아예 찍지 않은 숏, 말하자면 '부재의 숏'에 대한 아쉬움을 적었다. 부질없는 상상이지만, 하나의 숏이 더해지는 물리적 변화가 어떤 질적 전환을 이끌어냄으로써 젠더 비평 면에서 다른 해석이 가능할 수도 있었을 것이라고 생각하는 것이다. 그런 면에서 〈버닝〉 또한 부재하는 하나의 숏이

---

8 송경원, "2018 한국영화 베스트 5", 『씨네21』, http://www. cine21. com/news/view/?mag_id=91939.

아쉬운 영화였다. 그래서 나만의 〈버닝〉 엔딩을 상상해본다.

〈버닝〉은 벤을 태우는 불꽃이 일종의 고정점처럼 화면 중간 후경後景에 자리 잡은 상태에서 화염과 점점 멀어지는 종수의 바스트 숏이 어두워지다가 암전되는 것으로 끝난다. 내 상상 속에서 화면은 다시 밝아지고 공항 장면이 시작된다. 그리운 이를 기다리는 사람들의 기대와 흥분이 적당한 소음을 만들 때 출국장의 자동문이 열리고 사람들이 하나둘 나온다. 거기, 저 어디쯤에선가 분홍색 캐리어를 밀고 나오는 해미의 모습이 보인다. 누구도 반기지 않지만 무심하게 출국장을 가로질러 공항 바깥으로 나가는 뒷모습을 카메라가 지켜보면서 영화는 끝난다.

그렇게 나의 상상 속 엔딩에서는 해미의 귀환으로 '사라짐≠죽음'이 최종 확정된다. 혹은 아프리카 초원 어디쯤, 아니면 어딘지 모를 낯선 이국 하늘 아래 어디서든 해미를 보여주는 단 하나의 장면이 있었다면 설사 그녀가 나른한 잠에 빠져 있더라도 좋았을 것 같다. 그렇다면 해미의 '표상'적 지위에 힘입어 "현실과 비현실, 있는 것과 없는 것, 눈에 보이는 것과 보이지 않는 것을 탐색하는 미스터리"(이창동)[9]로서 영화적 비전은 좀 더 선명해지고, 표류하는 해석으로부터 영화도 구원될 수 있었을지 모른다.

그러면 나는 그 엔딩을 보자마자 급하게 영화 파일을 앞으로 돌려 그 문제의 춤 장면을 다시 찬찬히 볼 것이다. 불편하고 마땅치 않은 기분으로 차마 흔쾌히 즐기지 못하면서 어서 끝나기를 바랐던 첫 번째 관람의 불편했던 기억을 깨끗이 지우고 처음인 양 몰입할 것이다. 해미의 그 춤. 살아 있음을 증명하는 젊고 아름다운 육체로부터 나오는 팽팽한 긴장과 율동의 나른함이 만들어내던 아슬아슬한 균형, 아름다운 노을, 그리고 마일즈 데이비스의 재즈 선율을 제대로, 느긋하게 즐길 것이다.

---

9 전찬일, 앞의 글.

이제는 '봉준호의 젠더'를 질문해야

이 책의 서론은 위의 〈버닝〉에서 마무리될 예정이었다. 하지만 아무래도 덧붙여야 할 영화가 하나 더 있다. 여자들이 모두 사라져버린 세상에서 모르스부호와 보이스오버 내레이션으로 소통하며 부자지간의 러브 레터로 마무리되는 봉준호의 〈기생충〉(2019)이다. 2019년 칸 황금종려상 수상 소식만으로도 충분히 얼얼했는데, 2020년 아카데미 4관왕이라는 경악할 만한 피치를 올린 이 영화를 빼놓을 수야 없으니 말이다. 한국 영화 100년을 찬란하게 기념할 뿐만 아니라 세계 영화사에도 하나의 변곡점으로 기록될 것으로 기대되는 〈기생충〉은, 다른 사람들의 감상과 비슷하게, 내가 생각한 영화와도 적잖이 달랐다.

그거야 문제랄 것도 없었다. 봉준호의 영화가 일개 영화 팬의 기대와 비슷하다면 봉준호의 영화를 군이 기대할 이유가 무엇이겠는가. 〈기생충〉이 내게 갖는 의미는 다른 방향으로부터 왔다. 경악할 만한 카오스적 파국의 끝에 배치된 그 꿈같은 엔딩을 보고 나니, 그제야 비로소, 〈살인의 추억〉(2003)으로부터 이어지고 있는 어떤 일관된 맥락이 일목요연하게 꿰어지며 또렷해지는 것 같았다. 빙산의 일각('일각'이라기엔 많이 부족하고 '5부' 정도라고 할 수 있을까)과도 같았던 '봉준호 월드'의 나머지 거대한 실체가 드디어 수면 위로 올라온 느낌이랄까. 그런 점에서 상업적으로 가장 성공한 봉준호 영화일 것으로 예상되는 〈기생충〉은 '봉준호 월드의 집대성 혹은 정점'의 자격을 분명히 갖는 영화였다.

봉준호 영화에서는 의외라 할 만큼 〈기생충〉에 등장하는 세 가구는 모두 '평범하거나 정상적인 가정'의 외형을 갖추고 있다. 박 사장(이선균)-연교(조여정), 기택(송강호)-충숙(장혜진), 근세(박명훈)-문광(이정은)의 가정은 경제적 상황이나 사회적 신분, 혹은 거주의 형태 면에서 결코 작지 않은 차이를 보이지만, 정상적인 결혼 및 가족 제도의 형태가 유지된다는 점에서 '봉준호 영화답지 않은' 공통점을 갖는다. 그의 영화에서 가족은 데뷔작인 〈플란다스의 개〉(2000)를 제외한다면 늘 어딘가 비어 있거나 기이하게 작동되고 있었기 때문이다.

〈살인의 추억〉에서 박두만(송강호)과 곽설영(전미선)은 나중에 부부가 되어 4인 가족을 구성하기는 하지만, 플롯 전반에 걸쳐 결혼 제도 바깥에서의 로맨스 관계를 유지한다. 가족의 결핍이 가장 두드러지는 영화는 정작 가족영화를 표방한 〈괴물〉(2006)이었다. 할머니도 엄마도 없는 강두(송강호)의 가족은 손주인 현서(고아성)마저 죽어버리면서 여성 부재가 3대째로 이어진다. 그리고 부성 부재의 가족에서 드러나는 〈마더〉(2009)의 모자간 유대와 집착은 기이함을 넘어 괴기스럽기까지 했다. 〈설국열차〉(2013)의 부녀, 〈옥자〉(2017)의 조손 가정 등 〈기생충〉 이전까지 봉준호 월드에서 편부 편모 아닌 부모-자식의 구성으로 유지되고 작동되는 가족은 찾아보기 힘들었다.

〈마더〉의 김혜자나 〈설국열차〉의 틸다 스윈튼 같은 예외적 경우를 제외한다면 특히 〈기생충〉에서 여성 캐릭터를 연기한 배우들에게 스포트라이트가 집중되는 현상은 부분적이나마 이러한 맥락에서 설명될 수 있을 것이다. 형편이 어렵건 넉넉하건 간에 거의 유사한 돌봄과 양육의 노동을 수행하는 주체로서의 여성, 엄마나 아내의 역할이 플롯상 부각되지 않을 수 없고, 티격태격하다가도 협력하는 누나와 남동생 등에 관한 스케치에서도 배우들의 존재는 강렬한 인상을 남기기 때문이다.

흥미로운 것은 영화 제작에 관여한 여성 인력들의 존재감 또한 〈기생충〉에 쏟아지는 뜨거운 관심의 한 축을 차지했다는 점이다. 아카데미 시상식에서 작품상 수상자로 호명된 후 제작사 곽신애 대표, 투자사인

CJ의 이미경 부회장이 소감을 밝힌 장면은 이를 단적으로 보여준다.[10] 또한 2020년 3월 8일 세계 여성의 날을 기념한 애플의 글로벌 광고 캠페인에 곽신애 대표가 등장했고,[11] 미국 잡지 『버라이어티Variety』지가 선정한 '영화계에서 가장 영향력 있는 여성들'에 〈기생충〉 출연 배우들과 이미경 부회장이 선정됐다는 소식[12] 등이 계속 이어졌다.

이처럼 〈기생충〉의 '여성'에 쏟아지는 열렬한 관심 앞에서 돌이켜보면 봉준호 감독의 전작들에서도 여성 배우들의 존재감은 결코 부족하지 않았다. 〈플란다스의 개〉와 〈괴물〉의 배두나, 〈괴물〉과 〈설국열차〉에서의 고아성, 그리고 〈옥자〉의 신예 안서현까지 여성 배우들의 존재는 전체 한국 영화의 지평에서도 두드러졌다. 플롯상 비중은 다소 작았지만 〈플란다스의 개〉에서 윤주(이성재)의 아내 은실 역을 맡았던 김호정, 〈살인의 추억〉에서 유일한 여성이었던 권귀옥 형사 역의 고서희도 인상적이었다. 심지어 〈마더〉에서 교복 입은 사체로 옥상에 빨래처럼 널려 있던 아정(문희라)마저, 다른 영화들에서 무명씨로 사라지는 피해자-소녀들과는 달리 그 이름이 생생하게 기억에 남지 않던가!

하지만 여기엔 어떤 착시나 전도, 혹은 왜곡이라 할 무언가가 있다. 여성 재현에 관한 한 봉준호의 영화 또한 여성이 배제되거나 사소화 혹은 도구화된다는 점에서 남성 중심성이라는 특권적 경향을 드러내는

---

10 최보윤, "기생충 뒤엔…여성제작자 곽신애, '충무로 이야기꾼' 한진원", 〈조선일보〉, https://news.chosun.com/site/data/html_dir/2020/02/11/2020021100214.html; 채동하, "봉준호 감독의 '기생충' 아카데미 4관왕 뒤의 여인들", 〈소셜타임스〉, http://www.esocialtimes.com/news/articleView.html?idxno=22415.

11 이지이, "Apple 세계 여성의 날 'Mac 그 뒤에서' 등장한 한국인 여성은?", http://m.post.naver.com/viewer/postView. nhn?volumeNo=27655937&memberNo=535&vType=VERTICAL.

12 이도연, "'기생충' 여배우들·이미경, 영화계 영향력 있는 여성 선정", 〈연합뉴스〉, https://news.naver.com/main/read.nhn?mode=LSD&mid=sec&sid1=103&oid=001&aid=0011458492.

다른 주류 한국 영화들과 본질적으로 다르지 않기 때문이다. 그런데 정작 여성은 부재하거나 흐릿해짐에도 불구하고 배우들이나 캐릭터가 부각되는 흥미로운 역설이 관찰되는데, 그러한 역설을 가장 강력하게, 결정적으로 환기하는 영화가 바로 〈기생충〉이라 할 것이다. 이러한 점에서 계급에 관한 도발적인 텍스트로 제출됐던 〈기생충〉은 그 서브텍스트로서 젠더에 관한 문제 제기를 봉준호의 필모그래피 맥락에서 본격적으로 사유해야 할 당위성을 제기한다.

다국적 자본으로 만들어진 〈설국열차〉, 〈옥자〉를 빼놓고 이야기하자면, 봉준호의 영화에서 여성의 자리는 궁색하며, 대체로 남성의 패배, 가부장의 실패의 대가로 제시된다. 〈살인의 추억〉에서 많은 여성들을 사체로 방치할 수밖에 없었던 남성적 패배는 〈괴물〉에서 반복됐다. 3대의 대가족에서 강두를 가부장으로 하는 독립 가구를 구성하기 위해 제물이 되는 건 이번에도 딸인 현서이다. 강두가 최종적으로 도달한 아버지의 자리 옆에 '유사 아들' 세주(이동호)의 자리는 있어도 딸의 자리는 없기 때문이다. 〈기생충〉에서도 수석에 머리를 정통으로 가격당한 기우(최우식) 대신 기정(박소담)이 희생되고 화면에서 사라진 충숙(장혜진)은 살아 있되 발화의 권리를 박탈당한다. "기정은 가장 사랑받는 막내이기도 하고 영화에서 가장 똑똑하고 다부진 애인데, 그 애가 죽는 게 이 가족이 치러야 할 가장 뼈아픈 대가라는 생각을 했어요."[13] 기정의 죽음을 설명하는 '디테일의 대가', 봉준호의 말은 몇 번 읽어도 여전히 납득이 되지 않는다. 그러니까 왜, 딸이 그 대가가 돼야 한다는 것인가!

그런데 이 갑갑함은 기시감이 드는 것이기도 하다. 〈괴물〉에서 딸 현

---

13 남다은, "어둠과 심연 사이 - 봉준호 감독과 〈기생충〉에 관해 나눈 긴 이야기", 『FILO』 No. 10, 2019, 151쪽.

서가 잡혀가고 결국 차가운 몸으로 아버지 강두에게 안겼을 때 "그들은 현서를 구하지 못했지만, 대신 하나의 생명을 구했고, 그와 새로운 연대를 만들었다"[14]는 글을 접했을 때의 느낌과 너무도 유사하다. "딸이 죽는 건 비극이지만, 딸이 마지막까지 지키려던 아이를 아버지가 데려와 따끈따끈한 밥을 떠주는 장면이 시나리오 처음부터 상정해둔 결말이었어요."[15] 그러니까 〈기생충〉을 이야기하면서 봉준호는 〈괴물〉에 관해 이미 했던 말을 반복하고 있다. "〈괴물〉이 정말 가족에 관한 영화라면 왜 둘 다 살리면 안 됐는지 질문하고 싶다. (…) 현서를 죽이는 게 그렇게 중요한가"(정성일)라는 질문, "세주와 현서 두 아이가 같이 괴물의 뱃속에 들어가 있는데 세주만 살릴 만한 영화적 논리는 없다"(김소영)는 의견[16]에 대한 답은 이번에도 제출되지 않았다.

사라져간 누군가는 (서둘러) 망각되고 빈자리는 (신속하게) 채워지는 이동과 대체의 성별 정치학은 반복된다. 20세기 초 영국의 여성 참정권 투쟁을 조명했던 〈서프러제트〉(사라 가브론, 2015)에서 세탁노동자 모드(캐리 멀리건)라는 상상의 인물은 어머니의 자격을 박탈당하고 세상을 바꾸는 변혁가로 다시 태어난다. 그럴 때 모드는 끔찍이 아꼈던 아들을 잃고, 자신과 같은 엄혹한 삶을 이어가던 어린 여성 노동자를 구한다. 이처럼 대조되는 〈서프러제트〉와 〈괴물〉의 선택이 갖는 의미를 곱씹어봐야 하지 않을까. 이를 두고 '민중의 자리는 있되 여성의 자리는 없는 진보주의 시각의 반영'[17]이라고 단정할 생각은 없으나 '젠더'야말로 봉준호 영화 세

14 허문영, "끝까지 둔해 빠진 새끼들은 누구인가? 〈괴물〉", 『씨네21』, http://www.cine21.com/news/view/?mag_id=40796.

15 남다은, 앞의 인터뷰, 152쪽.

16 정성일·김소영·허문영, "전영객잔 3인, 〈괴물〉과 〈한반도〉를 논하다(1)", 『씨네21』, http://www.cine21.com/news/view/?mag_id=41123.

17 정우숙, 「봉준호 영화의 소녀상 연구」, 『여성문학연구』 23호, 한국여성문학학회, 2010, 291쪽.

계를 이해하고 평가하는 데 핵심적인 요소임을 새삼 확인하게 된다.[18]

〈플란다스의 개〉를 시작으로 한 봉준호의 영화세상은 숲으로 간 현남-여성이 부서진 사이드미러로 밝은 햇살을 반사할 때, 어둠에 잠겨 그 빛을 받을 수 없는 윤주-남성의 모습으로 처음 관객에게 제시된 바 있다. 〈플란다스의 개〉에서 여성과 남성이 햇빛을 주고받지 못했다면, 〈기생충〉에서는 '전달되지 못한 편지'가 여자들이 사라진 세상에 남아 패배를 곱씹는 아버지와 아들 사이에서만 오간다(물론 상상 속에서). 어쩌면 봉준호 영화 속 남성들의 패배가 여성과 함께하는 세상을 꿈꾸고 기획하는 상상력의 무능으로부터 비롯된다는 것을 생각할 법도 했겠으나, 〈기생충〉에서 그러한 어렴풋한 기대의 싹은 간단하게 짓밟힌다. 봉준호의 이번 영화에서도 여자들은 경우에 따라 죽고, 경우에 따라 기절하거나, 살아 있으되 화면에서 흐릿해진다.

〈괴물〉에서 잠든 채 처음 등장했고, 어디서고 잠에 빠지는 버릇으로 딸을 잃었던 아버지 강두는 영화가 끝나는 장면에서 모두가 잠든 한강의 밤을 눈 시퍼렇게 뜨고 지키면서 비록 늦게나마 아버지-되기의 미션을 수행하고 "영웅"[19]의 자리에 다가간다. 하지만 〈기생충〉에서 연교는, 이유는 모르지만, 정원 테이블에서 잠든 모습으로 등장하고, 평소 단정한 모습과 달리 소파에서 대충 널브러져 잠들었다가 남편의 귀가에 화들짝 놀라 깨기도 한다. 이 장면에서 아내의 행동이라기보다는 마치 귀가하는 주인어른을 맞는 듯한 몸동작으로 인해 얼핏 문광과 유사성을 드러내기도 하는 연교는 끝내 처참한 비극 앞에서 다시 눈 감으며 기절해 뒤로 넘어가는 모습으로 퇴장한다.

---

18 이러한 관점에서 작성된 글로는 이영, "봉준호 감독의 영화 속 재현의 젠더 불평등", https://brunch.co.kr/@plumtreeflower1/29 참고.

19 허문영, 앞의 글.

이처럼 집에서 종종 잠드는 연교에 대한 설명으로 봉 감독은 "그게 편할 만큼 공간의 감각이 다른 것"이라고 말한다. 하지만 이 역시 질문의 요지에 맞는 적합한 답이라고 보기는 어렵다. 그는 이전에도 〈괴물〉에서 배두나가 분한 남주의 침묵에 대해 "영화상에서 강두는 계속 삑사리 나고 강두 남동생은 말이 많으니까 누군가 한 명은 조용해야 할 듯해서 말 없는 인물로 만들었다"[20]고 답한 바 있다. 보통 봉준호의 인터뷰는 텍스트를 깊이 이해하기 위한 효과적인 팁과 심층의 정보를 제시하는 길라잡이 역할을 하지만, 유독 여성 캐릭터에 관한 설명만큼은 질문의 요지에서 벗어나거나 아귀가 맞지 않으며, 정작 말해야 할 것들을 말하지 않은 채 지나간다는 인상을 강하게 남긴다. 이쯤 되면 이러한 방식을 봉준호 영화가 여성을 부재와 침묵으로 상상하는 나름의 일관성이라고 받아들여야 하는 것일까.

봉준호 영화에서 처음으로 부모와 자식 세대로 구성된 가족, 그리고 돌봄을 수행하는 가족 구성원으로서 엄마의 존재를 다루는 〈기생충〉에서 엄마인 여성들, 연교와 충숙, 문광, 그리고 딸인 기정은 플롯 진행에 결정적으로 개입하며 활력과 리듬을 인상적으로 부여한다. 그럼에도 플롯상의 갈등이 증폭되고 카오스적 해소가 진행되는 국면에서 모두, 홀연히 사라진다. 문광이 가장 먼저 죽고, 기정이 칼에 맞은 뒤, 연교도 눈 감는 모습으로 퇴장한다. 무능력한 남편 기택을 대신해 집안 대소사를 해결해왔을 법한 전 투포환 선수 충숙은 딸의 죽음과 가장의 실종이라는 참혹한 상황 앞에서 갑자기 실어증 환자가 된 듯하다. 그리고 화면에서도 보이지 않게 된다. 앞서 지적한 것처럼, 봉준호 영화에서 여성

20 김소영, 「봉준호 감독, 영화평론가 김소영과의 대담」, 『비상과 환상 – 세계의 경계에 선 영화』, 현실문화, 2014, 71쪽.

인물들이 보여주는 강렬한 존재감이 서사 내부에서 결국 증발해버리는 양상을 집약하는 이러한 지점에서 역시 〈기생충〉은 '봉준호 월드의 집 대성이자 정점'답다.

그런가 하면 봉준호의 다른 영화들에는 있었으나 〈기생충〉에는 없는 것도 있다. 그의 영화들은 하나같이 파국으로 향한 여정의 유사성을 갖지만, 마치 꿈처럼, 판타지처럼 배치되는 인상적인 장면들이 있어 도저한 절망의 틈새에서 한 줌의 위로를 구하게 만들곤 했다. 〈플란다스의 개〉에서 현남을 응원하던 옥상의 노란색 옷 무리들이나, 〈살인의 추억〉에서 박두만과 그의 애인 곽설영이 선사했던 천변 풍경 속 꿈결 같은 휴식, 현서의 실종 이후 꿈속에서나마 비로소 가질 수 있었던 〈괴물〉의 온 가족 식사 장면 등은 비극성이 부각되는 파국적 플롯에서 더욱 두드러지는 판타지성으로 단연 눈길을 끈다.

그리고 이들 장면이 갖는 판타지성이 더욱 강화되는 것은 서사 내부에서 사소화되거나 사라졌던 여성들의 인상적이거나 강렬한 현존에서 비롯된 바 있다. 서사 내부에 위치하면서도 서사의 현실을 초월하는 이러한 판타지 시퀀스는 물론 〈기생충〉에도 있다. 하지만 거기 없는 게 있다. 엔딩을 구성하는 뭉클한 가족 해후의 판타지에 여성의 자리가 비어 있는 것이다. 지하로부터 계단으로 올라와 가족과 만나는 기택의 판타지는 아들 기우와의 남성간, 부자간 소통으로만 구성된다. 엄마인 충숙은 거기 있으나 멀찍이 떨어져 있어 잘 보이지도 않는다.

그런데 돌이켜 생각해보면, 〈기생충〉에 이르러서야 비로소 '봉준호의 젠더'를 호들갑스레 문제 제기하는 건 좀 머쓱한 일이긴 하다. 우리에게는 봉준호 영화의 '긍정적 남성성, 부정적 여성성'[21]의 징후를

---

21 정우숙, 앞의 논문.

담은 〈괴물〉과 〈마더〉라는 문제적 텍스트들이 이미 도착해 있기 때문이다. 〈괴물〉에서 괴물을 다시 찾아온 위협적 모성으로 읽을 때,[22] 오랫동안 부재했던 엄마의 자리에 배치되는 그 괴물은 딸인 현서를 납치함으로써 해체 직전 가족/가부장 체제의 복원이라는 과제를 남편이자 아버지인 강두-가부장에게 제기한다. 그리고 미성숙하고 무기력했던 강두가 귀환한 모성을 처단하고 세주와 함께 새로운 유사 부자 관계를 구축함으로써 남성 가부장제의 복원이라는 영화적 기획은 완수된다.

봉준호 영화의 소녀상에 관한 논문에서 정우숙은 〈괴물〉과 〈마더〉의 모성과 부성 재현의 차이를 주목한다. 가족과 사회를 위협하던 타자로서의 모성을 처치하는 〈괴물〉의 부성에게는 문제 해결의 영웅적 면모가 부여되거나 헌신적 보호자로서의 할아버지-부성이 강조되던 것과 달리, 〈마더〉에서 모성의 문제 해결은 궁극적으로 괴물의 속성 탐색으로 귀결된다. 인정사정없는 아정 할머니의 가혹한 착취 등도 '긍정적 부성성'의 맞은편에서 '부정적 여성성'을 대비시키는 요소이다.

무엇보다도 〈괴물〉에서 딸을 잃은 부정의 상실감이 아비 없는 가난한 떠돌이 소년과의 사회적 연대로 해소된 것과 달리, 〈마더〉의 절박한 모성은 철저히 가부장제적 규범이라는 범주 안에서만 작동된다. 아들의 엄마로서 〈마더〉의 여성 주인공은 가난한 결손 가정의 생계를 책임졌던 소녀에게도, 그 죽음에 대한 애도에도 관심이 없다. 이상적인 모성

---

22 정우숙은 "그 괴물의 출현이 '도망간 엄마'의 귀환처럼 느껴지기도 한다"면서, "오래 부재했었기에 아무런 형상을 그려볼 수 없는 엄마의 빈자리는 엉뚱하게도 괴물의 정체성 일부에 '돌아온 모성'의 일그러진 그림자를 드리운다는 것이다(앞의 논문). 하지만 그가 '비약적인 상상력'이라 전제한 이러한 관점은 다른 글들에서도 공유된다. 손희정, "봉준호의 영화들에서 보여진 여성 이미지 재현의 문제에 대하여 〈기생충〉을 중심으로", 『씨네21』, http://www.cine21. com/news/view/?mag_id=93249 참고.

애의 대상은 아들일 뿐[23]임을 증명하듯, 〈마더〉의 모성은 가부장제의 계승자인 아들의 결핍을 필사적으로 보완해야 하는 과제에 몰두한다.

이러한 점에서 집의 울타리를 넘어서 딸'들'의 어미라는 사회적 모성 가능성을 모색할 여지 같은 건 기대하기 어렵다. 〈괴물〉에서 관찰 가능했던 '가족 단위에서의 저항과 연대에 대한 희망'[24]과 같은 메시지는 〈마더〉에서 찾을 수 없는 것이다. 〈마더〉가 "모성에 관한 오랜 신화를 은밀하게 들여온다는 의심"[25]에 압도될 때, 먹이사슬의 가장 밑바닥에 놓인 10대 여학생이 '쌀떡 소녀'가 되어 죽어가야만 했던 구조적 맥락은 사라지고 비틀린 모성의 광기라는 추상의 영역으로 수렴된다. 그렇다면 그러한 '광기의 모성'에 대한 극단적 탐구가 갖는 가치란 무엇인가 되물을 때, '젠더'는 다시금 초점화된다.

김혜자라는 국민배우를 내세운 강력한 여성 프로타고니스트 protagonist 영화로서 〈마더〉는 아정의 소녀성과 엄마의 모성 간 연대라는 탐구를 통해 사회적 모성 담론에 관한 영화적 기획의 길을 갈 수도 있었을 것이다. 그러나 〈마더〉에서 유일하게 작동하는 것은 죽음을 매개로 한 엄마와 아들의 '끊을 수 없는 침묵의 연대'[26]뿐이다. 서로를 반영하는 이질적인 여성성으로서 소녀성과 모성은 충돌하며 악마성으로서의 모성에 의해 소녀성은 단죄된다.

'봉준호 영화에 대해 특별히 친여성주의적이거나 반여성주의적이라는 단정적 평가를 내리기 위해서가 아니라, 여성과 관련해 읽어낼 수

---

23 정희진, 『페미니즘의 도전 – 한국 사회 일상의 성정치학』, 교양인, 2006, 47쪽.

24 정우숙, 앞의 논문, 298쪽.

25 조선정, 「모성서사와 그 불만: 『엄마를 부탁해』와 〈마더〉에 나타난 모성 이데올로기 비판의 문화지형」, 『페미니즘 – 차이와 사이』, 문학동네, 2011, 319쪽.

26 김소영, "그 무력함의 공포", 『씨네21』, http://www.cine21.com/news/view/?mag_id= 56869.

있는 일관된 증후에 주목하기 위해'[27] 검토해야 할 이슈들은 계속 제기된다. 〈마더〉에서 엄마가 '정치적으로 극복돼야 할 존재'[28]였다면, 〈살인의 추억〉에서 피해자적 지위에 놓인 용의자들은 수동성과 무능력, 비정상성의 상징으로 여성성의 일정한 지표들을 갖고 있다. 왜소한 체구의 정신 지체자였던 용의자 백광호(박노식)와 아픈 아내에 대한 돌봄 노동을 수행하던 용의자 조병순(류태호), 그리고 박해일이 분한 용의자 박현규의 뽀얗고 여성적인 얼굴을 상기해볼 일이다.

봉준호는 "강인한 소녀, 제지할 수 없는 소녀가 매력적으로 다가온다"면서 〈괴물〉, 〈설국열차〉, 〈옥자〉를 '소녀 3부작'이라 칭한 바 있다.[29] 하지만 역설적이게도, 〈괴물〉은 〈살인의 추억〉, 〈마더〉와 함께 사회적 최약체인 교복 입은 소녀들을 극적 도구화한다는 점에서 또 다른 의미의 '소녀 3부작'으로 분류될 수도 있다. 위의 인터뷰에서 봉준호는 〈설국열차〉의 요나, 〈옥자〉의 미자를 '교복 입은 소녀가 죽었던' 〈마더〉의 반작용이라고 설명한다. 그렇다면 〈기생충〉의 문광, 기정의 죽음은 어떤 '작용'이고 어떤 것의 '반작용'일까. 〈마더〉의 '죽음'에 대한 〈설국열차〉, 〈옥자〉의 '삶'의 반작용은 왜 다시 〈기생충〉에 이르러 '죽음'이라는 작용 또는 반작용으로 회귀하게 되었을까. 그것을 '죽음과 삶의 변증법'이라고 일단 부를 수 있다면, 그러한 변증법은 왜 여성에게만 적용되는 것일까. 어찌 됐든 남성들은 '삶'에서 '삶'으로 전진할 때 여성들은 '삶'에서 '죽음'으로 무한 반복의 고리(loop) 안에 갇힌다.

---

27 정우숙, 앞의 논문, 277쪽.

28 오세형, "'돌연변이' 오이디푸스의 탄생", 『씨네21』, http://www.cine21.com/news/view/?mag_id=60753.

29 곽명동,《봉준호, "'괴물' '설국열차' '옥자'는 소녀 3부작 느낌"》, 〈마이데일리〉, https://entertain.v.daum.net/v/20170628142003651?f=m.

〈설국열차〉에서 인류를 구원할 마지막 2인으로 소녀-여성이 남고, 〈옥자〉에서 수퍼 돼지 옥자를 구하려는 소녀의 모험담은 안전한 귀가로 마무리된다. 하지만 그곳은 에덴동산이거나, 만연한 살육 저 너머의 깊은 산속. 여성 인물들은 탈/비현실의 판타지에서야 겨우 생존을 허락받을 뿐, 1980년대 화성 혹은 21세기 강원도와 서울이라는 실재의 공간에서는 삶을 허락받지 못한다. 죽거나 미치거나 침묵만이 허용될 뿐.

 그러니 대체 봉준호 영화는 지금 어디로 가고 있는 것일까. 〈기생충〉의 파국은 기정의 가슴에 근세의 분노가 꽂히기 이전, 어떻게든 대화로 문제를 풀어보려던 충숙과 기정의 시도가 무산되던 그 순간 돌이킬 수 없게 된다. 그러니 파국을 모면할 수 있는 유일한 기회가 모녀-여성들에게 있었음을 〈기생충〉은 모르지 않았다. 그러나 그 기회를 어떻게든 살려보려고 노력하는 대신 그 단념과 포기를 장렬하게 스펙터클화한다.

 그리고, 생각의 끝은—뜬금없게도—복숭아의 문제에 가 닿는다. 〈기생충〉에서 문광을 내쫓기 위해 기정이 선택했던 과일, 복숭아! 여기서 '왜 꼭 현서, 혹은 기정이었어야 하는가'라는 질문과 유사한 질문을 하게 된다. 왜 그 과일은 꼭 복숭아였어야 했을까. 그 복숭아가 〈살인의 추억〉의 시체 검안실 장면에서 여성 피해자의 질에서 꺼내던 아홉 조각의 복숭아를 연상하라는 (고약한) 의도 같은 건 전혀 없이, 그저 우연한 선택으로 제시되었을까. 어쩌면 냉장고에서 꺼낼 수 있는 음식 중 가장 효과적으로 알레르기를 유발하는 것이었다는 현실적인 설명이 준비돼 있을 법도 하다. 그렇다면 어떤 여성 관객들에게는 필연적으로 끔찍한 연상을 떠올릴 수도 있으리라는 것을 전혀 짐작조차 못 했을 무신경을 탓해야 하지 않을까. 그리고 그것이 단지 무신경의 문제일 뿐일까를 곱씹어야 한다.

"그것은 우리의 이야기가 아니다"

이 서사들에서 매우 목가적 방식으로 상상되는 '원시적인 이야기 공동체'의 '평화'란, 여성을 비롯한 사회적 약자들의 시민권을 삭제함으로써만 가능한 것이었다./ 오혜진[30]

여전히 여자들 없는 세상의 지점에서 한국 영화는 전진하고 있다. 여성의 진입을 좀처럼 허용하지 않는 한국 영화라는 '그들만의 세상'의 지도는 착실히 그려지고 있는 중이고, 〈기생충〉이 영광스럽게 과시하는 것처럼 전 세계적인 열렬한 관심 또한 받고 있다. 새로운 밀레니엄을 맞으며 한국 영화 지평에서 '여성의 실종'이 처음 이슈화되던 때로부터 어언 20년쯤의 시간이 흐른 지금, 현실은 전혀 변화하지 않았거나 오히려 나빠지고 있는 중이다. 아버지의 딸로 태어나 동어반복되는 아버지와 아들, 남자와 남자 사이 동성사회적 연대의 시도가 대체로 깨지고 혹은 부분적으로 성공하는 진부한 되풀이를 오랫동안 지켜본 여성 관객으로, 나는 이미 한참 전부터 인내심이 바닥났다. 부계의 DNA, 가부장제의 질기고도 강력한 통제에서 벗어날 생각이 없거나 노력조차 턱없이 부족한 이들 영화들은 그저 심드렁하고 차마 견디기 어렵게 지루할 뿐이다. 이 세계를 관통하는 대중 서사의 지배적 경향이 비판받아야 하는 지점은, 다름 아닌 그 상상력의 빈곤함으로 인한 지루함이다.

여성 배제와 종속의 역사적 맥락을 파헤친 역작 『가부장제의 창조』에서 거다 러너는 '여성 중심적이 된다는 것'이 의미하는 바는 "만일 여성

---

30 오혜진, 「'이야기꾼'의 젠더와 '페미니즘 리부트' – 신자유주의 시대 이후 한국문학(장)의 기율과 뉴웨이브」, 『문학을 부수는 문학들』, 민음사, 2018, 345쪽.

이 이 주장의 중심이 된다면 이 주장은 어떻게 정의될 것인가?라고 질문하는 것"이라고 말한다.[31] 그리고 이를 위해 '가부장적 사고의 바깥으로 나가기'의 중요성을 역설한다. 그럴 때 필요한 것은 "사고(thought)의 모든 알려진 체계를 향해 회의적이 되는 것이며, 모든 가정들과 서열 짓는 가치와 정의들에 대해 비판적이 되는 것"이고 "우리 자신의 것, 여성의 경험을 신뢰함으로써 누군가의 진술을 검증하기"가 목표가 된다.

여성의 실질적인 역사적 경험과 그 경험에 대한 해석으로부터 배제 사이의 긴장을 '여성역사의 변증법'(the dialectic of women's history)으로 정의[32]하는 거다 러너는 『가부장제의 창조』의 집필을 "이야기의 주체인 여성들을 무시하고 관념체계 형성에서 여성 참여를 배제한 것을 규명하려는 다양한 학문 영역의 페미니스트 사상가들에 의한 집단적 노력의 일부"[33]라고 정의한다. 이 책을 쓰는 과정에서 내가 가지려고 노력했던 마음 또한—그러한 자격의 유무 여부와는 별개로—다르지 않다. 여성으로서 영화적 쾌락을 사유하고 다시 정의하기 위한 새로운 상상력의 긴급한 필요성과 당위성을 이 책은 이야기하고자 한다. 그러기 위해서는 먼저 영화에게, 여성의 이름으로 외쳐야 할 것이다. "거기 여자들은 없었다!", "그것은 우리의 이야기가 아니다!" 그리고 물어야 한다. "그것은 너무 부당하고 가혹하지 않은가?"

---

31 거다 러너, 『가부장제의 창조』, 강세영 옮김, 당대, 2004, 396쪽.

32 같은 책, 405쪽.

33 같은 책, 401쪽.

1부

그 여자는 어디에 있는가

물리적 부재와 상징적 소멸

나 자신의 분열, 즉 내가 자유로운 행위자로서 나 자신을 보는 방식과 내가 권위에 복종하는 정숙한 여자로서 행동하도록 기대되는 방식 사이의 분열은 그런 것들이 대개 그렇듯이 영화와 영화 속 여주인공의 분열에 반영되었다. / 몰리 해스켈[1]

젠더적 자의식을 각성한 영화 팬에게 영화 관람은 안타깝게도 분열적인 경험이 되기 쉽다. 영화사를 통해 '걸작', '수작'으로 꼽히며 미학적으로 좋은 평가를 받는 작품들과의 만남에서도 그러한 분열을 체감할 때가 적지 않다. 높은 밀도의 영화적 구성이나 출중한 연출력 혹은 아름다운 이미지 등에 경탄하며 한껏 예술적 고양감에 젖다가도, 전혀 생각지 못한 지점에서 대상화되거나 타자화되는 여성 재현과 마주칠 때 혹은 아예 작정하고 여성을 도구화하는 탁월한 영화적 기량의 과시 앞에서 눈앞이 아득해지거나 아찔한 현기증 비슷한 걸 느끼게 된다.

---

[1] 몰리 해스켈, 『숭배에서 강간까지』, 이형식 옮김, 나남출판, 2008, 15쪽.

그런 점에서 늘 예민하게 젠더적 감수성이 작동되는 영화 관람은 쓰라린 배제와 박탈의 감각, 분노의 감정 등을 불러오는 타자성의 체험이 되곤 한다. 그리고 여성 관객으로서 영화 관람의 개인사는 치열한 경합과 투쟁의 맥락으로 재구성될 수밖에 없다. 남성 중심의 시선을 바탕으로 남성적 언어로 서술되는 영화 미학적 학습과 내면화로부터 여성 중심의 영화 보기와 읽기의 맥락으로 이동하게 되는 것이다. 그리고 이를 통해 종전까지 영화를 이해했던 고정적 패러다임이 해체되며 새로운 보기의 방식으로 대체된다. 거의 혁명적인 이러한 경험을 거치며 영화는 전혀 낯선 얼굴로 다가온다.

거기 없는 여자들

21세기 초엽의 한국 영화는 누구라도 부인하기 어려울 르네상스를 맞았다. 조금 과장해서 말하자면 '눈만 뜨면 걸작, 수작이 쏟아지던' 화양연화의 때였다. 하지만 한국 영화의 신세기를 열었다는 공통의 수식을 공유하는 영화들에는 수긍하기 어렵거나 동의할 수 없는 여성에 대한 문제적 재현들이 대부분 자리하고 있었다. 그로 인해 어떤 관객들은 아찔한 혼돈과 쓰라린 결핍의 감각을 날카롭게 자각할 수밖에 없었다. 안타까운 것은 이러한 문제적 양상이 지속 가능한 것으로서 지금-이곳의 한국 영화 지평에 강고하게 남아 있다는 점이다. 가령 이창동의 〈박하사탕〉(1999)이 "젠더적 관점에서는 남성의 정체성 회복을 위해 여성을 대상화하는 모순을 내포한다"[2]고 분석된다면, 이러한 진술이 해당되

2 배경민, 「역사영화의 정치적 무의식 연구 – 1987년 이후 한국영화를 중심으로」, 동국대 석사논문,

지 않는 한국 영화를 찾는 것 자체가 극히 어려울 것이다.

21세기 벽두, "'남한' 여성들이 한국 영화에서 사라지고 있다"[3]는 진단 이래 한국 영화 스크린에서 여성들은 죽거나 시나브로 사라졌다. 아프거나 정신이 이상해졌고, 그러니 제대로 말할 수 없었다. 은유 혹은 판타지라는 비실재의 세계로 내몰리거나 남성 주체의 정체성 협상을 위한 촉매 혹은 불쏘시개로 아낌없이 쓰였다. 그럼에도, 혹은 그 때문에 남성의 시선에서 오해됐고 그 오해를 이유로 응징됐으며, 그리하여 다시 사라짐이 반복되는 악순환의 사이클이 안정적으로 자리 잡았다.

미국의 만화가인 앨리슨 벡델이 제안했다는 벡델 테스트는 한국 영화의 젠더 불균형과 남성 중심의 편향성을 쉽게 요약하는 유용한 도구가 된다. 영화에 이름을 갖는 여성이 둘 이상 등장하는지, 그 여성들이 서로 이야기를 나누는지, 그 대화의 주제가 남성에 관한 것이 아닌지 등 세 가지 질문을 던지는 것이다. 이를 토대로 2017년의 한국 영화산업을 결산하는 한 언론 기사 "미치거나 죽거나, 급기야 사라진 한국 영화 속 여성들"은 한국 영화산업을 특징짓는 '여성 부재/배제'의 경향성이 얼마나 강력하고 압도적이며 지속적인가를 효과적이다 못해 거의 충격적으로 보여준다(사진 1).[4]

"2000년대부터 본격화된 '남성 위로' 영화, 2017년 정점을 찍다"라는 부제와 함께 게재된 이 사진은 〈신과 함께 – 죄와 벌〉(김용화), 〈택시운전사〉(장훈) 등 천만 관객을 돌파한 작품을 비롯해, 〈1987〉(장준환),

---

2008, 107쪽.

3 김소영, 「사라지는 남한 여성들: 한국형 블록버스터 영화의 무의식적 광학」, 『한국형 블록버스터: 아틀란티스 혹은 아메리카』, 현실문화연구, 2001.

4 김수정, "미치거나 죽거나, 급기야 사라진 한국영화 속 여성들", 〈노컷뉴스〉, https://www.nocutnews.co.kr/news/4910188.

〈청년경찰〉(김주환), 〈더 킹〉(한재림) 등 2017년 흥행 순위 톱10과 다른 6편의 포스터를 한데 모아 모자이크한 것이다. 한마디 말이 필요 없이 단박에 보는 이를 경악하게 만드는 이 사진은, 한국 영화의 상상 체계가 어떤 정도로 "'여자 없는 세계'라는, 거의 공상 과학에 가까운 설정에 매혹되고 정당화"[5]하고 있는가를 한눈에 알 수 있게 한다. 사진에 포함된 16편의 영화들 중 벡델 테스트를 통과한 작품은 단 하나도 없으며,[6] 포스터에 여성 인물이 아예 나오지 않은 작품이 12편이다. 나머지

---

5 오혜진, 「혐오의 시대, 한국문학의 행방」, 『지극히 문학적인 취향 - 한국문학의 정상성을 묻다』, 오월의봄, 2019, 151쪽.

6 2017년 가장 높은 흥행 순위의 영화로 벡델 테스트를 통과한 것은 11위의 〈아이 캔 스피크〉

는 〈1987〉의 김태리, 〈신과 함께〉의 김향기, 〈꾼〉(장창원)의 나나, 〈군함도〉(류승완)의 이정현과 김수안 등이 포스터 한구석에 겨우 자리를 차지할 뿐이다.

한국의 여성들은 대체 어디로 갔는가. 외국에서 이 사진을 보거나, 아니면 가깝거나 먼 미래의 세계에서 이 포스터를 본다면 대체 2017년의 한국에 무슨 일이 있었던 걸까 궁금해하지 않을 수 없겠다. 혹시 설명할 수 없는 천재지변이 일어나 여자들만 모조리 사라지게 했거나 무인도 같은 곳에 격리 수용이라도 한 걸까, 머리를 싸매고 온갖 상상력을 동원하지 않을까 싶다. 더 최악인 것은, 이러한 현상이 2017년에 국한된 것이 아니라는 점이다. 2017년 갑자기 어떤 '빅뱅'이 일어나서 여자들이 모조리 사라진 것이 아니며, 이미 오래전부터 여자들은 사라져오던 중이었고, 그 정점이 2017년이었다는 것이다.

현재의 한국 영화 체제를 구축한 기원적 시간에 위치한 두 편의 영화, 곽경택의 〈친구〉(2001)와 봉준호의 〈살인의 추억〉(2003) 포스터는 이러한 사실을 단적으로 지시한다(사진 2). 〈친구〉의 포스터에서 남성 중심 서사의 특징적 경향은 이미지와 문자 양면에서 명료하게 드러난다. 〈친구〉의 서사 내부에서 '함께하며' '우리'로 호명되는 인물들은 모두 남자일 뿐이다. 〈살인의 추억〉 포스터에서도 희미한 사진으로 제시된 박현규 역의 박해일을 포함해 모두 남자 배우 세 명만이 존재한다. '살인'도 '추억'도 남자들의 일이며, "당신은 지금 어디에 있는가" 묻는 이도, 그 질문의 대상이 되는 '당신'도 모두 남자이다. 논두렁과 농수로에 차가운 사체로 널브러져 있는 건 모두 여자들임에도.

〈살인의 추억〉과 같은 해에 개봉된 〈실미도〉(강우석)와 〈태극기 휘날

(김현석)였는데 이것도 20위권 이내 영화들 중 유일했다.

사진 2〉 남자들의 욕망, 남자들의 성
취와 패배, 남성적 감각과 정서. 오로
지 남성의 세계에만 몰입하는 한국
영화 지평에 여성의 자리는 없다.

리며〉(강제규)가 썼던 천만 관객 동원의 신화는 대중의 감정과 정서를
구조화하고 현실을 사유하는 가장 대중적이고 경제적인 서사 체계로
남성 중심 서사가 안정적으로 정착됐음을 보여준다. 그 이후 한국 영
화가 얼마나 더 지리멸렬해졌는가를 설명하기 위해 굳이 다른 텍스트
들을 언급할 필요는 없겠다. 어차피 이 모든 것들이 되풀이됐을 뿐이기
때문이다. 영화는 남성들의 일, 남성들의 감정과 욕망에 주목했고 남성
들의 말을 경청했으며, 여자들은 거기 없었다. 혹은 우정의 '대가'로 교
환되거나, 남성적 회한의 '도구'로 동원됐으며, 역사의 '잉여'로 단호하
게 내쳐졌다.

그나마 다행스러운 것은 '여성 절멸'의 양상이 노골화됐던 2017년이

일종의 변곡점이 되어 이후 여성의 목소리를 담아내는 다양한 여성 서사들이 관객들을 찾아왔으며, 일정한 성취를 바탕으로 점차 시장에서 경쟁력을 강화하고 있다는 점이다. 이는 한국 영화뿐만 아니라 할리우드를 비롯한 전 세계 영화 시장을 관통하는 하나의 흐름으로 자리 잡고 있다는 점에서 더욱 반갑다. 하지만 당연하게도 가야 할 길은 멀고, 우리는 여전히, 너무나 극심하게 "배가 고프다." 그리하여 '거기, 영화 스크린에 없는 여자들'의 질문은 계속된다. "여성들은 어디에 있는가?"

〈로스트〉가 말하는 것

레스토랑에서 일하는 질(아만다 사이프리드)은 야간 업무를 마치고 새벽에 귀가했다가 동생 몰리(에밀리 위커샴)의 침대가 비어 있는 것을 발견한다. 대학 기말시험을 준비하던 책상의 책이 펼쳐져 있고 스탠드도 켜져 있는 상태다. 입고 있던 잠옷과 반바지를 찾을 수 없으니 그 차림새 그대로 사라진 것이다. 집안을 뒤지던 질은 사진, 신문 등이 들어 있는 두툼한 파일과 총을 챙겨 들고 경찰서로 간다. "놈이 돌아왔어요. 날 데리러 돌아왔어요. 우리 집에 들어와서 내가 없으니까 동생을 데려갔어요."

가뜩이나 밤샘 근무를 한 터라 눈이 퀭한 질이 긴박하고도 간절하게 위험에 처한 동생 구출을 청하지만 이야기를 다 들은 보즈만 서장(마이클 파레)의 답변은 어딘가 엇박자인 것만 같다. "왜 동생이 납치됐다고 생각하는 거죠?" 그리고 몇 차례 질문과 답변이 이어진 끝에 서장은 이야기를 끝내고 일어선다. "몰리에게서 연락 오면 즉시 전화 줘요. 연락 안 오면 월요일 아침에 다시 와요." 사무실에서 나가면서 서장이 덧붙인 말은 "성인들은 사라질 수도 있어요"였다. 동생과 함께 있지 않다는 몰리 남자친구의 전화를 받았을 때, 에리카 형사(케이트 모에닉)는 "남자친구가 두 명일 거라고는 생각 안 해봤냐"는 황당한 질문을 한다.

영화 시작한 뒤 20분 즈음까지 진행되는 이 시퀀스를 보고 있자면 관객들은 혼란스럽다. 혼자 울창한 숲속을 헤매고 체력 훈련을 과격하게 하는 여주인공 질은 어딘가 불안해 보이고 늘 주변을 예민하게 경계한다. 아침에 깨워달라던 여동생이 사라진 건 물론 걱정스럽겠지만 총까지 들고 납치를 확신하는 것도, "내 동생이 죽으면 당신 책임"이라고 흥분하는 것도 평범해 보이지는 않는다. 하지만 시민의 실종 신고를 접수하는 경찰들의 태도는 더욱 이상하다. 처음 경찰서를 찾아온 질을 보는 순간 파워스 경사(대니얼 선자타)의 얼굴에 떠오른 건 분명 짜증이었으며, 질의 이야기를 들으면서 누구 하나 메모도 안 하고 듣는 둥 마는 둥 하는 것도 정상적인 업무 행동은 아니다. 질과 꽤 안면이 있어 보이는 파워스 경사는 자꾸 "집에 가서 좀 자라"는 말만 한다.

양쪽 다 나름의 사정이 있다. 1년 전 한밤중에 납치된 질은 포레스트 파크 어딘가의 구덩이에 내던져졌다가 겨우 도망쳐 나왔었다. 온몸이 진흙투성이에 얼어 죽기 직전 등산객에게 발견된 질의 증언에 따라 경찰이 주변을 샅샅이 뒤졌지만 범인은 물론 어떤 단서조차 찾지 못했다. 납치됐다고는 했지만 집에 강제 침입한 흔적도 없었다. 경찰이 알아낸 것은 사건이 있기 2년 전 몇 달 간격으로 부모님을 여읜 정신적 충격으로 질이 정신병원에 입원했었다는 사실이다. 질은 자신이 납치됐던 구덩이에 다른 여성들의 시체가 있었다면서 연쇄 실종 및 살인 사건이라고 주장했지만 수사는 성과 없이 종료됐다. 그리고 질은 '자기 이야기에 몰입돼 없는 사람을 상상해내는' 피해망상증 환자가 되어 다시 몇 달 동안 정신병원 신세를 져야 했다. 지금도 그녀는 약을 먹고 있다. 그러니 대체 누구의 말이 진실일까.

〈로스트〉(헤이토르 달리아, 2012)에 대한 시장의 반응은 그다지 좋지 못했다. 우선 범인/가해자가 스릴러 장르의 안타고니스트antagonist라고 하기에는 너무 약하고 멍청하다. 악당에 적당한 서사와 힘을 부여함으로써 서스펜스를 조성하는 것에 영화는 집중하지 않는다. 대신 몰리의 실종이라는 단일 사건을 바라보는 두 진영의 시선 대립, 말의 충돌에 주목한다. 이에 따르면 〈로스트〉에서 위기는 몰리를 미끼로 질을 노리는 얼굴 없는 남성 가해자/안타고니스트로부터 오는 것이 아니라, 진실을 주장(한다고)하는 질과, 그 진실을 믿지 못하거나 불신하는 경찰의 대립으로부터 온다. 자신의 납치 당시를 돌아보며 몰리를 구할 시간이 12시간밖에 남지 않았다는 조바심에 질은 혼자 몰리를 구하러 나선다. 그 때문에 경찰이 보기에는, 길가에 주차한 트럭을 훔치고, 38구경 총을 들고 거리를 활보하는 질이 공동체의 질서를 위협하는 가장 위험한 인물이 된다. 얼굴 없는 누군가를 질이 쫓고, 그 질을 경찰이 쫓는 이상한 추격전이 펼쳐진다. 누구도 자신의 말을 믿지 않기에 더욱 이상해지고 예민해지며 과잉 반응하고 결국 무법자가 되는 질에게 "미쳤다"는 질타가 쏟아진다.

그렇게 '미친 여자'가 된다

문제 해결자-탐정으로서 질은 왜소한 체구에도 불구하고 명민한 판단력과 민첩한 활동력을 과시한다. 1년 전 납치됐던 이후 꾸준히 몸을 단련해서 물리적 행위 능력을 키웠고, 포레스트 파크를 지속적으로 답사하면서 경찰이 찾지 못한 증거와 당시의 납치 장소를 탐색해왔다. 미제 사건으로 치부되는 일련의 여성 실종 사건의 정보 또한 꾸준히 축적해온 질은 경찰들보다 더 멀리 내다보고, 한발 빠르며, 먼저 도착한다. 하지만 그래서 위기를 자초한다. 부족함 없는 탐정이지만 동시에 피해자로서의 중첩된 정체성으로 인해 질은 불신을 당하고, 의심을 자초하며, 막다른 골목에 몰린다. 몰리와 자신의 생명을 위협당한다. 〈로스트〉에서 질이 겪는 위험은 피해자-여성에게 가해지는 비상징화의 억압을 환기시킨다. 동시에 스릴러 장르적 범주를 넘어, 자신의 경험을 발화하는 '여성의 말하기'가 봉착하는 젠더적 곤경을 함의하는 것이기도 하다. 목청 높여 외쳐도 질의 이야기는 들리지 않고 무시된다. '서사의 권위를 지닌 여성의 목소리는 거의 없거나 아예 없으며, 여성들의 발화는 신뢰할 수 없고, 좌절되거나 순종적인 특징을 갖는다'는 카자 실버만의 지적을 떠올리게 만든다.[7]

우리는 이야기를 통해 분산적이고 파편화된 경험들을 하나의 줄거리로 구성하여 의미로 만들어서 기억하고 전달할 수 있을 때, 경험의 주인으로서 주체가 된다.[8] 총이라는 권력을 앞세워 '말하는 주체'임을 당당하게 자임한다는 점에서 질은 스릴러 영화에서의 전형적인 피해자-여성과 다르다. 그러나 자신이 경험했던 납치 사건에 대한 질의 발화는 "세계 안에 행위 주체로 참여할 수 있기 위해서는 공적으로 인정받을 수 있는 언어로 말할 수 있어야 한다"[9]는 조건을 충족하지 못한다. 사회적 타자, 여성으로서 특히 납치라는 젠더 폭력 사건을 겪은 그의 경험의 개별성과 특이성은 남성 청자들에게 '들리지 않'으므로 '공적

7 쇼히니 초두리, 『페미니즘 영화이론』, 노지승 옮김, 엘피, 2012, 89쪽.
8 김애령, 『여성, 타자의 은유』, 그린비, 2019, 28쪽.
9 김애령, 「다른 목소리 듣기: 말하는 주체와 들리지 않는 이방성」, 『한국여성철학』 제17권, 한국여성철학회, 2012, 36쪽.

으로 인정받을 수 없는 언어적 불능'(카자 실버만)의 상태에서 벗어나지 못하기 때문이다. 자신의 납치, 몰리의 실종, 그리고 연쇄적으로 실종된 다른 여성들에 관한 정보를 제시하고 이를 토대로 해석하는 질의 담화는 남성 중심의 인식 및 수행 체계에 몸담은 모든 이들에 의해 부정되고 공식화되지 못한다.

이러한 점에서 〈로스트〉는 세계 내의 행위 주체이자 말하는 주체로서 여성의 정체성 정립의 곤란함 혹은 불가능성을 환유하는 텍스트가 된다. 다행스럽게도 복원력과 학습 능력이 뛰어났던 질은 한 번의 고통을 경험한 뒤 다시는 고통받지 않기 위한 자신만의 방법을 찾아냈고 이를 실천에 옮겨 결국엔 승리한다. 피해자로서 여성의 말을 승인하지 않는 경찰 조직과 단절하고 자신만의 경험과 감각, 판단에 의지한 상태에서 자신을 납치했었으며 몰리를 이용해 자신을 다시 공격한 연쇄살인자를 처단한다. 그러나 모든 것이 끝난 뒤 집으로 돌아온 질은 뒤늦게 도착한 경찰들에게 "아무도 없었어요… (그 남자는) 존재하지 않았어요… 다 제 상상이었어요"라며 자신의 발화를 번복하고 회수한다. 그리고 귓속말로 유일하게 진실을 나눈 몰리와 함께 집으로 들어가 문을 굳게 잠근다.

그렇다면 외롭고 힘든 싸움에 지친 질은 스스로를 망상증 환자로 치부함으로써 남성적 인식 체계에 완전 굴복한 것일까. 이어지는 장면에서 보즈만 서장은 발신인이 없는 두툼한 우편물을 받는다. 그 안에는 실종됐던 여성들의 입에 테이프를 감고 찍은 폴라로이드 사진들이 들어 있다. 납치됐던 질의 사진도 있다. 그렇다면 앞 장면에서 질이 했던 발언은 좀 더 적극적인 상징화의 거부이자 탈주 선언으로 의미화될 수 있을 것이다. 여성을 인식과 발화, 행위의 수행 주체로 인정하지 않는 남성 중심 체계로의 편입을 아예 포기함으로써 이를 거부하겠다는 강력한 제스처일 것이다. 억울하게 죽어간 여성들에 대한 애도의 작업을 여성의 목소리를 외면했던 권력기관에 최종적 과제로 넘기는 이 메시지에는 그렇게 '말하는 주체'가 생략된다. 질은 남성적 상징 질서로부터 배제되는 비가시화된 존재로 남기를 스스로 선택한다.

여성의 상징적 소멸

'말하는 주체'임을 거부당한 질처럼 여성의 발화를 사전 차단하거나 상징화 작업을 부인하는 영화적 재현은 영화의 국적과 장르를 불문하고 어디서나 쉽게 찾아볼 수 있다. 이는 '여성의 상징적 소멸'(symbolic annihilation of women)로 개념화되는데, 여성을 대상으로 할 때 미디어가 아예 등장시키지 않거나(omission), 사회적으로 기여하는 바 없는 사소하고도 의미 없는 존재들로 묘사하고(trivialisation), 부정적인 인물로 재현해 비난의 대상이 되도록 구성하는 것(condemnation)이다.[10] 한국의 2017년과 같은 극단적인 여성 배제가 아닌 한 여전히 영화 스크린에 여성은 존재하지만, 정작 그 신체를 존재하게 하고 행위하게 하는 관념과 정서, 감각과 욕망을 보이지 않게 하는 메커니즘에 대한 이해를 도모할 때 이 개념은 적절하다. 평범하게 여성으로서의 삶을 살아가는 많은 관객들로 하여금 "대체 영화를 왜 저렇게 만들까요?" 묻게끔 하는 여성 배제 및 타자화의 장치를 사유하게 돕는 것이다.

여성들의 젠더 감수성을 제고하기 위해 기획되는 성평등 강의에 갈

---

10 김경희·강혜란, 「여성의 과소재현과 상징적 소멸: 텔레비전 뉴스 프로그램에서의 젠더 구조를 중심으로」, 『미디어, 젠더 & 문화』 31권 3호, 한국여성커뮤니케이션학회, 2016, 57~58쪽.

때면 일종의 워밍업으로 〈데저트 플라워〉(쉐리 호만, 2009)에서 가져온 장면을 자주 상영한다. 〈데저트 플라워〉는 13살 때 강제 결혼을 피해 소말리아에서 탈출한 뒤 영국에서 수퍼모델이 된 와리스 디리(1965년 생)의 이야기를 다룬 책 『사막의 꽃』을 영화화한 작품이다. 고생 끝에 영국 런던에 오게 된 와리스(리야 키비디)는 우연히 만난 옷 가게 점원 마릴린(샐리 호킨스)과 함께 생활한다. 마릴린을 따라 처음 클럽에 갔던 날, 남녀 간의 접촉이 자유분방한 클럽 분위기에 커다란 문화적 충격을 받고 집으로 돌아온 와리스는 방에 들어가지 못하고 복도에 쭈그리고 앉는다. 마릴린이 클럽에서 만난 남자를 데리고 왔기 때문이었다. 강의에서 보여주는 장면은 바로 이 다음부터이다. 마릴린은 오랫동안 바깥에서 기다리게 했던 행동을 사과하지만 와리스는 차갑고 냉혹한 얼굴로 마릴린을 질책한다. 초반 평행선을 달리다가 두 사람 모두에게 충격적인 사실이 드러나는 이 부분의 대화를 좀 더 들어보자.

> **와리스** / 품위 있는 여자는 그런 짓 안 해.
>
> **마릴린** / 품위 있는 여자도 즐길 수 있어. 그래도 품위는 지킬 수 있어.
>
> **와리스** / 아니야. 품위 있는 여잔 안 그래.
>
> **마릴린** / 뭘 안 그런다는 거야, 와리스? 대놓고 말해봐. '섹스'라고 말이야. 부끄러워하지 마. 그게 뭐가 나쁘다는 거야?
>
> **와리스** / 잘라낸 여자만이 좋은 여자야.
>
> **마릴린** / 미안한데 뭐라고? 잘라내? 이런, 영어인데 못 알아듣겠어.
>
> **와리스** / 이래야 처녀로 남는 거잖아. 첫날밤, 남편이 실밥 풀어주잖아. 이게 정상 아냐?
>
> **마릴린** / 와리스, 무슨 말인지 모르겠어.

와리스 / 넌 안 잘라냈어?

마릴린 / 무슨 뜻이야? 사람들이 너한테 뭘 잘라낸 거야? 보여줄 수 있어? 그럼 이해가 될 거 같은데…… (와리스가 일어서 팬티를 내리자) 오, 이런, 다 도려내고 나서 꿰맨 거구나. 언제 그런 거야?

와리스 / 아주 어렸을 적에. 3살 때였어. 여동생들도 다 했어. 파무만 8살에 했는데 미드간을 빨리 못 찾아서 그래.

마릴린 / 미드간?

와리스 / 거길 잘라내주는 노파야.

마릴린 / 와리스, 감각은 남아 있니?

와리스 / 그게 무슨 뜻이야?

마릴린 / 그래서 씻는 데 오래 걸렸구나.

와리스 / 여자들은 다 그러는 거 아냐?

마릴린 / 아니야. 나도 여자야. 하지만 난 그렇지 않아. 원래 모양은 기억이 나니? 이렇게 생겼었을 거야. (팬티를 내려 보여준다)

와리스 / 네 건 안 잘라낸 거야? 엄마가 안 그랬어?

마릴린 / 응, 여기선 누구도 그러지 않아.

마릴린이 와리스의 손을 잡고 입을 맞추자 자신의 허리를 붙잡은 채 버티던 와리스가 침대에 풀썩 주저앉는다. 울고 있는 와리스를 마릴린이 포옹하는 것으로 이 장면은 마무리된다. "무슨 말인지 모르겠어", "그게 무슨 뜻이야?", 서툴지만 영어로 의사소통이 가능했던 피부색 다른 두 여성은 서로의 말을 이해하지 못하고 되묻는다. 여성의 신체, 여성이라는 현실을 공유하고 있으나 상징적 층위에서 각각 다른 현실을 살아온 때문이다. 그래서 두 사람은 서로의 현실에 대해 경악할 만큼 놀란다. 상상하지도 못했던 신체 훼손의 고통을 감내해야만 하는 와리스의 처지에 대한 마릴린의 발견은 곧 와리스에 대한 깊은 연민과 공감으로 이어진다. 그러나 '같은 여자'인데도 세상의 많은 여자들이 '잘라내지' 않고 살고 있다는 사실을 처음 알게 된 와리스의 내면이야말로 더욱 혼란스럽다.

소말리아 등지에서 성행하고 있는, '할례'라고 불려온 여성 성기 절제(female genital mutilation) 관습의 실상을 폭로하는 이 장면은 와리스와 마릴린이 서로에 대해 좀 더 단단한 우정과 여성적 연대를 구축하는 장면으로 잔잔한 감동을 전한다. 하지만 강의에서 정작 가장 중요하게 다루는 영상은 그 다음 장면이다. 좀 더 친근해진 두 사람은 마릴린의 점심시간을 이용해서 공원에서 피크닉을 즐기다가 갑작스런 와리스의 통증 호소로 급히 병원에 간다. 와리스를 진찰한 산부인과 의사는 와리스의 아랫도리를 지켜보다가 얼굴을 찡그리고 진찰 도구를 내려놓는다. "제가 원래대로 돌려놓을 순 없어요. 그래도 아프지는 않게 해줄게요." 소말리아어를 할 줄 아는 간호사를 불러달라는 의사의 말에 비번인 파투마 간호사 대신 남자 간호사인 아말(앤서니 마키)이 불려온다.

의사 / 이분께 이렇게 전해줘요. 꿰맬 때 너무 단단히 꿰맸다고. 그래서 정말 심각하다고요. 그러니 최대한 빨리 수술하자고요.
아말 / 백인한테 몸이나 보여 주고 넌 부끄럽지도 않니? 이들한텐 아무것도 아니겠지만 이건 우리의 전통이야.
의사 / 옳은 일을 하는 거라고 전해줘요. 지금까지 참아온 게 대단하다고. 고통이 엄청났을 텐데 이제 우리가 고쳐줄 거라고. 그러니 걱정하지 말라고 해줘요.
아말 / 네. (와리스에게) 수술은 곧 배신행위야. 네 부모 형제와 전통에 대한 배신. 네 엄마는 알고 있어? 부끄러운 줄 알아! (의

사에게) 생각해보겠답니다.

아말이 들어오는 순간부터 얼굴이 어두웠던 와리스는 이를 악물고 눈물을 흘리면서 아말의 이야기를 듣는다. 강의에서 이 장면을 함께 볼 때면 짧으면서도 깊은 탄식과 한숨 소리가 늘 터져 나온다. 이 장면이 중요한 것은 와리스가 자신을 억압했던 현실의 상징체계의 존재를 비로소 인지하고 그 허위성을 깨닫는 순간이기 때문이다. 앞의 장면에서 마릴린의 위로를 받으며 오랫동안 울기는 했지만, 여전히 와리스는 알지 못한다. 대체 무엇이 어디서부터 어떻게 잘못됐는지. 그저 부당하게 고통을 강요받고 살았다는 것만 깨달았을 뿐이다. 그리고 병원 처치대 위에서야 비로소 알게 된다. 자신과 자신의 자매들, 혹은 끝내 죽어가야만 했던 수많은 이들의 고통이 궁극적으로 여성의 고통을 알지 못하는 '남성의 말'로부터 왔다는 사실을.

스포츠형으로 머리를 짧게 깎은 백인 남성 의사는 와리스가 감당했을 엄청난 고통에 공감과 연민을 표하면서 수술을 권유한다. 그러나 이성과 과학, 인류애의 이름 아래 발화되는 이 남성 의사의 말은 아말에 의해 전혀 다른 상징적 층위의 것으로 '번역'된다. 정확하게 알아듣지는 못하더라도 백인 남자 의사와 흑인 남성 아말이 전혀 다른 이야기를 하고 있다는 것을 와리스는 안다. 아말의 말을 듣는 와리스의 일그러진 표정은, "품위 있는 여자는 그런 짓 안 해"라며 자신이 단호하게 말할 때 놀라던 마릴린의 모습과 비슷하다. 아니, 타인의 고통에 아랑곳 않은 채 "부끄러운 줄 알라"고 하는 아말의 차갑고 냉혹한 얼굴에서 마릴린을 질책하던 자신의 얼굴을 발견하기에 더욱 절망스럽게 변한다.

와리스 디리는 2002년 '사막의 꽃'이라는 재단을 설립, 여성 성기 절제의 악습 폐지를 위해 노력함으로써 2012년 유엔에서 여성 할례 금지 결의안 통과를 이끌어냈다. 〈데저트 플라워〉에서 전통과 문화의 이름으로 여성들을 억압했던 가부장제적 상징체계의 허구적 실체가 폭로되는 이 장면은 단지 와리스에게만 코페르니쿠스적 전환의 순간으로 다가오지 않는다. 강의에서 이 장면을 함께 본 많은 여성들 또한 세상에는 여성의 현실을 고스란히 담아내고 여성의 고통을 공감하는 '여성의 말'과, 여성의 현실을 없는 것인 양 왜곡하거나 여성의 고통을 싸늘하게 외면하는 '남성의 말'이 있다는 것을 알게 되기 때문이다. 무엇보다도 여성으로서 살아왔던 많은 시간 동안 우리들 귀에 들려온 수많은 말들이 대개는 저 아말이 하는 것과 같은 '남성의 말'이었음도 깨닫는다.

성기 절제 사실을 처음 알게 되는 마릴린과의 대화 장면을 볼 때까지만 해도 강의 참석자들 대부분은 와리스가 놓여 있는 현실의 엄혹함과 비인간성, 비윤리적 관습에 대해 분개하고 동정한다. 아마 여성의 삶을 고통의 나락으로 빠뜨리는 그런 비인간적 관습이 없는 나라에서 태어나 살고 있는 것에 순간 감사했을지도 모른다. 하지만 두 번째 장면에서 와리스의 고통이 단지 소말리아라는 특정한 지리적 장소, 특정 인종적 배경을 갖는 한 개인의 문제가 아니라는 보편성을 인지하게 된다. "여자는…", "여자라면…" 혹은 "엄마가 말야…" 등의 온갖 말들에 둘러싸여 살아온 각자의 경험을 환기하면서 와리스와 내가 본질적으로 동일한 '여성적 현실'을 살아가고 있음을 깨닫는 것이다. 또한 남성이라는 생물학적 성(sex)을 공유하면서도 완전히 다르게 '번역'되는 두 언어를 쓰는 아말과 백인 의사를 보며 물리적 성(sex)과 젠더gender의 구별 또한 인지하게 된다.

영화적 재현의 장에서 여성은 오랫동안 물리적 부재와 상징적 소멸의 운명을 견뎌왔다. 부재한 채로 상징적 소멸을 감당해야 하거나, 물리적 현존에도 불구하고 상징적으로는 소멸의 상태에서 사물과 같은 위치를 배당받거나. 그래서 여성의 고통과 희열, 소망과 비전은 스크린에서 온전히 존재하기 어려웠다. 그렇게 영화는 '더 약한 성'이라는 여성에 대한 편견과 거짓말을 강화하는 데 주로 헌신해왔다.[11] 그 영화를 평생의 친구로 삼아온 여성들에게 '동의하지 않음'의 감각이 자꾸만 날카로워지는 이유이다.

차가운 산부인과 처치대 위에서 와리스 디리가 체험한 것과 같은 각성 이후 영화와의 만남은 그래서 자꾸만 불편해진다. 도무지 만족할 줄 모르는 욕구불만자의 투덜거림이 끊이지 않는 것이다. 그렇기에 더욱 "그렇게 생각하지 않는데요", "그건 제가 겪은 것과 다르네요"라는 이의제기는 계속 이어져야 한다. 여성의 기쁨은 기쁨대로, 고통은 고통대로 이야기하는 영화세상을 위해서 부지런히 의심하고 질문하고 대안의 상상력을 발휘해야 하는 것이다.

---

11 몰리 해스켈, 앞의 책, 21~22쪽.

〈살인의 추억〉, 무엇을 질문할 것인가[1]

아이는 종종 무구한 관찰자 역할로 불려와 영화의 문을 연다. 대개 소년의 몸을 갖는 그 아이에게는 누군가를 소개하거나 무언가를 발견하는 역할이 주어지는데, 봉준호 감독의 〈살인의 추억〉(2003)에서 메뚜기를 잡던 까까머리 소년(이재응)이 관객에게 소개하는 건 황금빛 들녘에 감춰진 핏빛 죽음을 파헤칠 주인공 형사 박두만(송강호)이다. 그렇게 소개된 박두만 형사는 어두컴컴한 농수로에서 여성을 발견한다. 뜨거운 숨이 일찌감치 꺼진, 개미들에 까맣게 뒤덮인 여성의 벌거벗은 몸뚱이. 손은 뒤로 묶였고 맨다리에는 메뚜기가 앉아 있다. 그리고 며칠 뒤 비슷한 방식으로 살해되고 버려진 여성의 사체가 또 발견된다. 1986년부터 1991년까지 경기도 화성시 태안읍 일대에서 10명의 여성이 차례로 살해되었으나 범인이 잡히지 않은 미해결 살인 사건, 이름하여 '화성 연쇄살인 사건'은 김광림의 희곡 〈날 보러 와요〉(1996)의 소재가 됐고,

---

1 이 글은 필자의 신문 연재글 "[박인영의 매치컷] 〈살인의 추억〉과 〈시〉 – 같은 이야기, 다른 질문", 〈충청미디어〉, 2017. 7. 3., http://www.thecm.net/news/articleView.html?idxno=12115를 인용·보완한 것이다.

이를 봉준호가 다시 영화로 옮겼다.

'시대에 대한 코멘터리'

황금빛 들녘을 배경으로 잇달아 여성들의 사체가 발견되지만, 〈살인의 추억〉은 연쇄살인 사건 등을 소재로 유사한 플롯을 갖는 할리우드의 스릴러 장르 혹은 범죄 수사물과 닮았으면서도 많이 다르다. FBI나 CSI 등 범죄 담당 기관 요원들이 전문가 특유의 '포스'를 뽐내며 당당하게 등장하는 것과 달리, 〈살인의 추억〉 속 형사들은 어딘가 많이 어설프고 허둥댄다. 구희봉 반장(변희봉)과 감식반원은 논두렁을 구르며 등장하고, 독수리 타법으로 타자 치는 박 형사도 차라리 깡패가 어울린달까, 아무리 잘 봐줘도 연쇄살인 같은 어려운 사건을 해결할 깜냥은 아닌 듯싶다. 깔끔하게 폴리스 라인 설치되고 사람들이 효율적으로 통제되는 여느 스릴러 영화 속 범죄 현장과 달리 감식반도 제때 안 오고, 제보자도 없이 '현장 보존이 개판'인 사건 현장의 풍경 또한 거북살스럽다. '중요한 거니까 손대면 안 되는' 피해자의 팬티, 브래지어 등이 동네 아이들의 장난감, 놀이 도구가 되어 이리저리 나뒹굴고, 마을 주민과 아이들이 한데 어울린 풍경은 5일장을 방불케 한다. 그나마 남은 유일한 증거인 운동화 족적마저 경운기가 뭉개고 지나가면 멀쩡한 사람 운동화로 다시 거짓 족적을 만드는, 이른바 '농촌 스릴러'의 '웃픈' 풍경이 거기 있다.

장르적 쾌감을 경유하여 현실의 모순을 환기하는 일명 봉준호식 '엇나가는 장르' 화법과 이른바 '삑사리'의 효과를 널리 알린 대표작 〈살인의 추억〉은 너무 일찍 찾아온 현대적 범죄로서 연쇄살인 사건에 대응하는 한국 사회, 특히 공권력 집단의 무능과 비합리를 통렬하게 꼬집는다.

그리고 비정상적이고 정당성 취약한 독재 체제를 억지로 유지하기 위해 모든 경찰력이 시위대를 진압하고 색출하기 위해 동원됐던 1980년 대의 암울했던 정치적 상황은 꼬리를 무는 죽음의 가장 핵심적인 귀책 사유로 제시된다.

인위적인 어둠을 만드는 민방위 훈련, 시위 진압 작전에 동원되느라 사건 현장에 투입되지 못하는 전경 병력, 대통령의 지방 순시를 환영 하기 위해 동원되는 소녀들의 이미지 등은 여성들을 피해자로 하는 화성 연쇄살인 사건의 상위에 한국 사회의 구조적/국가적 폭력이 존재함을 이야기한다. 영화가 시대를 기억하고 전유하는 방식의 한 탁월한 사례로서 〈살인의 추억〉이 강력하고 효과적인 '시대에 대한 코멘터리'로 기억되는 연유다. 이처럼 '80년대라는 시대의 소환', '80년대적 폭력성의 성찰 혹은 조소嘲笑'라는 주제를 주목하며, '현실을 환기하는 장르적 접근'의 탁월한 성취를 보인 〈살인의 추억〉에 대해 부족하지 않을 만큼 맹렬한 찬사와 지지가 줄을 이었다.

하지만 영화가 택한 방식의 유효성과 정당성에 회의를 표시하는 의견들 또한 꾸준히 제기돼왔다. 〈살인의 추억〉이 어둠과 폭력의 시대성으로 1980년대를 환유하고 환기시키는 방식이 갖는 문제적 지점들로는 무엇보다도 현실의 가해-피해 관계가 전도되고 뒤틀린다는 점을 들수 있다. 80년대적 폭력성을 상징하는 연쇄살인이라는 가해 행위에 따른 피해자로 죽임을 당한 여성들이 배치될 때, 박두만과 서태윤(김상경)을 비롯한 남성 형사들은 가해-피해 관계의 바깥에서 문제를 해결하며 관객들의 동일시를 이끌어간다. 그런데 당시의 시대적 맥락 속에서 이루어지는 이들의 사건 해결을 위한 행위는 폭력성의 공유라는 문제적 양상을 드러낸다. 1980년대 군부 독재정권 당시 정권에 반대하는 시위 학생과 시민들에 대한 무차별 폭행, 구금이 자행됐고 용의자 수사 시 인권

유린과 탈법적 행위 또한 일상적으로 이루어졌다. 영화 속 형사들의 공무 집행 과정에서도 폭력성으로 인한 탈법적·반인권적 상황이 빈번히 발생한다. 이러한 폭력성은 잔혹한 범죄 피해자인 여성들의 억울한 죽음을 소명하고 그 죽음의 의미를 규명해야 할 문제 해결자로서 남성 형사들의 극적 위상을 훼손하고 동요시킨다. 남성 형사들 또한 가해-피해 관계의 내부로 불려 들어오며 가해자로서 정체성이 중첩되기 때문이다.

시위 현장에서 시위 여학생을 짓밟는 조 형사(김뢰하)의 진압 행위는 화성과 멀지 않은 부천서에서 시위 여학생을 성고문한 문귀동의 탈법적 행위와 본질적으로 동일한 맥락에 놓인다. 여성이라는 사회적 타자를 대상으로 한 폭력이라는 유사성에서 조 형사와 문귀동의 행위는 조직 위계상의 차이만 드러낼 뿐이다. 그렇다면 타자의 목소리를 억압하고 그 존재를 압살하는 폭력성의 공유라는 지점에서 이들은 어둠 속에서 여성들만 골라 죽인 연쇄살인 사건 가해자의 행위와 본질적으로 차별화되기 어렵다.

문제 해결을 주도하는 남성 형사들에게서 두드러지는 것은 보이지 않는 범인과의 대결에서 승리하겠다는 집중적 몰입이고, 이는 플롯을 이끄는 주요 동력이 된다. 도처에서 발견되는 여성 사체는 안정적인 남성 주체성을 교란하는 위협으로서 접수되며, 이를 해결하고자 하는 형사들의 맹렬한 의지는 정작 피해자-여성들의 존재를 비껴간다. 〈살인의 추억〉에서 피해자와 남은 가족들의 고통에 공감하거나 문제의 발생적 근원을 사유하는 등의 어떠한 윤리적 자세 또한 발견하기 어려운 이유이다. 서 형사가 극중 마지막 피해자인 소현(우고나)과 가졌던 특별한 교류로 인해 격렬한 감정적 동요에 빠지는 장면은 클라이맥스의 정서적 분출을 이끌어내면서 파국으로 이어진다. 그러나 이는 역설적으로 그 이전까지 남성 인물들의 문제 해결을 위한 분투가 피해자-여성들과의 어떠한 정서적 관여도 배제된 채 이루어졌음을 뒷받침하는 사례가 된다.

그런데도 〈살인의 추억〉은 프로타고니스트들이 드러내는 폭력성 및 가해자성이라는 문제적 요소들을 서사 내부에서 교묘히 은폐하거나 효과적으로 지워낸다. 부천서 성고문 사건을 텔레비전으로 보며 벌어지는 소동에 대해 봉준호 감독은 "경찰이 심지어 성추행도 하던 시댄데, 그 경찰들한테 시골 여자들을 지켜달라고 기대하는 것이 얼마나 허무맹랑한 것인가를 직접적으로 코멘트하고 있는 장면"[2]이라고 말한다. 그러나 이 '코멘트'의 효과는 정작 연출자의 의도로부터 벗어나는 것으로 보인다. 1980년대 수사 관행의 무자비한 폭력성과 비합리성의 피해자인 지체장애인 백광호는 소동극 다음 장면에서 기차에 몸이 짓이겨지는 사고로 죽는다. 백광호의 죽음은 아버지의 식당에서 소란을 일으킨 조 형사의 발길질을 제어하는 과정에서 각목을 휘두른 행동에 따른 결과인 것처럼 배치된다. 그럴 때 그의 죽음은 마치 가해자에게 저항했던 피해자에 대한 (부당한) 응징인 것처럼 인지된다.

그리고 이러한 혐의는 다음에 이어지는 조 형사의 수술 에피소드로 인해 더욱 강화된다. 백광호가 휘두른 각목에 박혀 있던 못 때문에 결국 발목을 절단하게 된 조 형사가 수술대에 누워 있다. 보호자 서명을 한 박두만이 그를 안쓰럽게 바라보는 클로즈업과 두려움에 떠는 조 형사의 반응 숏 연결은 앞서 창작자가 밝힌 연출 의도와 분명 결이 다른 효과를 만든다. 특히 경찰서로 돌아온 박두만이 무언가를 넋이 나간 듯 처연하게 바라보는 장면에 이어 그의 시선에 포착된 조 형사의 덧신 씌운 군화를 보여주는 클로즈업 숏의 배치는 더욱 문제적이다. 명백히 폭력의 가해-피해 관계를 전도시키고 감정의 왜곡을 이끄는 것이다. 조

---

2 김경욱 외, 『살인의 추억』, 새물결, 2006, 270쪽.

형사의 군홧발에 새겨진 숱한 폭력 및 가해의 '추억'과 함께 그 군홧발에 스러졌을 숱한 피해자들의 고통과 트라우마는 은폐된다.

통상적인 서사에서라면 절대적이거나 부분적이나마 영화적 응징과 처단의 대상이 됐어야 했던 남성 프로타고니스트에 대한 〈살인의 추억〉의 시선은 관대해서, 박두만에게는 과거 가해에 대한 성찰 없이도 지속 가능한 일상을 누릴 행운이 허용된다. 엔딩 시퀀스에서 살이 적당히 오른 박두만은 연쇄살인마의 시선을 '요행히' 비켜남으로써 삶을 허락받은 설영과의 사이에 1남 1녀를 둔 중년의 중산층 가장이 됐다. 유사한 가해자의 계열에 놓인 〈박하사탕〉의 영호(설경구)가 끝내 기차 레일에 올라서야 했던 것을 생각해보면 그는 영호보다 몇 배쯤 운이 '억수로' 좋은 남자다.

나는, 영화는 괜찮은 걸까?

지금은 실화 소재 영화가 많아졌다. 결과적으로 잘되었으니 망정이지 잘 안 됐더라면 어떤 징크스나 사람들의 고정관념을 더 강화시키지 않았을까 하는 생각이 든다. / 봉준호[3]

〈살인의 추억〉에서 많이 배우지 못하고 갖지 못한 사회의 타자들은 자신에게 주어진 가해자의 대리인 역할을 수행하거나, 인간성의 모멸을 감내할 뿐이거나 결국 죽어간다. 백광호의 죽음과 조 형사의 발목 절단이라는 피해의 연쇄에서 조 형사가 선택된 것은 그가 형사들 중

---

3 같은 책, 249~250쪽.

가장 말단이며 대학도 나오지 못했고, 보호해줄 가족조차 없기 때문이었다. 조 형사는 시위 현장에서 여학생의 머리채를 잡아끌고 가는 폭력적인 모습을 보였으며, 몇 차례 여성의 섹슈얼리티를 모욕하는 혐오적 발언을 한다. 조용구의 발목 절단을 이러한 여성성 훼손에 대한 일종의 대가로 보는 입장도 있지만, 이보다는 그의 취약한 타자성을 입증하는 것으로 이해하는 것이 합리적일 것이다. 그나마도 그는 발목 하나를 잃고 살아남을 수 있었지만, 피해의 연쇄 고리 마지막에 배치됨으로써 타자성의 가장 취약한 극단에 놓이는 여성들은 결국 사체로 널브러진다.

영화 〈살인의 추억〉을 극장에서 처음 보던 날, 드디어 '스릴러라는 한국 장르 영화의 결핍, 거대한 결여를 메우는 영화가 등장했구나!' 하는 희열에 들떠, 거의 숨 쉬는 것도 잊을 만큼 몰입했다. 바로 다음 날 다시 영화를 보러 극장을 찾았으며 그해가 지날 때 무려 4번째 관람을 할 만큼 나는 영화가 만족스러웠다. 그런데 언제부터인가 내 안에서 무언가 형상을 또렷이 갖추지 못한 질문들이, 공터를 무심히 구르는 쓸쓸한 낙엽처럼 이리저리 구르고 있었다. 여자들이 그렇게 무참하게 죽어 나가는 이야기를 그토록 '재미있게' 본 건 온당한 일이었을까? 그 영화를 보고 여자들의 죽음 자체를 슬퍼하지 못했으며 그 이후로도 한동안 그녀들의 부재 자체를 망각했던 나는, 그리고 영화는 괜찮은 걸까?

괜찮지 않다고, 문제가 있다며 이의를 제기했던 말과 글들은 진작부터 있었다.[4] "영화에서 말 못 하고 죽어간 혹은 미쳐버린 여자들의 언어가 웅성거렸다. 영화에서 끝내 나오는 길을 찾지 못한 여성들의 '정동'

---

4 임인애, 「불시착한 시대의 변주곡 – 영화 〈살인의 추억〉」, 『당대비평』 제22호, 생각의나무, 2003 ; 영화 개봉 몇 년 뒤 제출된 것으로는 배은경, 「연쇄 살인사건과 영화: 여성의 불안을 즐기는 사회」, 『사회와 역사』, 2010 참고.

의 언어가 나를 사로잡았다"는 김소영의 글[5]은 영화를 보고 사시나무처럼 몸을 떨며 겨우 집으로 돌아왔다는 여성 관객들의 두려움을 그나마 대변하고 위로했다. 오랫동안 나를 떠나지 않은 그 질문은 '가해자의 의도만 궁금해할 뿐 피해자는 교묘하게 지워버리는 한국 사회 강력사건 재현의 프레임'과 공모하는 영화의 재현 방식에 대한 생각으로 이어졌다.[6] 그래서 〈살인의 추억〉을 여전히 사랑해 마지않는 분열 속에서 나는 뒤늦게나마 묻는다. "…그런데, 왜 여자가 죽어야 하나요?" 좀 더 부연하자면 이렇게 묻게 되는 것이다. "체계도 없고 우왕좌왕일 뿐인 어수룩한 공권력의 무능과, 당시 사회의 총체적 무력함을 이야기하기 위해 꼭 빗속에서 스러진 채 차갑게 식어야 했던 여자들의 몸이 정말 필요한 건가요?"

아무 잘못도 없는 약한 여자들을 당시 한국 사회의 남성 권력이 제대로 보호하지 못했던 잘못을 참회한다며 남성들은 통렬한 회한에 빠진다. 그럴 때 여성들의 죽음, 황량한 겨울 논두렁에 널브러진 사체로서의 몸들은 무능하고 폭력적이었던 과거 독재 정권이 압살했던 민주주의적 가치, 인간적 존엄의 상실과 부재를 함의하는 '상징'이 된다. 끝까지 찾아내지 못한 죽음의 진실로 인해 그 몸뚱이들은 불가해不可解 혹은 불가지不可知라는, 인식 주체의 무력감이 거처하기 합당한 장소가 되기도 한다.

자못 장엄하게 여성 사체를 은유와 알레고리의 제단에 바치는 〈살인의 추억〉의 이러한 화법은 국가의 통제와 폭력에 대한 저항의 맥락에서 광범한 지지를 얻었다. 하지만 '이미 죽은 자이기 때문에 자기의 생존

---

5 김소영, "미친 듯이 다시 쓰고 싶다", 『KINO』 98호, 2003.

6 배은경, 앞의 글: 권김현영, "삭제된 피해자와 분리된 가해자", 〈참세상〉, http://www. newscham. net/news/view.php?board=jinbo_media_23&nid=48850.

가능성을 정당화시켜주는 언어를 가지지 못한 채 정치적 인권의 장에서 탈락되어 버리는'[7] 피해자, 즉 여성과 관련한 젠더적 사유는 부재하다는 치명적 한계를 노출한다.

〈살인의 추억〉에서 관객의 긴장된 호기심을 끝까지 유발시키는 질문, '누가 범인인가?'는 원래 던져졌어야 할 '누가 죽었는가?'의 자리에 대신 던져진다. 영화 초반, 성폭행 사건과 관련한 두 명의 피의자 남성을 두고 '누가 강간범이고 강간범 오빠냐'를 농지거리 삼아 이야기하는 박두만과 구 반장의 대화는 영화 DVD 코멘터리에서 봉준호 감독의 말처럼 "이 영화 테마와 직결"되고 엔딩의 박두만 클로즈 숏과 연결된다. 하지만 '강간범'과 '강간범 오빠'를 가를 어떠한 실체적 기준이나 요소들을 찾을 수 없다는 사실을 이야기함으로써 결국 미제 사건의 블랙홀을 환기하는 이 장면의 진짜 의미는 다른 데 있다. 누가 강간범이고 강간범 오빠냐를 가르는 것이 정작 강간이라는 여성 혐오적 사건이 갖는 현실의 함의, 편재하는 강간 사건이 피해자들과 그 가족들에게 남긴 상처와 고통, 그리고 불특정 다수의 여성들이 이로 인해 갖게 된 두려움 혹은 공포와 아무런 상관이 없다는 점이다. 그리고 이러한 점에 전혀 상관하지 않은 채 영화는 흔들림 없이 자기 길을 갈 것이라는 점이다.

'누가 강간범이고 강간범 오빠냐'는 질문에 여성의 자리가 없는 것처럼, '1980년대라는 시대에 대한 코멘터리'로서 〈살인의 추억〉이 제시한 기억하기의 방식은 여자들을 배제했고, 여자들은 망각됐다. 〈살인의 추억〉에서 사체로 널브러진 여성들의 존재는 '추억의 기점에 있으면서도, 그러나 동시에 구조적 타자로서 즉 표상의 틀 내부에 표상 불가능한 것

으로 구축되는 문제'[8]이자 '독해를 거부하는 특권적인 수수께끼', '공허한 구멍'[9]으로 플롯을 이끈다. 그리고 이처럼 여성 피해자화의 스펙터클(spectacles of feminine victimization)을 바탕으로 관객을 매혹시키며 시장 경쟁력을 확대하는 영화 만들기는 이후 한국 영화의 장르 지평을 장악했다. 〈살인의 추억〉 이후 "한국영화 스크린에서는 여자 시체의 향연이 펼쳐졌고, 여성 신체에 대한 착취는 확실히 한국영화의 쾌락을 구성했다."[10] "아름다운 여성의 죽음은 의심할 바 없이 세계에서 가장 시적인 토픽"(에드거 앨런 포)[11]이라는, 문명사회에서 단호하게 배척돼야 할 테제의 그림자가 짙게 드리우고 있는 것이다.

하지만 죽음은 그 앞에 덧붙일 어떤 것도 용인하지 않는 절대적인 것으로 남겨지고, 온당히 애도되어야 한다. 그것이 사회적 타자로서 배제되고 종종 망각되는 여성의 것일 때는 더욱 그러함에도 〈살인의 추억〉에는 살아남은 자의 탄식과 회한만 깊다. 정작 거기 한때 살아 있었던, 여성의 몸을 가졌던 피해자들의 삶과 부재의 고통과, 애도의 수행은 영화에 없다. 〈살인의 추억〉에서 여성들의 죽음이라는 현실, 참혹한 고통은 영화적 시공간의 치밀한 구축과 스펙터클, 장르적 쾌감을 위한 매우 효과적인 도구로 쓰인다.

현실을 '웃프게' 비트는 봉준호의 치밀한 영화 전략이 갖는 효과로서의 불편한 모멸감이나 떨쳐내지 못할 불쾌감을 우리는 최근 〈기생

---

8 이케우치 야스코, 「〈살인의 추억〉의 '낯익고도 두려운, 치환된 삼각형」, 『살인의 추억』, 새물결, 2003, 86쪽.

9 이케우치 야스코는 앞의 글에서 여성성과 죽음이 결부되는 것에 대한 문화적 구축을 고찰한 엘리자베스 브론펜을 언급한다. 같은 책, 93쪽.

10 손희정, "봉준호의 영화들에서 보여진 여성 이미지 재현의 문제에 대하여 〈기생충〉을 중심으로", 『씨네21』, http://www.cine21.com/news/view/?mag_id=93249.

11 이케우치 야스코, 앞의 책, 114쪽에서 인용.

충〉에서도 모자라지 않게 경험했다. 영화를 본 많은 관객들은 아마 그 극장까지 지하철을 타고 갔을 것이기 때문이며, 누군가는 자신의 몸에서 날 수도 있을 냄새가 신경 쓰여서 더 이상 영화에 집중하기 어려웠을 것이기 때문이다. 하지만 불편함과 부당함이, 그것을 호소할 수조차 없이 이미 죽은 그녀들, 사체-여성들의 것일 때 〈살인의 추억〉은 두고두고 회자될 '섬뜩한데 웃기는 이야깃거리'로 소비된다.

'그 얼굴들'의 로드무비

봉준호 스스로 언급한 '얼굴의 로드무비'인 〈살인의 추억〉은 오프닝의 소년에서부터 엔딩의 박두만 형사까지 남성의 클로즈업으로 일관되며 관객의 동일화를 이끈다. 피해자-여성의 얼굴은 부재하며, 강간 피해 생존자의 공포에 떨거나 우는 얼굴, 역광 속에 가라앉은 어두운 얼굴, 그리고 파편화된 사체에만 클로즈업이 할애된다. 영화에서 피해자인 여성들은 스릴러 장르의 도상적 이미지, 즉 '인간적 충만함의 배제와 결여를 표상하는 지독히 친숙하고, 지독히 유명한 이미지'[12]인 사체-여성으로만 존재한다.

박두만 형사는 용의자들의 "얼굴을 딱 보다 보면 어느 순간 감이 딱 온다"고 직감을 자랑한다. 하지만 그의 '사람 보는 눈'은 엉망이었고, 끝내 범인은 잡히지 않는다. 그리고 허공을 맴돌던 그의 질문은 오랜 시간 뒤 다시 황금빛 들녘으로 돌아온다.

'옛날에 자기가 했던 일이 생각나서 진짜 오랜만에 와본' 살인범처

---

12 수전 손택, 『타인의 고통』, 이재원 역, 이후, 2004, 46쪽.

럼, 넉넉한 뱃살의 중년이 된 양복 차림의 박두만은 사체가 누워 있던 어두컴컴한 농수로를 찾아 1989년 10월 23일의 얼굴로 다시 묻는다. "당신은 누구십니까." 채 삭이지 못한 분노와 모골이 송연해지는 공포, 가슴이 먹먹해지는 회한을 담은 송강호의 얼굴 클로즈업은 '살인'도 '추억'도 모두 남자들의 것이었음을, 거기 여자들의 자리는 없(었)음을 최종적으로 확인한다.

〈살인의 추억〉이 그랬던 것처럼 여름날 조용히 흐르는 강 옆에서 놀던 어린 소년의 얼굴로 시작하는 이창동 감독의 〈시〉(2009)가 불려오는 대목은 바로 이 지점이다. 꽃무늬 재킷에 흰색 모자를 쓴 멋쟁이 할머니 미자(윤정희)는 참척의 고통에 빠진 엄마를 모두 3번 보게 된다. 첫 번째, 아이를 잃고 오열하는 팔레스타인 여성에 관한 이야기는 이역만리 떨어진 물리적 거리만큼이나 멀다. 그래서 병원 대기실에 설치된 텔레비전 화면 속 팔레스타인 엄마와 관람자인 미자는 개별 컷으로 분리된다.

두 번째, 병원에서 나오다가 '다리 위에서 투신한, 서중학교 다니는 여중생'의 엄마(박명신)를 처음으로 눈앞에서 보는 미자의 모습은 컷으로 나뉘지 않고 하나의 장면으로 롱테이크에 담긴다. "야, 너 어디 갔어, 너 그렇게 가면 안 되잖아…", 정신을 놓은 채 중얼거리는 맨발의 젊은 엄마 곁에서 쉽게 떠나지 못했던 미자는 만나는 이들에게 자신이 본 이야기를 하지만 별다른 반응을 얻지 못한다. 하지만 이때까지도 미자는 알지 못했다. 안타깝고 딱한 '누군가'의 슬픔에 자신이 강력하게 연루되고 개입을 피할 수 없게 될 것임을.

〈살인의 추억〉에서 박보희 등 여성들의 죽음을 접한 인물들, 남자 형사들은 '누가 (그녀를) 죽였는가?'를 묻지만, 〈시〉의 미자는 다른 질문을 한다. "걔가 어떤 앤지, 앞길이 구만리 같은 애가 왜 자살했는지…." 그리고 그 질문으로부터 영원히 헤어나지 못한다. 밥벌이에 바쁜 부산의

딸을 대신해 애지중지 키웠던 손자 종욱(이다윗)이 그 소녀를 집단 성
폭행하고 끝내 죽음으로 이끈 여섯 명 가해자 중 하나였다. 나머지 다
섯 명 가해자들의 부모는 "얼마씩 모으면 될까", "어떻게 조용하게 일을
처리할까"를 물었지만, 미자만이 다른 질문을 하고 혼자 그 질문에 대
한 답을 찾는다. 시 쓰기 강좌에서 김용탁 시인(김용택)은 "시를 쓰기 위
해서는 잘 봐야 한다"면서 "진짜로 보게 되면 뭔가 자연스럽게 느껴지

사진 1/2〉 오랜 시간 뒤에 다시 던지는 질문의 얼굴과, '끝내' 돌아와 관객들과 마주하는 피해자의 얼굴. 서로를 비
추는 〈살인의 추억〉과 〈시〉의 엔딩.

는 것이 있다"고 말한다. 시인의 말을 따라 미자는 투신한 여중생 희진(한수영)을 '진짜로 보기 위해' 위령 미사가 열리는 성당과 학교 운동장, 과학 실습실, 희진이 뛰어내린 다리와 집을 찾는다. 그리고 희진 엄마와 직접 이야기를 나눔으로써 세 번째 '보기'에 이른다.

본인의 의지와 상관없이 어쩌면 불가피하게 반복된 '보기'의 끝에 타인의 죽음에 관여되고 연루된 미자는 결국 한 편의 시를 완성한다. 살아 있는 모든 순간의 아름다움을 기억하고 남겨진 것들에 대한 따스한 위로를 담은 「아네스의 노래」 낭송은 미자의 목소리로 시작되었다가 미자가 사라지고 희진의 삶의 공간으로 연결된 뒤, 처음 듣는 희진의 목소리로 이어진다. 자신도 알지 못한 채 벌어진 누군가의 죽음에 대한 책임을 끝까지 외면하지 않은 미자는 소녀의 얼굴을 '진짜', '제대로', '잘' 보기 위해 필사적으로 흔적을 찾았다. 그 흔적들은 미자의 몸을 매개로 돌아와 목소리로 세상에 퍼진다.

화성으로부터 20년의 시간이 지난 〈시〉의 시간까지도 죽음은 이어지고, 여자들은 사체로 떠오른다. 그런 점에서 희진이 떨어졌고, 아마도 미자 또한 떨어졌을 다리 위에서 유령으로 돌아온 희진의 얼굴을 보여주는 〈시〉의 엔딩(사진 2)은 송강호의 얼굴 클로즈업으로 끝나는 〈살인의 추억〉의 엔딩(사진 1)과 정확히 맞대응한다.

좋은 영화란 좋은 답을 제출하는 영화라기보다는 좋은 질문을 준비하는 영화일 것이다. 논두렁, 농수로에 즐비한 여성들의 사체로부터 출발한 〈살인의 추억〉은 죽음의 육체성과 물질성을 경유하며 불합리와 무의미, 폭력성으로 점철된 1980년대의 시대성에 대한 '보다 상위의 층위'에 관한 신랄한 비판의 보고서로 제출됐다. 하지만 몇 년 뒤 우리에게 도착한 영화 〈시〉를 보면 이러한 보고서의 쓸모를 회의하게 된다. 1980년대의 불합리와 폭력성이라는 소인을 제거하고도 여전히 변화

없이 반복되는 실재의 처참함 앞에서 〈살인의 추억〉이 제기하는 질문과 답변 방식에 대한 지지가 적잖이 흔들리는 것이다.

발견된 여자들의 사체 앞에서 '누가 죽었는가?' 대신 '누가 죽였는가?'로 시작된 질문이 '왜 잡지 못했는가?'의 회한으로 귀결되는 것은 차라리 논리적이다. "네 번째 살인은 시위 진압을 위해 지역 전투경찰이 서울로 동원되지 않았다면 막을 수 있었을지 모른다"[13]고? 아니, 이러한 가정이 아무 소용 없다는 걸 우리는 잘 안다. 세상이 CCTV로 도배되고, 로보캅들이 도시를 장악하는 날이 온다 해도 으슥한 뒷골목에 여성 사체는 버려질 것이다. 여성 혐오의 현실이 온전히 해소되지 않는 한 반복은 계속될 것이다. 따라서 잘못 시작된 질문의 연쇄 속에서 사라져버리는 것은 바로 처음의 사건, 여성들의 죽음이다. 그 빈자리를 1980년대라는 시대, 폭력과 불합리라는 시대성, 정체성의 혼돈 속에서 길을 잃고 헤매는 남성 주체의 곤경이 차지한다. 죽음 자체에 집중하지 않고, 그 죽음 주변을 사로잡은 공기의 미묘한 질감에 주목한다.

하지만 그렇게 대체되고 해소되기에 죽음은, 특히 잇따라 발견되는 여성 사체가 함축하는 의미는 좀 더 분명하고 구체적으로 물질적이며, 별도의 질문이 제기되기를 기다리는 장소가 된다. 만일 "여자가 시체로 널브러진 영화가 진지하게 살인범과 사회에 뭔가를 질문하고 있다면, 그 질문의 최종 종착지는 '현실의 여자들은 어떤 세계에서 살고 있는가?'라는 질문으로 주어를 여자로 놓고서 묻는 지점"[14]이 돼야 할 것이다. 그렇다면 〈살인의 추억〉에서 범인을 겨냥하는 허공의 손짓은 누구

---

13 허문영, 『세속적 영화, 세속적 비평』, 강, 2010, 137쪽.

14 Sonny, "살인은 추억이 될 수 있는가", 〈듀나의 영화게시판〉, http://www.djuna.kr/xe/board/13636642.

에게 의미 있는 것일까. "살인자와 당대의 국가기구가 일종의 공모자"[15]
라고 큰 소리로 외치는 것이 죽어간 영혼들에 대한 애도를 갈음할까.
"퍼즐의 실패는 형사들의 무능력과 살인자의 전능함이라기보다 시대의
어둠이 초래한 결과"[16]라는 진술은 사랑하는 가족을 잃은 이들의 슬픔
을 얼마만큼 위로할 수 있을까.

  〈살인의 추억〉이 여성의 죽음을 '스펙터클하게' 전시했다고 말하는
것은 다소 부족하거나 혹은 반대로 과한 진술이 될 수 있을 것이다. 굳
이 개별 영화들을 호명하지 않더라도, 작정하고 여성 시체의 향연을 펼
치는 한국 영화의 지배적 경향을 감안할 때 〈살인의 추억〉에는 분명 죽
음을 스펙터클화하기를 다소 꺼리는 태도가 있다. 하지만 죽음 자체를
들여다보고 탐구하지 않는 모든 질문의 방식은 결과적으로 죽음을 공
백으로, 그 고통을 망각으로 환원하고, 언젠가는 소용없어질 불필요한
의미들을 덧붙인다. 〈살인의 추억〉이 성취한 장르적 쾌락과 현실적 비
극의 위태로운 균형을 모방하는 데 실패한 일련의 여성 혐오적 스릴러
들보다 '조금 덜' 노골적으로 전시했다고 해서, 여성 사체의 물질성 대
신 시대적 폭력성에 대한 사유를 '조금 더' 이끌어냈다고 해서 '잊혀진
죽음'이 정당화되지는 않는 것이다.

  〈살인의 추억〉의 엔딩이 그러하듯, 〈시〉의 엔딩에 대해서도 비평적
의심은 당연히 제기된다. 남다은은 '애도되지 못한 죽음의 필연적인 영
화적 귀환'으로서 '타자의 죽음에 마주한 주체의 곤경'을 그린 〈시〉가
도달한 마지막 장면의 정당성을 질문한다.[17] "영화는 둘(미자와 죽은 소

---

15 허문영, 앞의 책.

16 같은 책.

17 남다은, "그 죽음에 대한 애도, 가능합니까?", 『감정과 욕망의 시간 – 영화를 살다』, 강, 2015.

녀)의 고통을 이렇게 마주하게 만드는 과정에서 결국 타자(소녀)의 죽음이 충분히 상징화될 수 있다고 믿는가? 어떻게든 말해져야 한다고 믿는가? 그것의 성공을 보여주는 것이 궁극의 실패를 보여주는 것보다 낫다고 믿는가? 그 실패의 과정보다, 마침내 완성한 시의 의미가, 소녀의 얼굴이 더 중요하다고 생각하는가?"

이러한 질문은 타자의 얼굴의 귀환 앞에 당연히 제기돼야 하는 것이겠다. 『보이지 않는 영화』에서 허문영 또한 미자와 희진의 '돌연하고도 엄청난 합일'이 갖는 '결단의 신비주의적 효과'를 '관념적 위압성'의 측면에서 회의한다.[18] 그리고 영화가 선택한 애도의 효과로 '도덕적 결단을 집행하는 초자아의 명령에 따른 죽은 자를 기억하라는 기획'이 발휘하는 불편함을 언급한다. 〈살인의 추억〉의 엔딩을 비판적으로 질문했던 나는 이러한 신중한 질문 방식과 회의들을 존중하고 지지한다.

하지만 동시에 반문하게 된다. 어째서 그 여자들의 얼굴을, 그 삶을 보여주지 않는 거냐는 질문이 이토록 없(었)는가라는 질문은 충분히 제기되었던가. 혹은 있었다고 해도 어쩌면 이렇게 작게 들리는가. 그러니, 영화적 애도의 적합성 혹은 윤리성이라는 질문들은 여성 사체를 사물처럼 즐비하게 전시하고 쾌락의 자원화하는 한국 영화 재현의 장에서 너무 일찍 도착한 질문들은 아닌가. 어떻게든 죽은 자의 얼굴을 찾아내기 위해 노력하고, 그 얼굴을 기억해야 한다는 〈시〉의 (어쩌면) '과도한 욕망'을 우리가 〈시〉에서 말고 다른 영화들에서는 만나기 어렵다는 사실을, 그 '욕망의 결여'의 비윤리를 더욱 짙게 회의하는 것이 필요하지 않을까.

〈시〉에서 미자는 희진의 사진을 종욱이 보라고 일부러 식탁 한쪽에 올

---

18 허문영, "시신 이미지를 넘어", 『보이지 않는 영화』, 강, 2014.

려놓는다. 하지만 종욱의 시선은 금세 희진의 사진을 떠나 텔레비전에 고정된다. 그것이 외할머니 미자가 외손주 종욱에게 차려주는 마지막 아침 식사가 된다. 철없는 혹은 너무 일찍 어른이 되어버린 소년처럼 소녀의 얼굴을 궁금해하지 않는 욕망 부재 자체에 더 절망하고 분노하는 나는 〈살인의 추억〉 당시 제출된 김소영의 비평에서 "배수로의 여자는 벌떡 일어설 것이며, 그녀를 바라보는 시선에 일타를 가할 것이다. 돌아올 그녀의 복수를 기다린다"[19]던 소망에 답하듯, 끝내 돌아와 '어둠에 묻힌 삶/죽음의 진실을 밝혀내라'는 '메멘토 모리'의 명령을 발화하는 희진의 얼굴을 도저히 외면할 수 없다. '피해자-사물'이라는 장르적 호명을 거부할 수 없었던 스릴러 역사 속 여성들의 표상 전반에 대항하는 맥락에서 더욱 이를 수긍하게 되는 것이다.

　〈시〉에서 보일 듯 말 듯 미소를 머금은 희진의 시는, 농수로와 논바닥, 으슥한 산길에 널브러졌던 많은 여성들을 사체의 자리로부터 불러 일으키는 초혼招魂의 노래가 된다. 시대의 희생양, 남성적 정체성의 통합을 위한 도구로서의 쓰임새를 전격적으로 취소하고, 삶을 노래하는 존재로서 그녀들을 불러 모으는 것이다. 소년의 얼굴에서 시작돼 사체-여성의 얼굴들을 탐구하고 클로즈업된 얼굴로 끝나는 두 편의 '얼굴 로드무비'는 그렇게 같은 문으로 들어와 다른 문으로 나간다. '누가 죽였는가'와 '누가 죽었는가'의 다른 질문으로부터 시작돼 다시 만날 수 없게 벌어진 이 격차는 우리가, 우리들이 즐겨보는 영화가 과연 무엇을 보여주었는가, 혹은 무엇을 보여주지 않았는가라는 질문을 남긴다. 그 질문으로부터 이야기는 다시 시작돼야 한다.

---

19 김소영, 앞의 글.

영화가 끝나고 난 뒤…

봉준호의 〈살인의 추억〉에 대한 글은 원래 위의 문장에서 끝날 예정이었다. 그런데 덧붙여 써야 할 일이 생겼다, 놀랍게도. 화성 연쇄살인 사건의 공소시효 만료 뒤에도 끈질기게 이루어진 DNA 수사 결과 다른 범죄로 인해 현재 복역 중인 이춘재가 진범으로 특정됐다는 사실이 밝혀진 것이었다.[20] 그러나 수많은 기사들이 쏟아져 나오고 세상의 관심이 '이춘재'라는 이름 석 자에 집중되는 것을 보며 내가 더욱 놀란 것은—혹은 절망으로 새삼 확인하게 된 것은—우리 사회가 흐려진 기억 속의 실제 사건을, 화성 연쇄살인 사건을 '추억'하는 〈살인의 추억〉의 '영화적 방식 그대로' 다시 불러들였다는 점이었다.

이춘재의 DNA 분석 결과가 알려지고 그가 진범임을 자백하는 과정에서 나온 뉴스는 대부분 〈살인의 추억〉에서 회한과 자책의 시선을 관객에게 던졌던 박두만이 대리했던 현실의 형사들, 그리고 살아남은 자

사진 3〉 화성 연쇄살인 사건의 희생자 10명과 실종 분류된 10세 아동의 원혼을 달래는 합동 위령제가 경기도 화성 용주사에서 열렸다. [사진=용주사]

---

20 고무성, "경찰, 화성연쇄살인사건 용의자 이춘재 정식 입건", 〈노컷뉴스〉, https://www. nocutnews. co.kr/news/5227673.

들에 관한 것으로 채워졌다. 마치 송강호가 분했던 박두만을 인터뷰 상대로 앉히고 던지는 질문처럼, 어떻게 범인을 놓쳤는지, 어떻게 그 시간들을 견뎌냈는지를 줄기차게 물었고, 이춘재라는 현실의 '괴물'이 한 영화감독의 상상적 재현과 얼마나 '디테일하게' 닮았는지 확인하려는 호기심에 불탔다.

다시 한 번, 〈살인의 추억〉이 그랬던 것처럼, 쓸쓸하고 차갑게 논두렁에, 농수로에 방치됐던 그녀들을 궁금해하고 질문하는 이는 쉽게 눈에 띄지 않았다. 극히 일부를 제외하면, 그들의 빈자리로 할퀴어진 가슴의 상처가 다시 도져 잠 못 이룰 유가족들의 고통을 헤아리려는 이들도 거의 보이지 않았다.[21] 그나마 살해 피해자 10명과 실종 분류된 10세 아동의 위패를 모신 합동 위령제가 당시 희생자들의 원혼을 달래고 가족들의 고통을 위로했다는 소식 정도를 접할 수 있을 뿐이었다.[22]

8차 살인 피의자로 20년 동안 청춘을 감옥에서 보냈던 윤 모 씨의 말, "차라리 이춘재가 고맙다"가 〈살인의 추억〉이 비가시화했던 국가권력 집행자들의 가해자성에 대한 반성과 성찰을 촉구하는 계기가 되고, 이후 재판 과정에서 윤 모 씨에 대한 재판부 사과 등이 이슈화됐음에도 여전히 피해자-여성들에 관한 이야기는 들려오지 않았다.[23] 이러

---

21 김은지,《피해자 유족들 "그놈 얼굴이라도 봐야 한이 풀리지"》,〈동아일보〉, http://www. donga. com/news/article/all/20190920/97489235/1; 유원정, "이춘재의 '주인공화'가 불편한 이유", 〈노컷뉴스〉, https://www.nocutnews.co.kr/news/5216385; 김종구, "'장형사' '심형사'의 참회 또는 설명", 〈경기일보〉, http://www.kyeonggi.com/news/articleView. html?idxno=2188118 등도 참고.

22 최대호, "용주서서 화성 연쇄살인 피해자 합동 위령제", 〈뉴스핌〉, http://www.newspim. com/news/view/20191123000045.

23 김기성,《이춘재 8차 재심 재판부 "잘못된 재판…판사로서 굉장히 죄송"》,〈한겨레〉, http:// www.hani.co.kr/arti/area/capital/927198.html; 조성현, "'이춘재 8차 옥살이 20년' 윤성여 씨, 얼굴 이름 공개", 〈뉴시스〉, https://newsis.com/view/?id=NISX20200814_0001130040 &cID=10806&pID=10800.

한 현실은 한국 영화사에 선명한 자취를 남긴 작품 〈살인의 추억〉 속에 여성들의 자리는 없었음을, 곧 잘못된 질문의 영화였음을 재차 확인하게 한다.

부질없게도, 이런 가정을 해본다. 만일 화성 연쇄살인 사건을 새삼 환기시키고 국가적 이슈로 만드는 데 성공한 걸출한 장르 영화 제목이 〈살인의 추억〉이 아니고 다른 이름이었다면. 마지막 스크린을 채우는 클로즈업이 가해자를 뒤쫓던 남성 형사가 아니고 가령 〈시〉에서처럼 안타깝게도 세상을 떠난 피해자-여성이었거나, 애도의 메시지를 발화하고 함의하는 다른 이미지였다면 무언가, 조금쯤은 달라질 수 있었을까. 오랜 세월 끝에 비로소 진범이 나타나고, 억울하게 세상을 떠났던 피해자들의 고통에 다시 한 번 시선이 모일 법도 했지만 여전히 죽이던 남/자, 뒤쫓던 남/자의 클로즈업만 또렷할 뿐 피해자-여성들의 못다 한 삶에 무관심하며, 그 안타까운 부재를 궁금해하지 않는 세상은 조금은 다른 것이 될 수 있었을까.

고작 한 편의 영화가 어떻게 세상을 바꿀 수 있겠느냐는 말을 여기저기서 듣는다. 나 또한 한 편의 영화에 주어지는 과중한 의미부여로부터 영화를 변호하기 위해 비슷한 말을 종종 하곤 한다. 하지만 '고작 한 편의 영화'면서 동시에 '고작 한 편의 영화'일 수 없는 〈살인의 추억〉 같은 경우에는 '죽음에서 시작된 이야기가 어떻게 죽음에서 멀어져 결국 죽음을 삭제하고 마는가'라는 질문의 무거움으로부터 자유로울 수 없다. 여성이라는 타자의 고통을 자원으로 취하거나 효과적인 동력으로 구축하는 서사에서 그 완성도 및 미학에 대한 평가가, 타자의 고통이라는 현실로부터 이토록 자유로울 때 영화세상에 존중과 애정을 보내는 건 죄스럽다.

영화 개봉 다음 해에 나온 책 『살인의 추억』에 실린 글에서 기타코지 다카시는 영화 〈살인의 추억〉이 '얼굴'을 둘러싸고 있는 영화인 것은

"단순히 인상에 남는 무수한 얼굴들이 스크린을 통과해서가 아니라, 최종적으로 딱 하나의 얼굴이, 누구나 보고 싶어 하는 가장 중요한 얼굴만이 마지막까지 빠진 상태로 놓여 있어서"[24]라고 적고 있다. 그의 글을 읽던 당시 이 대목에서 동의의 제스처로 고개를 살짝 끄덕거렸던 것도 같다. 그리고 이제 2019년의 우리에게는 그 '마지막 퍼즐'이기도 한 '가장 중요한 얼굴'로서 이춘재라는 얼굴이 도착해 있다. 그렇다면 우리를 매료시켰고 들뜨게 했으며 격렬한 분노의 파토스에 사로잡히게 했던 그 '얼굴'의 영화는 완성되었는가.

아니, 이춘재라는 마지막 얼굴의 퍼즐이 도착한 지금 시점에서, 비로소 이 시점이 되니 더욱 분명하게 "〈살인의 추억〉의 진정한 공포는 사라진 그녀들의 목소리와 이미지가 텍스트 안에 부재한 데 있다"는 김소영의 진술에 공감하게 된다. 그리고 "이 영화의 기원인 배수로에 던져진 여자의 사체와 그녀를 보는 박두만의 시선, 그 장면이 다르게 쓰여질 수 있는 방식은 무엇일까?"라는 그의 질문에 대한 한 응답인 것처럼, '누구나 보고 싶어 하는 가장 중요한 얼굴'을 찾아 헤맨 끝에 강가에 선 소녀의 얼굴의 시간으로 되돌아간 이창동의 〈시〉의 선택을 다시 곱씹게 되는 것이다. 여성을 희생자로 하는 연쇄살인 사건의 젠더를 효과적으로 지움으로써 걸작의 만신전에 봉헌된 〈살인의 추억〉이 얻었던 전폭적인 애정과 찬란한 명예의 쓸쓸한 맞은편에서.

---

24 기타코지 다카시, 「98이후 한국영화를 둘러싸는 '망령학' 시론」, 『살인의 추억』, 새물결, 2003, 186쪽.

⟨박하사탕⟩, ⟨뮌헨⟩의 '성녀와 창녀'

　　한국 영화 100주년을 맞은 역사화 작업이 한창인 2019년 즈음 이창동의 영화 ⟨박하사탕⟩(1999)은 다시금 뜨거운 조명을 받으며 소환됐다. '현대사를 다룬 최고의 영화'[1]라는 개봉 즈음의 평가는 퇴색되지 않아서, '한국 영화 100년, 최고의 작품'[2]이라는 다소 부담스러운 타이틀의 주인공이 되기도 했다. 누군가 그 평가에 이의를 제기하며 '최고작'의 기준을 되물을 수는 있겠지만, 그렇다고 해도 최소한 "21세기 초입에 이룬 한국영화의 대단한 성취"[3]라는 점에는 의문의 여지가 없다. 그런 만큼 ⟨박하사탕⟩ 개봉 당시부터 꾸준히 제기돼온 여성 재현의 문제점은 역설적이며 상징적이기도 하다. 인간과 현실을 바라보는 한국 영화의 시선과 상상력이 어떠한 젠더적 지평에 놓여 있는가를 너무도 명

1　김경욱·심영섭·정성일, "⟨씨네21⟩ 10주년 영화제 [4] – 한국영화 베스트 ②", 『씨네21』, http://www.cine21.com/news/view/?mag_id=29885.

2　윤여수, "한국영화 100년, 최고의 작품 '박하사탕'", ⟨스포츠동아⟩, https://sports.donga.com/3/all/20190709/96400269/3.

3　김영진, "잔혹한 현대사를 되돌리기엔 미약했던 개인의 처절한 외침", ⟨한겨레⟩, http://www.hani.co.kr/arti/culture/culture_general/906227.html.

백하게 일깨우기 때문이다.[4]

〈박하사탕〉에 대한 비평이 주목한 것은 한국 현대사를 정밀하고도
정치精緻/政治하게 서사화한 텍스트의 장점과 미덕을 결정적으로 훼손
할 만큼 여성과 여성의 삶을 퇴행적으로 재현한 지점이었다. 역사적 상
흔이 각인된 한 문제적 개인의 일대기를 통해 한국 현대사의 흐름을 톺
아봄으로써 〈박하사탕〉은 "자기분열과 실존적 상실로 규정되는 남성적
발전에 대한 지배적 서사"[5]의 전범이 됐다. 남성 중심의 역사 서술 및
서사화라는 한국 영화의 지배적 경향을 집약하는 한편, 21세기에도 그
러한 흐름이 강고하리라는 것을 시사하는 상징적인 사례였다.

'한국 영화 100년 최고작'

1979년 가리봉동에 있는 공장을 다니던 순수한―순수했다고 가정
되는―청년 김영호(설경구)는 1980년 5월 광주에 진압군으로 소환되었
다가, 고문을 자행하며 '국가에 헌신'하는 경찰이 된다. 한국 경제의 호
황 시기를 지나며 경제적으로 윤택한 생활을 했던 그는 1990년대 말
IMF를 지나며 사업 실패, 이혼 등 인생의 막다른 골목에 몰린다. 비틀
린 자기 연민과 잘못된 선택의 연속으로 인해 김영호의 서사는 결국
파국으로 마감된다. 하지만 그럼에도 불구하고, 〈박하사탕〉의 서사에
서 자신의 삶을 운영해간 주체로서, 시대적 표상으로서 김영호가 누리

---

4 〈박하사탕〉에 대한 분석은 필자의 신문 연재글 "[캐릭터로 영화 읽기 – 한국 영화 속 그녀(들)]
   처음부터 거기 없었던 여자", 〈중부매일〉, 2006. 9. 14., http://www.jbnews.com/news/
   articleView.html?idxno=158052의 문제의식을 확장·심화한 것이다.

5 리타 펠스키, 『근대성의 젠더』, 김영찬·심진경 옮김, 자음과모음, 2010, 84쪽.

는 능동적 지위는 훼손되지 않는다. 아니, 격동의 시대사적 흐름에 적당히, 적극적으로 편승해나간 그의 삶의 여정이 더욱 의미가 있는 것은 개인적 호감에 역행한다는 역설 때문이다. "책에서는 인생의 모든 가능성을 찾아야 한다"는 클레어 메수드의 말에 따르면, 우리가 (문학) 작품에 던져야 하는 질문은 "이 사람이 내 친구가 될 가능성이 있나?"가 아니라, "이 사람이 생생하게 그려져 있는가?"라는 것이어야 하기 때문이라는 점에서 그렇다.[6] 그의 악행, 그의 오류, 그의 위선 혹은 위악이 있어 비로소 우리도 스스로와 한국 사회에 대한 성찰의 시간을 갖게 되는 것이다.

반면 '역사와 정치의 질서 밖에 존재하는 자연'이라는 의미에 붙박인 여성 인물들은 하나같이 남성 주체의 삶의 궤적에 따른 보조적 기능만 맡을 뿐 자기 서사를 지닌 역사적 주체로 그려지지 못한다. 가령 신인 문소리의 존재감이 특히나 인상적이었던 윤순임에 대해서 우리는 어렵지 않게 확신할 수 있다. 순임은 충분히 호감 가는 성품의 소유자이며, '내 (좋은) 친구가 될 가능성'도 충분할 것이다. 그럼에도 순임은 영호보다 좋은 캐릭터가 될 수 없다. 전혀, 결코 '생생하게 그려져 있'지 않기 때문이다. 록산 게이는 '여성 캐릭터는 왜 항상 호감만 연기해야 하는가'라는 제목의 글에서 "누구나 좋아할 만한 호감 가는 성품이란 매우 정교한 거짓말이며 기술적인 연기이고 이 사회가 강요하는 행위 규범"[7]이라고 말한다.

록산 게이의 말에 정희진식 표현을 덧붙이면 순임은 "항상 그 자리

---

6 록산 게이, 『나쁜 페미니스트』, 노지양 역, 사이행성, 2016, 87쪽.
7 같은 책, 81쪽.

에 고정된, 남성이 그려내고 싶은 정물로서의 여성"[8]으로, '착하고 순수한 성품이라는 매우 정교한 거짓말'을 통해 '남자의 뒷자리에 조용히/보이지 않게 있기'라는 '이 사회가 강요하는 행위 규범'을 수행한다. 그런데 〈박하사탕〉의 '거짓말'은 정교할 뿐만 아니라 거대하기까지 해서, 단지 순임만을 그 대상으로 하지 않는다. 김영호가 청춘을 거쳐 장년의 나이로 삶을 마감하기까지 관계를 맺었던 여자들 모두를 '성녀 대 창녀'라는 진부하고도 퇴행적인, 그러나 역사적으로 유구한 이분법에 따라 배치하는 것이다. 김영호를 비롯한 남성 인물들은 격동의 현대사를 관통하는 정치적·역사적 맥락에 따라 계열화되지만, 윤순임 등 5명의 여성 인물들은 '성녀 대 창녀'의 이분법에 따라 일목요연하게 배치된다.

…그 여자들은 거기 없었다

1979년 강변에서 가진 가리봉 봉우회의 날 이후 20년을 치열하게 살아왔을 순임이 '순수'의 아이콘으로 '성녀' 계열의 깃발을 높이 든다면, 그 깃발 아래 첫 번째로 규합할 자격을 얻는 인물은 역시 '시대적 희생양'으로 등장하는, 5·18 광주민주화운동 현장에서 숨진 여고생이다. 광주에 파견된 어리바리 영호에게 순임으로 착시 효과를 주었던 그 여고생은 역사라는 상처의 은유, 순임의 '더블'로서 '성녀'의 대열에 위치한다. 비극의 현장에 황망하게 불려 나온 여고생은 순임을 대리하며 죽어가고, 자신의 이름으로 된 정당한 애도도 받지 못한다. 그리고 영호가 잠복 근무차 들른 군산에서 만난 작부 경아(고수희)는 순임의 대리 역할

---

8 정희진, 『페미니즘의 도전』, 교양인, 2006.

을 똑떨어지게 연기함으로써 〈박하사탕〉의 '거짓말'이 만들어내는 멜랑콜리의 효과를 극대화한다. "당신의 마음을 다 알아요. 굳이 말하지 않아도 다 알아요. 난 당신이 행복해지길 바랐는데…." 소낙비 오는 밤에 펼쳐진 기이한 멜랑콜리 극에서 감정이입이 지나쳐 오열하기까지 하는 뛰어난 퍼포먼스에 힘입어 경아의 극적 지위는 변화된다. 성매매 여성이라는 현실의 지위-'창녀' 계열에서 일시 이탈해 '성녀' 대열로 편입되는 것이다.

그리고 나머지 여성들은 저 반대편 '창녀'의 깃발 아래 소환된다. 순수한 첫사랑의 판타지라는 소망 혹은 허울을 고수하기 위한 대척점에 서기 위해 '비순수/타락'의 아이콘으로 불려오는 건, 아버지 식당에 곧잘 오던 노동자 청년 영호를 사랑했고, 그 이유로 철저하게 능멸당했던 영호의 아내 홍자(김여진)이다. 길가에 핀 여린 들꽃쯤 우악스럽게 꺾어 버릴 것처럼 당차 보이는 그녀는 결혼 전 영호와 여관을 찾는 대담함을 과시했으며, 남편 영호를 두고 자동차학원 강사와 은밀하게 모텔을 찾는 '바람난 중년'이 된다. 이처럼 섹슈얼리티는 〈박하사탕〉에서 성녀와 창녀를 가르는 핵심적 경계로 작동한다. 순임과 여고생에게는 철저하게 비가시화됐던 섹슈얼리티는 경아의 경우 순임을 연기하는 '더블'의 효과로 일시 은폐된다. 반면 홍자 등 다른 여성들을 '창녀' 계열로 소환하는 데에는 가장 중요한 명분으로 작동해서, 가구점에 고용된 미스 리(서정)는 중년의 가장 영호를 유혹하는 문란한 팜므 파탈로, 카메라 앞에 거대하게 드러낸 엉덩이로 관객들을 당혹케 한다.

그런데 현실을 살아간 실재하는 여성들의 삶에 대한 존중이 배제됐다는 점에서 더욱 문제적인 것은 순임 등 '성녀' 계열 여성들에 대한 재현이라고 하겠다. 5·18 광주민주화운동 현장에서 희생된 여고생은 위협받는 민주주의 정착을 위해 돌 던지고 총을 드는 확고한 정치 인식의 각성자, 역사를 이끌어가는 능동적 행위자가 아니며, "전두환은 물러나라!" 외칠 자격도 얻지 못한 채 무구한 희생자로 비역사화된다. 무엇보다도 '담벼락에 피어 있는 이름 없는 들꽃'으로 지시되는 순임 역 문소리의 극중 지위와 존재감은, 여성에 대한 꽃의 비유가 갖는 비주체성과 수동성 그대로 지극히 평면적이다. 살아 있는 존재로서의 물성과 활력 대신 파리한 관념성이 두드러질 뿐이다.

〈박하사탕〉의 시간은 순수의 시간-과거로부터 타락의 현재까지를 역행한다. 폭력과 타락을 경험하고 직접 수행한 역사의 가해자였던 영호가 (유사) 피해자로서의 지위를 확보하게 되는 건 한때 순수의 정념을 지녔던 청년으로 되돌아가는 영화적 시간의 장치 덕분이었다. 그런데 영화 전반을 관통하는 이러한 시간 장치의 혜택은 영호에게만 주어진다. 순수의 시간을 상징하는 인물이면서 곧 순수 그 자체의 이미지로 붙박이는 순임은 과거로부터 현재로 순행하는 기차에 탑승하지 못하고 과거에 남은 비/탈역사적 인물이 된다. 가리봉동의 순수 청년 노동자를 괴물로 타락시켰던 거센 역사의 흐름을 비껴 선 순임의 시간은 '순수한 옛사랑의 시간'에 봉인돼 있기에 영호를 과거로 소환하기 위해 영화 초반에 등장하는 그녀는 코마 상태에 놓일 수밖에 없다. 가해자였으나 피해자 코스프레의 자기 연민에 빠져 있는 옛 연인을 질타하는 목소리를 제거당한 순임은 유령과도 같은 존재가 되어 영호의 현재에 나타난다. 그리고 코마 상태에서도 눈물을 흘림으로써 운명적 사랑의 주체로 대상화되는 것에서 나아가 죽음까지도 초월하는 낭만적 사랑의 주체로, 퇴행적 멜로드라마적 사랑에 매달린 채 타자화된다.[9]

---

9 박우성,「이창동 영화의 타자성과 윤리적 재현 방식 연구」, 동국대 박사논문, 2015, 80쪽.

괴물과의 동거를 끝낸 홍자의 '해피엔드'

"손이 왜 이래?"

어느 날 나는 그녀의 손을 잡았다가 얼른 뗀다. 딱딱하다 못해 굳어 있다. 너무 얼른 떼버린 것 같아서 다시 잡았다가 놓는다. 내 마음을 알겠는지 왼손잡이 안향숙은 빙긋이 웃는다.

"캔디를 싸는 일을 하거든. 닳아져서 그래."

"하루에 얼마나 싸는데?"

"보통 이만 개 정도."

"......"

캔디 이만 개. 나는 짐작이 가지 않는다. 안향숙은 내 손을 잡아본다.

"니 손은 참 부드럽구나. 너 회사에서 놀고먹는구나."

내 손등을 감싸 쥔 그녀의 손바닥이 발바닥 같다.

"처음엔 재밌더라구. 이런 것도 일인가 싶었어. 며칠 지나니까 캔디를 넣고 비닐을 비틀어야 하는 여기에서 피가 흘렀단다."

그녀는 오른손과 왼손 엄지와 검지를 내 앞에 내민다. 잘 내밀지 않아서 몰랐는데 손가락이 삐뚤어져 있다.

"이젠 굳어서 괜찮아. 근데 이 년 전에 이 손가락을 못 쓰게 되고 말았어. 그래서 왼손으로 글씨 쓰는 거야."

그녀는 다시 얼른 오른손을 아래로 내린다. 그리곤 내 눈을 들여다본다.

"내 손가락 이렇다는 거 누구한테도 말하면 안 돼."

"......"

"응?"

나는 고갤 끄덕인다.

신경숙, 『외딴 방』

〈박하사탕〉에 기여한 배우 문소리의 헌신에 대한 신뢰나 애정과는 별개로, 〈박하사탕〉을 생각할 때마다 나는 이창동이 해석하고 문소리가 형상화한 여성 노동자 윤순임이 한없이 민망하다. 〈나 어떡해〉를 부르며 흘낏흘낏 마음에 드는 청년 노동자를 훔쳐보는 (젊기에 더욱) 아름다운 순임은 배시시 웃는다. 그 '들꽃 같은' 웃음에서 한없이 거칠고 '발바닥 같았'을 젊은 여성 노동자의 손을 짐작하는 건 쉽지 않다. 하지만 자명한 한 가지는 "이 영화에서 '박하사탕'이 가질 수 있는 의미화가 있다면 그것은 순수가 아니라, 하루 1천 개의 박하사탕 껍질을 포장해야 하는 여성 노동자의 반복 노동의 결과물이라는 것"[10]이며, 그 삶은 허위의 판타지로 휘발되기에는 아주 많이 무겁다는 점일 것이다.

그렇게 판타지와 과거에 붙박인 순임과 달리 홍자가 올라탄 기차는 과거로부터 현재로 이동하지만 그녀에게는 타락이라는 동일한 지표만이 허락된 바 있다. 순임을 대뜸 착하고 순수한 성품으로 짐작할 수 있는 만큼 홍자가 순임처럼 착하고 순수하기만 한 성품이 아니라고 짐작하는 것도 무리는 아니다. 그리고 그처럼 '이 사회가 강요하는 행위 규범'을 준수하지 않는 홍자에게는 가혹한 현실과 영화적 응징이 주어진다.

특히 모텔 장면에서 갑작스레 들이닥친 남편을 피해 목욕탕에 숨었던 홍자가 영호의 손에 끌려 나와 구타를 피하려 애쓰면서도 어떻게든 벗은 몸을 가리려던 절박한 모습은 차마 눈 뜨고 보기 힘들 정도였다. 열렬한 사모의 눈빛을 일방적으로 쏘아대던 결혼 전 여관에서 함께 보내던 밤에도, 영호의 아내라는 이름으로 밥상을 차려주던 때에도, 그리고 그의 아이를 낳아 기르던 그 많은 날들 중 단 하루라도 홍자가 영호

---

10 김소영, 「'우리'의 이름으로 날 부르지 말아요 - 〈박하사탕〉과 차이의 정치학」, 『박하사탕』, 삼인, 2003, 85쪽.

로부터 존중의 대상이 됐던 적이 있었을까.

그럼에도 〈박하사탕〉이 정교하게 써 내려간 '거짓말'에서 다소 예외적 위치에 서 있는 홍자 덕분에 〈박하사탕〉에 대한 애정은 흔들린 채로 지속된다. 억압으로서의 역사에 짓눌린 파리한 인물들, 맥박의 요동이 느껴지지 않는 판타지로서의 인물들 사이에서 거의 유일하게 살아 있고 생생한 호흡이 느껴지는 인물이 홍자였다. 배우의 현존과 별개로, 물성이 제거된 종이 인형이거나 차라리 텍스트로 작성된 선언문 같던 순임과, 창녀라는 손가락질과 함께 그 존재를 능멸당한 다른 여성 캐릭터들과 같은 자리에 서기를 거부하는 인물이었다.

자신을 보고 있어도 늘 다른 곳을 보는 것 같던 영호가 그리워했던 게 순임이라는 걸 알아채던 순간, 자신의 치마 속으로 영호의 손이 쑥 들어온다. 그럴 때 허벅지를 쓰다듬는 그 '더러운 손'이나마 어떻게든 품고 싶었던 홍자의 갈망과 집착이 '생생하게 느껴져서' 숨통이 트이는 느낌을 준다. 마음은 콩밭에 간 영호의 손을 기어코 끌어내 자전거를 배우며 '까르르' 허공으로 날리던 그녀의 높은 웃음소리야말로 〈박하사탕〉이 사람의 이야기였다는 증거로 제시된다.

허깨비 같은 첫사랑의 이미지 때문에 헛손질만 하고 지루한 자기 연민에 허우적대느라 단 한 번도 제 옆의 사람을 발견하지 못했던 청맹과니 영호 옆에서 그녀가 공들이고 안달하고 상처 입었던 모든 순간들이 마치 나의 것인 양 접수되는 영화가 〈박하사탕〉이었다. 홍자가 주인공인 또 다른 〈박하사탕〉을 보고 싶다는 강렬한 열망을 갖게 된 것도 그래서였다. 그렇게 〈박하사탕〉은 젊은 날 무모했던 열정의 대가를 호되게 치르고, 결국 괴물과의 동거를 끝냄으로써 비로소 명랑한 웃음소리의 자신을 되찾을 수 있게 된 홍자의 해피엔딩으로 내게 남았다.

〈뮌헨〉에 선악의 이분법은 없다

스티븐 스필버그의 2006년 영화 〈뮌헨〉은 1972년 9월 5일 팔레스타인 무장 단체 '검은 9월단'이 뮌헨 올림픽 선수촌을 급습하는 장면으로 시작된다. 이스라엘 코치 2명이 죽고 9명이 인질로 잡힌 이 충격적 사건은 텔레비전을 통해 전 세계로 생중계됨으로써 현대적인 테러전의 시작을 알렸다. 이 참극에 대응해서 이스라엘 골다 메이어 정부가 펼친 '신의 분노 작전'이 〈뮌헨〉의 중심 플롯이 된다. 존재하되 공식적으로는 부재하는 유령과도 같은 요원 5명이 차출되고 유럽 전역을 돌며 피의 응징에 나서는 것이다. 유대인인 스필버그가 만든 이 민감한 정치 영화는 피가 피를 부르는 소모적 악순환 속에 점차 피폐해져가는 전 모사드 요원, 특히 주인공 아브너(에릭 바나)의 분열하고 동요하는 내면에 집중한다.

스필버그 감독이 "〈뮌헨〉의 자랑거리 가운데 하나는 팔레스타인이나 이스라엘 양쪽 모두 악마처럼 묘사하지 않았다는 것"[11]이라고 말한 것처럼 영화는 뮌헨 테러의 두 당사자인 이스라엘과 팔레스타인을 선과 악의 명확한 이분법으로 배치하지 않는다. 영화는 "우리 신념에 무관심했던 세계가 처음으로 귀를 기울이게 됐다"며 사건의 의의를 평가하는 팔레스타인 테러범의 TV 인터뷰 장면을 길게 보여주거나, 제거 대상인 팔레스타인인이 이스라엘의 난민촌 폭파 책임을 목청 높여 비난하는 모습 등도 보여준다. 이스라엘 모사드 요원들을 주인공으로 전개되는 플롯이 갖는 정치적 무게중심의 편향을 해소하려는 노력으로 이해되는 대목이다. 올림픽 선수촌 테러 이후 골다 메이어 이스라엘 총리 주도로 진행된 대책 회의 장면 또한 이 거대하고 집요한 복수극이

---

11 한승희, "폭력의 악순환", 『필름2.0』, https://blog.naver.com/hohohosg34/90008396749.

슬픔에 대한 인간적이거나 윤리적인 격동을 바탕으로 한 국가적 애도의 차원에서 출발하지 않았음을 드러낸다.

이미 전투기 70대로 팔레스타인 지역을 폭격해서 60명을 사살했지만 "그런 외진 데는 세계가 주목하지 않"으니, "강하다는 걸 세상에 보여주"려면 "이목을 끄는 정도로는 안 되는" 것이었다. 그래서 타깃을 제거할 때는 "총보다는 폭탄으로", "전 유럽 언론이 대서특필하게끔" 터뜨려야 한다. 그런데 총리 주도의 대책 회의에서 정리된 이러한 이스라엘의 입장은 선수촌을 급습하고 공항 테러를 기획하는 팔레스타인 무장 단체들의 논리와 다르지 않다.

아테네의 안전 가옥에서 얄궂게 마주친 팔레스타인해방기구(PLO) 요원 알리(오마르 멧윌리)도 "유대인을 죽이면 세상이 짐승 취급할 것"이라는 아브너의 말에 그렇게 답했었다. "알아. 우릴 어쩌다 짐승으로 만들었는지도 보게 돼. 결국 세상의 관심을 끌게 되지." 독일인 적군파로 위장한 아브너와 PLO 요원 알리의 이 대화 장면은 물고 물리는 폭력의 양 당사자가 동일한 논리를 공유하고 있음을 잘 보여준다. "우린 대대손손 영원히 기다려", "우린 나라 있는 국민이길 원해. 집은 곧 모든 것이야"라는 말은 팔레스타인인 알리가 한 것이지만, 오랫동안 이스라엘 민족이 갈구했던 것이자 아브너의 신념이기도 하기 때문이다.

"이 주제를 건드릴 때부터 친구를 잃을 것이라고 생각했다"[12]는 스필버그의 말처럼, 팔레스타인인들에게 목소리를 돌려주고 인간의 얼굴을 비추려는 〈뮌헨〉의 노력은 비평 및 흥행의 양면에서 만족스럽지 않은 결과를 가져왔다. 하지만 이는 결과적으로 유대인 입장의 정치 영화라

---

12 이다혜, "복수가 복수를 낳은 역사, 〈뮌헨〉", 『씨네21』, http://www.cine21.com/news/view/?mag_id=36343.

는 한계 속에서도 영화에 차별성을 부여한다. 아브너의 총과 로베르(마티유 카소비츠)의 폭탄으로 죽음을 맞는 타깃들은 아랍 문화의 가치를 함께 나누려 애쓰는 지식인, 혹은 문화 전도사거나 처음 본 옆방 투숙객에게 "잘 자요. 좋은 꿈 꿔요", 상냥하게 인사하는 이웃이다. "백 년이 걸린다 해도 우린 쟁취해", 단호한 신념을 토로하던 알리를 쏘아 죽였을 때, 아브너의 마음속에서 꺼꾸러진 것은 단지 '적'이 아닌 '사람'이었다. 그래서 총 11명의 타깃 중 6명과 다른 1명을 처단하고 이스라엘 아닌 뉴욕으로 돌아온 아브너는 상관인 에프라임(제프리 러시)에게 뒤늦게 물어야만 한다. "제가 살인을 했나요?"

〈뮌헨〉에 선명한 이분법

한밤의 테러 장면으로 시작된 〈뮌헨〉에는 죽음이 넘쳐나고 피의 세례가 이어진다. 도입부에서 처음 제시된 뮌헨 선수촌 학살 시퀀스는 진행 과정에 따라 분할돼 전체 플롯에 포진된다. 피랍된 이스라엘 인질들에 가해지는 폭력과 죽음의 기억을 소환하는 이들 플래시백은 고뇌하며 흔들리는 아브너에게 복수자의 결기를 북돋고 내면의 동요를 해소하는 기능을 한다. 그리고 본격적인 복수극이 펼쳐지는 33분께부터는 마치 게임처럼 무대를 바꾸어 수행되는 피의 작전이 꼼꼼하게 그려진다. 로마, 파리, 아테네 등 아름다운 유럽 도시와 레바논 베이루트의 70년대 풍광을 배경으로 펼쳐지는 피의 퍼레이드는 끔찍하고 환멸스럽지만, 동시에 미적 감각을 적절하게 자극할 만큼 정교하게 디자인된다. 하얀 우유를 쏟은 채 엎어진 양복 차림의 남자를 직부감으로 보여주거나, 긴장감 속에서 터지는 폭탄의 파열음이 화면을 찢는 것 같은 충격, 생동감 넘치는 무장 총격전의 스펙터클 등 그 양상은 다양하다. 특히 두 번째 타깃이었던 함 샤리(이갈 나오르)의 테러 장면은 관객과의 밀당 고수다운 감독의 장기(예외 없이 어린이가 활용된다)가 유감없이 발휘되며 손에 땀을 쥐게 한다.

그리고 문제의 시퀀스가 있다. 뮌헨 테러의 배후 주동자로 지목된 살라메(메디 네부) 처단을 노렸지만 CIA로 짐작되는 정체불명의 남자들로 인해 계획이 수포로 돌아가던 날 밤, 아브너 팀원 중 뒤처리 전문 칼(키어런 하인즈)이 호텔 방에서 시체로 발견된다. 타깃만 쫓는다던 당초의 원칙을 버리고 네덜란드 호른으로 이동한 나머지 대원들은 전날 밤 아브너와 칼이 호텔 바에서 만났던 여성 살인청부업자 자넷(마리조제 크로즈)을 처단한다. 이 작전은 귀국 후 에프라임에게 유일하게 문제점으로 지적받을 만큼 팀의 전체 행적에서 돌발적이고, 종전까지 유지되던 영화적 모드로부터도 아연 튕겨져 나온다.

이른 아침, 강변의 수상가옥에서 가운 차림으로 침대에 엎드려 잡지를 보던 자넷은 느닷없이 닥친 아브너와 스티브(대니얼 크레이그), 한스(한스 지쉴러)에게 가슴 두 방, 이마 한 방의 총을 맞고 죽는다. 가운은 완전히 풀어 헤쳐져 콸콸 쏟아지는 피가 머리로부터 가슴을 거쳐 하얀 배를 지나 음모에 도달하는 광경은 숱한 학살의 스펙터클 중에서도 압도적으로 참혹하다. 이를 역사적 사건의 공포감을 보여주기 위해 "어떤 여과도 없이 폭력을 보여줘야 한다"는 〈뮌헨〉의 촬영 원칙에 부응하는 것이라거나, 성기를 드러낸 채 벗은 몸으로 호텔 침대에서 죽은 칼의 모습에 대응하는 것이었다고 수긍할 수 있을지도 모르겠다.

그러나 "스필버그 영화에는 좀처럼 등장하지 않는 이 과격한 장면"[13]

---

13 허문영, "스필버그의 유혹의 기술, 〈뮌헨〉", 『씨네21』, http://www.cine21.com/news/view/?mag_id=36687.

은 남성 타깃을 대상으로 한 살해 장면들과 본질적으로 구분되며, 지나치게 이질적이다. 생필품을 한가득 사서 돌아오거나, 완전한 정장 차림으로 폭탄을 맞거나, 거리에서 총격을 당하는 남성들과는 분명히 다른 방식으로 여성 타깃은 죽어간다. 총구를 겨누는 두 남자 앞에서 가운을 내려 한쪽 가슴을 드러내는 명백한 유혹의 동작으로 비참하게 목숨을 구걸했던 자넷은, 그 때문에 더욱 처참하게 나신을 고스란히 드러낸 채 의자에 널브러진다. 아브너가 가운을 들어 하체를 가려주지만 한스가 "가려주지 말라"며 다시 가운 자락을 펼칠 때 자넷의 신체에 가해지는 응징은 단호하기만 하다.

끔찍하다고는 해도 이런 장면이 낯설지는 않다. 세상의 많은 영화들에서 여성의 죽음은 남성의 것과 달리 섹슈얼리티 층위에서 작동되거나 재현된다. 지구 끝까지 쫓아가 반드시 처단해야 할 극악한 적이어도 남자라면 대개는 그냥 총에 맞거나 폭탄에 몸이 찢겨 죽지만, 여자의 죽음은 그렇게 간결하고도 쉽게 처리되지 않는다. 의당 그녀의 섹슈얼리티가 신문訊問되고, 이를 이유로 처참하게 훼손돼야 한다. 그녀의 죽음은 단지 육체적 소멸뿐만 아니라, 상징적 의미의 응징 혹은 처단으로 의미화돼야 하기 때문이다. 특히 자넷처럼 남성을 죽음으로 몰고 가는 치명적인 섹슈얼리티의 소유자라면 더욱 그렇다. 〈뮌헨〉 또한 이를 위해 치밀하게 기획된 '큰 그림'을 준비한다. 먼저 그날 밤, 아브너와 칼이 자넷을 만나던 장면으로 돌아갈 필요가 있다.

살라메 처단에 실패한 날, 처음으로 아브너는 팀원들과 함께하는 대신 혼자 호텔 바를 찾는다. 거기서 빨간 옷을 입은 아름다운 자넷과 이야기를 나누지만 아브너는 자신의 방으로 가자는 여자의 은근한 제안을 뿌리친다. 그리고 돌아오던 중 만난 칼에게 "미모가 죽여주는, 눈웃음치는 여자를 조심하라"며 농담처럼 경고를 날리지만 결국 칼은 자넷의 타깃이 되고 만다. 유일한 여성 청부업자 자넷을 소개하는 이 시퀀스는 자넷의 처참한 죽음이 아브너 팀을 노리고 타격을 가한 데 따른 정치적 차원이 아니라, 아브너를 유혹하고 흔들리게 만든 죗값이라는 걸 명백히 보여준다.

아브너는 두고 온 아내에 대한 헌신과 사랑의 소유자로 소개됐던 것과 달리 이날 밤 낯선 여자의 치명적인 매력에 흔들린다. 몇 차례 눈빛을 교환하다가 먼저 자리를 옮겨 다가가 말을 건 것도 아브너였다. 그리고 여자가 아브너의 손목을 끌어당겨 자신의 손목과 맞대고 비비자 자신의 손목에서 여자의 향수 냄새를 맡고 미소 짓는다. 비록 그녀의 호텔 방으로 따라 올라가지는 않았다고 해도 실질적으로 섹스를 대리하는 이러한 행동은 성실한 가장이자 아름다운 아내의 남편으로 범한 간음의 죄악에 해당된다. 호텔 방에서 뉴욕의 아내 대프너(아예렛 주러)에게 전화를 걸어 "이번 임무만 끝나면 브루클린에 달려갈게"라는 말로 속죄의 메시지를 대리하고, 처음 듣는 딸의 옹알이에 오열하는 것으로 아브너가 죄의 사함을 청하는 건 바로 그 때문이다.

하지만 그 정도면 간음을 행한 남자의 죄는 사해질 수 있어도 남자를 유혹한 여자의 죄는 반드시 일벌백계해야 하는지라, 여자에게는 다른 남자를 유혹해 죽음에 이르도록 하는 죄가 추가된다. 결국 '스파이더우먼'인 자넷이 죽어야만 하는 이유, 그 처참한 죽음이 섹슈얼리티에 대한 끔찍한 응징의 형태여야 하는 이유는 자명하다. 성실한 가부장을 유혹해서 흔들리게 만든 죄. 바로 이 지점에서 요원 둘을 잃게 돼 결국 아브너 팀의 미션 중단을 이끌어낸 살인청부업자 자넷은 치명적인 요부가 되어 '창녀'의 계열로 배치된다.

그렇다면 질리도록 많이 보고 물리도록 강제 학습된 이 유서 깊은 가부장제적 관념 체계 속에서 '성녀'의 계열로 동원되는 인물이 필요할터. 그 역할은 아브너의 아내 대프나가 맡는다. 아름다운 대프나는 가부장을 사지死地로 의연하게 떠나보내고 남편의 팔에 건강하고 귀여운 딸을 안겨준다. 낯선 곳에서 혼자 아이를 키우면서도 멋진 솜씨로 집을 가꾸며 흔들리는 아브너를 잡아준다. 그 '집 안의 천사'는 험지에서 돌아와 고통으로 잠 못 이루는 남편을 무엇보다 몸으로 위로하며 "사랑해"라고 격려한다. 평화를 기약할 수 없는 혼돈의 현실에서 집-가정이 유일한 안식처로 제시되는 것은 이처럼 아브너를 무사 귀환케 하는 '성녀'로서 대프나의 극적 지위에 힘입는다.

'요부'를 물리친 '집 안의 천사'

〈뮌헨〉에서 시각적 쾌감을 자극하는 스펙터클은 주로 학살과 폭력의 시퀀스에서 제시되지만, 그만큼 중요하게 그려지는 것은 주방/식탁의 미장센이다. 아브너는 침착하게 팀을 이끄는 출중한 리더이자, 뛰어난 총잡이이기도 하지만 무엇보다도 '주방의 남자'다. 아마 아브너 역을 맡은 에릭 바나가 촬영을 위해 액션 연기뿐 아니라 능수능란하게 재료를 다루고 훌륭하게 플레이팅하는 요리 연습을 하지 않았을까 생각될 만큼 그는 능숙하게 요리를 할 줄 알며 또 즐기는 눈치다. 타깃 처단을 앞둔 회의나, 처단 이후 평가 회의를 주로 아브너가 주도하는 식사 장면으로 구성한다거나, 어려운 문제에 봉착했을 때 파리의 정보원 루이(마티유 아말릭)를 만나는 장소가 주방 가구를 전시하는 인테리어 쇼룸인 것 또한 주방/식탁이라는 장소가 폭력의 현실과 맞서는 이상의 유토피아로 배치됨을 잘 보여준다.

그 때문에 먹고-죽이고-먹고의 연속으로 정리될 그의 여정은 화약 냄새 진동하는 살육의 현장과 식욕 돋우는 화려한 식탁 장면을 반복적으로 진자 운동한다. 루이의 아버지 파파(마셀 론데일)를 만날 때 푸르고 울창한 정원에서 따사로운 햇살 아래 펼쳐진 성대한 만찬은 특히 인상적이다. 표면적으로 가장 이상적인 가정을 재현하는 미장센으로 제시되지만 이는 파파 가족이 죽음을 거래하는 일로 생존한다는 점을 은폐하며, 아브너 또한 그들 가족 바깥에 위치한다는 점에서 이 장면의 '가족다움'은 철저한 판타지가 된다. 그렇다면 아브너에게 안식처로서의 공간은 가부장에게 헌신하는 아내와 딸이 있는 자신의 집의 주방이 남을 뿐이다.

자넷의 처단 이후 "사지를 뻗고 죽은 그 여자가 계속 떠오른다"면서 "가운을 덮어주는 건데 그랬나 싶다"고 뒤늦게 후회하던 한스는 칼에 맞아 죽은 채 강변 벤치에 앉아 있는 모습으로 발견된다. 이 점에서 한스의 죽음은 부당하게 폭력적이었던 자넷의 죽음에 대한 일종의 응징이거나 재현의 과잉을 해소하려는 영화적 제스처인 것처럼 보이기도 한다. 하지만 그렇다고 자넷 처단 시퀀스가 갖는 여성 혐오적 맥락이 사라지지는 않는다.

"할리우드 영화의 유대인 감싸기 전략이 교묘하게 숨어 있다"[14]는 비판은 유대인인 스필버그 감독이 학습받고 내면화한 이데올로기에서 완전히 자유로울 수 없는 〈뮌헨〉의 한계를 지적한다. 유사한 맥락에서 문제의 그 장면에서 작동하는 '성녀 대 창녀' 이분법은 여성을 섹슈얼리티 자체로 환원하고 그 육체에 대한 극단적 혐오를 경계 없이 드러낸다. 남성으로서 내면화된 가부장제적 가치 및 지식 체계의 강력한 흔적

---

14 이희수, "편견 어린, 그러나 파격적인", 『교수신문』, https://www.kyosu.net/news/articleView.html?idxno=9450.

으로서 영화의 톤을 불균질하게 만드는 것이다.

어릴 적 자신을 키부츠로 보냈던 엄마 대신 조국 이스라엘을 엄마로 생각하고 자란 '영웅의 아들' 아브너에게 유럽과 레바논 등지를 돌며 보냈던 학살의 여정은 곧 자신의 조국-안식처를 찾기 위한 것이었지만 결국 실패한다. 그리고 이스라엘 아닌 뉴욕에 둥지를 튼 그에게 '조국-엄마'는 '집-아내'로 대체된다. 그렇게 안착하기 위해 반드시 필요한 것은 '창녀'의 반대편에 선 '성녀-아내'의 존재였다. '창녀-여성'의 위협에 굴하지 않고 딸과 아내를 찾아 돌아온 율리시즈인 아브너에게 대프너는 숭고한 모성성과 남성 주체를 결코 위협하지 않도록 승인된 섹슈얼리티의 소유자인 페넬로페인 셈이었다.

스티븐 스필버그가 오로지 '휴머니즘'이 이끄는 '가족주의'의 불빛을 따라 도달한 〈뮌헨〉의 엔딩이 왠지 불안해 보였던 건 바로 그래서였다. 세이렌의 유혹을 이기고 귀가한 율리시즈를 반긴 페넬로페는 누구인가, 혹은 페넬로페가 누구인지 안다고 말할 수 있는 자는 누구인가. 총구를 겨눈 이스라엘과 팔레스타인이 결국 같은 열망과 비전을 갖는다는 스필버그식 설명에 따른다면 페넬로페와 세이렌 사이 그 어떤 구분도 결국 무효화될 것이기 때문이다.

〈박하사탕〉과 〈봄날은 간다〉 다시 쓰기

한국 영화로서도, 배우 이영애 개인에게도 화양연화였던 시간이 고스란히 담긴 〈봄날은 간다〉(2003)는 영화를 보고 난 여남 간의 온도 차가 극명했던 영화였다. 남성 관객들은 도무지 은수라는 캐릭터를 이해하지 못해 답답해하는 눈치였다. 스크린 속 은수는 너무나 예뻤지만, 예쁘다는 결정적이고도 충분한 이유만으로 수긍하기에는 건널 수 없는 강이 있었다. 순진한 연하 총각에게 "라면 먹을래요?"라며 먼저 유혹하고 알콩달콩 시간을 보내지 않았던가. "우리도 죽으면 저렇게 같이 묻힐까", 나란히 솟은 봉분을 보며 영원히 함께하는 미래를 꿈꾸기도 했었다. 그러다가 "우리 헤어져!", 도로 한가운데서 난데없이 통고하는 건 아무래도 부당해 보였던 모양이다.

더욱이 남자 관객들의 분노 게이지를 극도로 높였던 건 헤어지고 난 다음이었던 같다. 기껏 마음을 다독이고 있던 상우(유지태) 앞에 불쑥 나타난 은수는 여전히 아름다운데, 해맑은 미소로 "우리, 같이 있을까?" 묻는다. '우리' 싫다고 거부한 게 누군데 언제 그랬냐는 듯 천연스레 '우리'를 입에 올리는, 그 '블랙홀과도 같은 여성성'의 모호한 경지를 도무지 가늠할 수도 이해할 수도 없어 하는 눈치였다.

영화가 끝내 말해주지 않는 것

하지만 내 경우, 그리고 내가 아는 한 많은 여성 관객들에게 은수는 충분히 이해할 만했다. 상우가 그랬듯, 은수 또한 달뜬 사랑의 희열을 믿고 선뜻 결혼을 선택했었을 것이다. 그리고 파경으로 끝난 결혼의 상처를 치료하지도 못한 채 다시 찾아온 사랑을 반갑게 맞기는 했지만, 같은 실수를 반복할 수 있다는 두려움마저 누르긴 어려웠을 것이다. 특히 라면도 종종 먹지만 김치를 더 자주 먹고 살아야 하는 현실에서, 홀아버지가 만든 김치를 맛나게 먹는 상우와의 가족 만들기라는 과제는 더욱 풀기 어려운 난제였을 것이다. 그렇게 상처로 남은 지난 사랑의 시간은 너무 가까웠고, "사랑이 어떻게 변하냐?"고 묻는 상우는 그 상처를 같이 나누기에 아직 어린 남자였다.

그러니 "상우씨, 나, 나, 김치 못 담가"라고 말할 때 왜 은수가 굳은 얼굴로 말을 더듬었는지 상우는 알 리 없다. 더욱이 그가 "괜찮아, 잘될 거야. 내가 잘할 수 있어. 도와줄게…"라고 말하는 대책 없이 착한 남자라면, 그 선의만으로 풀려나가는 인생이 아니더라는 걸 어떻게 일깨워 줄 수 있을까. "사귀는 사람 있으면 데리고 오래, 아버지가", 라면 먹다가 갑자기 훅 들어온 상우의 말은 은수에게 고스란히 두려움과 공포로 접수되지 않았을까.

그래서 아마 상우를 포기시키거나 은수 스스로 발을 빼는 게 유일한 방법이라고 생각했을 수도 있다. 그렇게 그녀는 '나쁜 여자'가 된다. 그리고 라면밖에 끓일 줄 모르는 여자에게 "내가 라면으로 보이니?", 남자가 벌컥 화내는 것으로 이 사랑은 끝난다. 그러니 언젠가 상우 또한 은수를 이해하게 될 수도 있으리라, 하지만 그렇지 않다고 해도 어쩔 수 없는 일이지. 그렇게 〈봄날은 간다〉를 본 여성 관객들은 은수의 심경을 제각각 알아서 헤아렸다.

그렇다고 해도 은수의 상처와 두려움에 관해 영화가 말해준 건 거의 없었다고 해야겠다. 은수의 도무지 이해할 수 없는 '변덕'은, 최소한 영화가 전하는 이야기를 충실히 따라간 관객이라면 거의 예외 없이 도달하게 될 결론이었다. 영화는 절절한 멜로드라마이지만, 궁극적으로 요령부득의 연상 여인으로부터 받은 사랑의 상처를 딛고 한 발 나아가는 상우, 남성의 성장 서사로 만들어졌기 때문이다.

그렇다면 이건 너무나 익숙하다. 채 오염되지 않은 순수한 영혼의 소년/남자가 외부 세계와 공동체의 비극적 본질로서 타락을 함의하는 (연상의) 여성으로부터 받은 상처를 통해 어른이 돼간다는 이야기. 따라서 〈봄날은 간다〉는 '남성 지식인의 내면을 특권화하는 장소로서의 문학, 혹은 남성을 정점으로 구축되어온 문학'[1]의 자장 내에 위치한 한국 영화 재현의 사례로 분류될 수 있을 것이다.

그럴 때 여자는 불가피하게 오해의 영역에 놓인다는 걸 감안하면 〈봄날은 간다〉를 인생작으로 꼽는 관객들조차 은수에 대해 잘 모르거나, 어쩌면 전혀 잘못 알고 있는 것일 수도 있다. 은수는 "천천히 가요, 지금도 빨라요"하는 상우의 차에서보다 "달릴까요?" 하면서 갑자기 엑셀을 꾹 밟는 선글라스 남자(백종학)의 차에서 훨씬 솔직하고 자연스러워 보인다. "오호, 이거 재밌잖아. 더 밟아요 더!" 그렇게 가볍게 흥분하

---

1 김미정, 「'한국-루이제 린저'라는 기호와 '여성교양소설'의 불/가능성」, 『문학을 부수는 문학들』, 247쪽.

사진 1/2〉 완성된 영화에서 관객은 사랑을 완전히 정리한 남자의 허탈하고 씁쓸한 얼굴을 본다. 선택되지 못한 다른 버전에서 그 남자의 뒤쪽으로 희미하게 사라져가던 여자는 어렴풋한 미소를 머금고 있었지만 관객은 알지 못한다.

는 여자임을 상우는 몰랐겠다. 아마 "학교 때 날라리였다"는 은수의 말도 그냥 흘려버렸을 것이다. 보고 싶은 것만 보았을 테니까.

〈봄날은 간다〉의 DVD[2]에는 흥미로운 부가 영상이 하나 있다. 삭제 장면이나 편집에서 골라낸 B컷 등이 들어 있는 메뉴에 벚꽃을 배경으로 한 이별 장면을 극장 개봉 버전과 다르게 찍은 영상이 있었다. 우리가 알고 있는 최종 버전은 후경後景의 은수가 저 멀리 희미하게 사라질 때 화면 전경前景에 상우가 혼자 서 있는 것이다(사진 1). 그냥 가야 하나, 뒤돌아 은수를 잡아야 하나 잠시 고민하느라 울 것만 같던 상우를 그 장면의 마지막 모습으로 기억한다. 하지만 또 다른 DVD 버전에서 화면 전경에 자리하는 건 은수이고, 상우가 후경으로 점점 사라져간다. 화면 전경에 선 은수는 잠시 멈칫하는 것 같다. 하지만 뒤돌아 상우를 흘낏 보고 고개를 돌린 은수의 표정은 아연 홀가분해진 듯하다. 어쩌면 "그래, 여기까지, 이제 됐어!"라고 마음을 정한 것처럼 가벼워 보인다(사진 2).

마지막으로 남은 얼굴

생각지도 않던 부가 영상을 처음 DVD에서 발견한 건 매우 흥미로운 경험이었다. 아주 짧은 영상임에도 불구하고, 내가 관람한 〈봄날은 간다〉 서사 자체에 다른 질감을 부여함으로써 마치 새로운 영화를 관람한 기분이었기 때문이었다. 극장 개봉 버전에서 은수는 벚꽃 길 장면 이후

---

2 허진호, 〈봄날은 간다〉, 스타맥스, 2007. 이별 장면에 관한 분석은 필자의 논문 「허진호 영화의 깊이 연출 연구」, 『영화연구』 제45호, 한국영화학회, 2010, 154~157쪽의 내용을 심화한 것이다.

서사에서 사라진다. 그 빈자리로 인해 가뜩이나 설명 부족한 여성 캐릭터에 대한 아쉬움이 컸던 만큼 DVD 버전에서는 남녀 인물 간의 균형이 다소나마 복구되는 느낌이었다. 만일 그 버전이 최종적으로 채택됐다면 어쩌면 영화는 상우의 성장 영화로부터, 연애의 경험으로 조금씩 성장하는 두 연인의 이야기로 중심축이 이동할 수도 있지 않았을까. DVD 삭제 영상처럼 벚꽃 길에서 최종적인 헤어짐을 정리하는 게 만약 은수의 얼굴이었다면, 모호한 유혹의 주체로 어린 남성을 유혹하고 내치는 '나쁜 여자'라는 오해 또한 상당 부분 해소될 수 있었을지도 모르겠다.

김형구 촬영감독은 두 개의 이별 장면에 대한 인터뷰에서 이렇게 설명하고 있다. "은수가 초점에 맞은 채 전경에 위치하고, 상우가 벚꽃 사이로 사라지는 장면(사진 2)도 함께 촬영했으나 최종 단계에서 감정적으로 정리가 더 잘되어 있고, 관객에게 더 편안히 다가갈 수 있는 숏(사진 1)을 선택했다. 그 결과 연분홍의 아지랑이가 핀 듯한 봄날 속으로, 여전히 또렷하게 앞길을 가야 할 상우의 추억 뒤편으로, 인생의 봄날이 잔잔한 걸음걸이로 희미하게 멀어지는 그림이 완성됐다."[3]

선택은 분명했다. 남자/상우의 시선에서 이별을 정리하고, 광활한 보리밭을 홀로 찾은 상우가 홀가분한 표정으로 바람을 맞는 장면으로 끝나는 영화의 일관성을 위해 불가피한 결정이었던 것이다. 〈봄날은 간다〉는 연애의 끝이 어떻게 시각화되는가의 선택에서 관객의 시선이 동일시될 주체로 상우/남성을, 그 주체의 시선에 포착되는 대상으로 은수/여성을 선택한다.

따라서 이 장면이 '감정적으로 정리가 더 잘되는' 것은 상우라는 남성 캐릭터의 관점에서이며, 은수/여성보다는 상우/남성에게 동일시된

---

3 손태웅, "렌즈의 마술, 벚꽃 사이로 사라진 그녀", 『스크린』, 2002년 1월.

'관객에게 더 편안히 다가'간다. 그렇게 '헤어짐을 당한 남자의 입장에서 관찰되고 기록된 연애담'[4]에서 남성은 '(은수라는) 과거'를 통해 '현재'를 안정화하고 '미래'로 나아가려는 모든 시제를 갖는 반면 여성은 과거형의 시제만을 갖는다.[5]

이러한 엔딩과 유사한 선택은 허진호 영화에서 종종 관찰된다. '여성을 바라보는 남성'이라는 시선의 젠더 역학은 〈8월의 크리스마스〉(1998)에서 걸어가는 다림(심은하)을 사진관이나 카페 유리창 너머로 바라보는 정원(한석규)의 모습에서 인상적으로 제시된다. "인물들을 바깥에서 오래도록 물끄러미 주시하는 관조적인 시선, 객관적인 시선이 성별을 아우르는 폭넓은 공감대를 끌어내지만, 불균등한 성별 묘사를 바탕으로"[6]하는 것이다. 이는 허진호의 영화가 "부드러움이라는, 흔치 않은 남성성의 자질"을 선보이지만, 이 또한 '성별 위계에서 비롯한 남성만의 여유'[7]라는 지적을 뒷받침한다. 그리고 심은하, 이영애, 손예진, 임수정 등 당대 최고의 여배우들이 헌신적으로 분한 여성 캐릭터들의 이야기가 그의 영화 속에서 결국 '아무도 알아주지 않은 성장'으로 탈초점화되는 이유이다.

당연하게도, 내게 선택권이 있었다면(이라는 허무맹랑한 꿈을 꾼다면) 나는 은수가 화면 전경에 있는 버전을 선택하거나 헤어짐 이후를 살아가는 은수의 이야기를 간단하게라도 추가했을 것이다. '여전히 또렷하게 앞길을 가야 할' 사람은 상우뿐 아니라 은수도 마찬가지였으므로.

4　김지훈, 「허진호의 멜로 드라마 다시 읽기: 멜로 드라마의 동시대적 통속성」, 『영화언어』 2003년 여름, 113쪽.

5　배경민, 앞의 논문, 106쪽.

6　김지훈, 앞의 글, 108~111쪽.

7　배새롬, 「허진호 영화의 유한한 사랑과 부드러운 남자들」, 『대중서사연구』 24(1), 대중서사학회, 2018 참고.

'어린 남자를 유혹한 나이 든 여자'로 손가락질당한 은수 또한 이제 갓 서른 고개를 넘었을 뿐이다.

게다가 누군가의 추억 뒤편으로 희미해지는 '인생의 봄날'로 추상화되기에는 그녀 삶의 무게가 상우보다 훨씬 더 무겁지 않겠는가. 아름답던 연애가 끝난 뒤 군이 한 사람을 택해 그가 '앞길을 또렷하게 걸어가는지' 지켜보아야 한다면 그건 한국 사회에서 혼자 살아가야 할 이혼 여성이어야 한다는 게 논리적이고 합리적인 상상력일 것이다. 그렇게 내 상상 속의 영화 〈봄날은 간다〉는 '남자의 눈에 비친 실체가 잡히지 않는 희망'으로 여성에 대해 '남자가 쓴 일기'[8]가 아니라 남녀가 함께 쓰는 공동 일기로 다시 상영된다.

실제로 주로 여성들을 상대로 하는 강의를 할 때 이 영상을 틀어주고 의견을 종종 묻는다. 그때마다 내가 처음 삭제 영상을 접했던 것과 비슷한 반응을 보이곤 했다. 극장 개봉 영화보다 DVD 버전에서 은수의 입장이 좀 더 설명이 되는 느낌이었다며, 만일 그 장면이 선택됐다면 영화 전체를 다르게 받아들였을 것 같다고 입을 모았다. 무엇보다도 카메라가 보여주지 않아 궁금했던 은수의 마지막 표정을 알게 돼서 비로소 뒤늦게나마 후련해하는 반응들이었다.

그렇다면 '다시 쓰기'의 상상력을!

서사에서 갑자기 사라져버린 은수에 대한 아쉬움을 그나마 DVD 부가 영상으로 달랠 수 있었던 〈봄날은 간다〉와 달리 〈박하사탕〉은 영화

---

8 김혜리, "허진호의 〈외출〉", 『씨네21』, http://www.cine21.com/news/view/?mag_id=33297.

가 말해주지 않는 여성들의 삶에 대한 갑갑증이 극한에 달하는 영화였다. 대체 박하사탕을 하루 천 개씩 싸면서도 들꽃을 찍고 싶다던 남자를 위해 카메라를 선물할 만큼 야무졌던 순임은 어떤 삶을 살았을까. 영화는 그저 기억 속에 각인된 들꽃 같던 미소의 이미지로 그녀를 과거 속에 박제하고 비역사화한다.

하지만 가리봉동에서 20대를 보낸 여성이 감당해야 했을 시대의 무게가, 가해자 편에서 개발의 과실을 한때 만끽했던 영호의 그것보다 더 가벼웠을 거라고 짐작하는 건 결코 합리적이지 못하다. 무엇보다도 왜 그녀는 의식도 없는 죽음 직전의 순간으로 늦게 영호의 삶에 도착해야 했을까. 홍자의 삶으로 이야기될 〈박하사탕〉의 시나리오를 상상하는 것보다 더한 무게와 중압감을 지닌 순임 역사의 빈 페이지는 황량하게 남겨진다.

젊은 시절, 가리봉동의 노동에 지쳐 순박해 보이는 노동자 청년 영호에게 마음을 주었던 순임은, 단지 그에게 마음을 주었다는 이유만으로 모욕당한다. 역시 영호를 좋아한다는 이유만으로 홍자가 식당을 찾아온 순임의 눈앞에서 능멸당할 때, 그 능멸의 파편을 맞아 순임의 삶도 훼손된다. 순임은 그래서 끝내 아팠던 걸까. 길고 오래된 세월 끝 순임의 몸속 깊은 곳을 찾아온 병마는 어쩌면 그때의 능멸이라는 나쁜 세포가 마구 힘을 키운 결과일지도 모를 일이다.

이와 관련해, 배경민은 이상화된 판타지, 철저한 대상화의 지위로부터 순임을 이동시키는 흥미로운 관점을 제시한다. 〈박하사탕〉을 '잃어버린 기억-여성'의 호명에 대한 응답의 형태[9]로 보자는 것이다. 이에 따르면 영화는 "궁극적으로 남성의 나르시시즘적 구조 속에 맴도"는

---

9 배경민, 앞의 논문, 108쪽.

'응답의 실패'로 정리된다. 하지만 '호명-응답의 실패'로 영화를 읽는 것에서 한 걸음 더 나아갈 수도 있지 않을까. 말하자면 '호명-응답의 실패-이에 따른 응징'으로 말이다. 그렇게 된다면, 이창동의 〈박하사탕〉은 아주 다른 텍스트로, 즉 '영호가 순임에 의해 결국 죽임을 당하는 (호러 버전의) 이야기'로 다시 읽힐 수도 있을 것이다.

진심을 능멸하고, 세상을 우습게 알며 '피해자 코스프레'만 장황히 펼치던 영호는 끝내 자기 갱신에 실패한다. 하지만 모든 것이 돌이킬 수 없이 자명해진 뒤에도 그는 위악의 제스처만 남발할 뿐 '나쁜 삶'의 최종적 결산을 내내 미루기만 한다. 총을 구입한 그는 바닷가에서 자신의 오른쪽 머리에 대보고 입에도 물어보며 요란하게 자살 연습을 해본다. 하지만 "마지막 돈 탈탈 털어가지고 이거 하나 구했어. 딱 한 놈만 죽이려고. 나 혼자 죽긴 너무너무 억울해서, 딱 한 놈만", 처음 본 낯선 남자인 순임의 남편(박세범)에게 늘어놓는 장광설의 결론은 "내 인생 이렇게 망쳐놓은 놈들이 너무 많아서 그 한 놈을 못 고르겠다"는 것이다.

순임이 전령으로 남편을 보낸 것은 바로 그 때문이지 않을까. 스스로를 응징할 성찰까지는 결코 도달하지 못할 그를 '재촉'하기 위해. 그리고 병상에서의 너무 늦은 해후를 통해 실패한 영호의 삶에 대한 대차대조표를 최종적으로 확인시킨다. 비루한 패배가 부인할 수 없이 자명해진 뒤에야, 영호는 더 이상 자기 응징을 미루지 못하고 사흘 뒤 기찻길에 올라선다. 그렇게 될 때 〈박하사탕〉은 성실하지 못했던 어리석은 남자의 삶을 질타하고 응징하는 한 여자의 서사로 내게 남는다. "좋은 꿈 꾸라"며 좋은 인생을 기원했던 여자의 진심을 조롱하고 훼손한 죄를 지은 남성을 응징하고, 죽음으로 복수하는 이야기.

그럴 때 순임은 박제화된 이미지이기를 거부하고 복수를 수행하는 능동적 행위자로 기억되기에 이른다. 실제로 영호와의 만남 이후 급격히 상태가 악화된 순임이 세상을 떠났다고—실제로 영화를 본 많은 이들이 순임의 죽음을 기정사실화한다—생각한다면, 영호는 순임의 유령에 의해 멱살 잡힌 채 기찻길로 끌려 올라갔다는 호러 장르로 마무리되는 것이다. 역사의 대상이자, 그림자 혹은 은유로 스크린에 부재했던 여성들의 귀환과 복수가 거의 유일하게 이루어졌던 것이 호러 장르였음을 생각한다면 이러한 상상력이야말로 논리적이라 할 것이다.

다소 황당할 수도 있을 나만의 영화 읽기-다시 쓰기 방식은, 지루한 자기 연민에 잠식된 남성의 패배 서사를 구성하기 위해 '동원되는' 여성의 이야기를 거부한다. 어떤 여성들은 성녀로 박제되고 다른 어떤 여성들은 창녀로 길바닥에 내동댕이치는 영화로 〈박하사탕〉을 기억하는 것보다는 영화에 대한 기본적인 애정과 존중을 유지하는 데 훨씬 바람직한 방법이라고 할 것이다. 이런 기억의 '조작'과 '전환'은 너무나 자주 한국 영화의 젠더 재현이 드러내는 견디기 힘든 결핍의 상실감과 이에 따른 분노를 다스리는 나만의 비책이다.

총을 든 여자들

〈윈드리버〉, 〈시카리오: 암살자의 도시〉, 〈공동경비구역 JSA〉

여성 탐정이나 여형사가 문제 해결의 책임을 맡는 스릴러물, 범죄 수사물 등을 특히 좋아한다. 늦은 밤, 칭얼대는 딸아이를 등에 업고 선 채로 달래가며 〈엑스파일〉(1993~2018) 시리즈를 챙겨 보던 시간들은 정말 흥미진진했다. 지금도 여전히 이리저리 텔레비전 리모컨을 돌리다가, 경찰 배지를 차거나 총을 든 여자가 등장하는 낯선 영화나 드라마가 눈에 띄면 일단 채널을 고정한 채 집중한다. 당연히 오랜 시간 학습됐던 '피해자/여성 대 구원자/남성'의 구도를 전복하는 쾌감이 주된 이유겠다.

〈양들의 침묵〉(조나단 드미, 1991)의 조디 포스터 등 문제 해결의 주체로서 정의를 구현하는 여배우들의 강력한 카리스마와 근사한 매력을 감상하는 것이 즐겁고 행복했음도 물론이다. 유명한 남성 액션 스타들처럼 굳이 묘기 대잔치에 가까운 액션을 선보이지 않더라도, 가령 출중한 전문가적 지식과 치밀한 사유 능력을 바탕으로 사건에 접근하는 〈엑스파일〉의 데이나 스컬리 요원(질리언 앤더슨)처럼 여성 해결자가 보여줄 수 있는 차별적인 개성과 카리스마를 텍스트마다 발견하는 재미 또한 크다.

하지만 그러한 즐거움은 종종 훼손되고 쾌감에의 기대는 자주 박살 난다. 분명 총을 든 여자들인데, 강력한 법적 권위를 바탕으로 문제 해결의 권능을 행사하는 주체들인데도, 그녀들을 포착하는 카메라가 남성을 주인공으로 한 범죄물, 형사 드라마, 스릴러물에서 익숙했던 것과는 분명 다르게 느껴질 때 그러하다. 강인한 의지, 합리적이고 현실적인 판단 및 문제 해결 능력, 과감한 능동적 행위성 대신 여성의 클로즈업을 담는 카메라에 노골적인 피로감, 혼돈과 불안의 감각, 그리고 강력한 악의 기운에 위축되거나 잠식돼가는 두려움과 공포가 가득 담길 때 당혹스럽고 불편하고 불쾌해진다. '국경 3부작', 혹은 '변경 3부작'으로 일약 주목받는 창작자 대열에 선 테일러 셰리든이 각본을 쓴 〈시카리오: 암살자의 도시〉(2015)와 직접 연출을 맡은 〈윈드리버〉(2016)는 남성 대신 총을 든 여성이라는, 젠더 역할의 역전이 갖는 그러한 문제점과 한계를 극명하게 드러낸다.

총은 들었는데 믿음직하지는…

영화 〈윈드리버〉에서 와이오밍 주의 '윈드리버 인디언 보호구역'을 책임지고 있는 보안관 벤(그레이엄 그린)은 나탈리(켈시 초우)의 시체를 발견했음에도 아무것도 하지 못한 채 FBI 요원이 오기만을 기다린다. 거센 눈보라가 증거를 지워나간다며 코리(제레미 레너)는 자꾸 재촉하지만 그저 기다릴 뿐, 집행 권한이 없는 벤이 달리 할 수 있는 일은 없다. 범죄를 소재로 다루는 영화들에서 자주 등장하는 이런 장면은 곧 등장할 특정 인물(이 경우 FBI 요원이라는 현행 법 체계상 상위의 관리 및 집행자)에 대한 호기심을 증폭시키고 그 인물의 극적 지위에 따른 역할의 기대치를 높이는 효과를 발휘한다.

하지만 멋진 모습으로 나타나서 단호한 태도로 현장을 통솔하고 명쾌하게 문제를 푸는 FBI 요원은 이 영화에 없다. 가뜩이나 늦게 나타나 길도 못 찾고 헤매는 제인 밴너 요원(엘리자베스 올슨)은 살을 에는 추위와 칼바람에 어울리지 않게 목이 훤히 드러나는 허술한 옷차림으로 첫 만남부터 불신을 자초한다. 이 또한 낯설지 않은 '어리바리 신참 요원'의 클리셰라 할 수 있을 것이나, 여성인 밴너 요원은 좀 더 강한 불신과 회의의 시선에 반복적으로 노출된다. "혼자요?", 제인에게 던진 벤의 첫 질문은 아무리 좋게 해석해도 혼자 나타난 여성 요원의 능력에 대한 회의를 숨기지 못한다. 현장에 가기 위해 제인에게 방한복을 챙겨주는 에밀리 외할머니는 "어찌… 그러고 올 생각을 다 했대?", 혀를 차기라도 할 듯 딱 물가에 내놓은 아이를 보는 것처럼 제인을 탓한다.

이러한 장면에서 여성 인물에 선험적으로 부여되는 젠더 취약성의 프레임과 공적 권위의 집행자로서 갖는 극적 위상은 정면으로 충돌한다. 이러한 설정은 외부인인 제인이 인디언 사회에 대한 정보를 취합하고 인지의 폭을 넓혀가며 현지인들과 관계를 맺는 과정 내내 반복된다. 제인은 인디언 보호국 요원들과 공장 경비원들의 대결이라는 일촉즉발의 위기 상황을 통제하고 해결하는 클라이맥스 장면에서 일시적이나마 비로소 능력을 입증한다. 하지만 그 전까지 〈윈드리버〉의 전반부 플롯은 사실상 문제 해결자로서 제인의 능력을 신문하는 테스트 과정이라고 할 만하다.

플로리다 출신으로 L.A.에서 급히 달려온 제인은 피해자인 나탈리의 거주 지역을 가늠하는 질문을 던지지만, 차로 30분 정도 달려야 하는 거리가 '저 너머'쯤이 되는 이 지역의 물리적 거리 감각을 알 리가 없다.

하얗게 펼쳐진 설원의 풍광에 순간 취한 때문인지, 숱한 죽음을 품고 있는 공간에 대해 "살기 좋은 동네"라고 말하는 무신경도 거슬린다. 제인은 신참 특유의 열의는 있으나 'FBI답지 않게' 울컥하고 쉽게 열 받는 모습을 노출함으로써 미성숙과 미숙함, 경륜 없음의 속성으로 인상 지어진다. "성인이잖아요, 그렇죠?", "그런 식으론 못 찾아요", "신참이 뭘 모르는군" 등 제인에게 향하는 말들은 단지 자신들의 폐쇄적 공동체에 들어온 낯선 외부인에 대한 경계와 배척을 넘어 명백하게도 여성이라는 젠더를 동시에 겨냥한다.

제인은 코리의 집에서 코리의 딸 에밀리의 죽음에 관해 들은 뒤 화장실 거울 앞에서 북받친 감정을 수습하려고 애쓰는 모습을 보인다. 이는 타인의 슬픔에 대한 공감과 연민의 감정으로 이해되는 면도 있지만 전문가답지 않은 감상성의 혐의 또한 지울 수 없다. 무엇보다도 그녀는 사건을 해결하러 온 것이 아니며, 사인死因을 받아 FBI 팀에 전달하는 제한적인 임무를 맡고 있다. 제인의 극 중 역할과 그녀를 둘러싼 환경 모두 인물의 운신 폭을 위축시킬 수밖에 없는 상황이니, 그 자신조차 "그닥 도움은 안 되더라도"와 같은 말로 자신감 부족을 드러낸다.

그렇다면 제레미 레너가 맡은 코리와 함께 극을 이끌어가는 중심인물로서 제인이 맡은 역할은 무엇이며, 무엇보다도 18세 인디언 여성 살해 사건 해결의 서사에 굳이 여성이 필요했던 이유는 무엇이었을까. 영화 초반 FBI 요원으로서의 공적 지위를 지속적으로 질문하고 훼손했던 과정의 결과, FBI 요원을 보조하는 현지인으로서 남성 프로타고니스트인 코리와의 관계가 재조정된다.

현장으로 가기 전 제인이 죽은 에밀리의 방한복을 입고 모자를 쓴 모습은 같은 복장을 한 에밀리의 사진을 비추는 숏으로 연결되고, 이를 복잡한 심경으로 바라보는 에밀리의 아버지 코리의 반응 숏으로 이어진다. 이러한 숏의 연결은 제인과 코리를 일종의 유사-딸과 아버지의 관계로 재배치한다. 간략하게 말하자면, 〈윈드리버〉는 죽은 딸의 고통을 품고 회한에 젖은 아버지의 애도와 정체성 복원을 위해 죽은 딸을 대신하는 상징적 의미의 '딸'이 필요했던 셈이다. 그게 총을 든 FBI 요원 여성의 현존의 이유였고 명분과 당위성이었다.

제인은 이러한 젠더 위계에 순응하는 모습으로 그려진다. 현지 사정에 문외한인 FBI 요원 제인은 야생동물 보호국 소속 코리에게 전적으로 의지한다. 살인 사건을 접한 그녀가 가장 많이 한 말은 코리에게 던진 "어떻게 생각하는가?"라는 질문들이었다. 문제 해결을 위한 공적 맥락의 의사소통임에도 불구하고, 이는 죽은 에밀리를 대신하는 유사-딸의 지위에서 딸을 도와주고 가르침을 주는 아버지에게 향하는 발화라는 이중의 의미를 갖는다. 명사수 코리는 경비원들과의 총격 과정에서 총구 앞에 노출됐던 제인의 목숨을 구하며, 나탈리를 죽음에 이르게 했고 제인마저 위협하던 피트(제임스 조던)를 응징한다. 이로써 코리는 3년 전 딸인 에밀리를 지키지 못했고, 에밀리의 단짝이자 자신의 친구의 딸이기도 한 나탈리를 또다시 잃음으로써 반복된 '아버지의 패배'를 만회한다.

전술 경험 풍부한, '애송이'

드니 빌뇌브가 연출한 〈시카리오: 암살자의 도시〉는 범죄 수사물에서 여성 캐릭터의 위상과 관련한 테일러 셰리든의 비전을 좀 더 압축적으로—그리하여 더욱 젠더 비평의 측면에서 문제적으로—그려낸다. 〈윈드리버〉가 그렇듯 〈시카리오〉의 초반 도입부 또한 케이트(에밀리 블런트)라는 여성 프로타고니스트에 관한 정보를 관객들에게 제시하는 데 할애된다.

납치 전담반을 3년 동안 이끌었던 케이트가 소노마 카르텔 소탕 작전에 투입되기 전까지 관객들이 케이트에 관해서 알게 되는 건 서로 충돌하는 정보들이다. 대원 둘을 잃기는 했지만 작전 현장을 별 무리 없이 이끌고 불의의 사고 앞에서도 침착하게 대응했던 케이트는 유리 박스로 된 회의실 밖에 그녀를 앉혀놓고 품평하는 남자 요원들 말대로 "끔찍한 현장에서도 배짱이 대단"하며, "몸을 사리지도 않"는 "겁 없는 친구"이다.

하지만 정작 그 순간까지 케이트는 "인질도 없는데 왜 쏜 거지?"라고 질문한 것을 제외하면 "모르겠어"만 계속 반복한다. 소노마 카르텔의 주요 인물과 그 인물들의 형도 사촌도 모르는 케이트는 '전술 경험 풍부한 능력 있는 요원'이자 '애송이' 혹은 '모르는 자'이다. 그리고 이러한 정체성의 교착, 충돌은 오래지 않아 해소된다. 엘패소로 가는 줄 알았으나 멕시코 후아레스로 향하는 비행기에 올라타 작전에 투입되는 케이트는 '모르는 자'의 정체성으로 온전히 수렴되는 것이다.

목숨이 경각에 달리는 치열한 전장에 잇따라 투입되지만 케이트는 그곳이 어디인지, 왜 그곳을 찾아가는지, 자신이 왜 그 자리를 지켜야 하는지 모른다. 무엇보다도 자신에게 명령하고 지시하는, 국방부 소속이라지만 CIA가 틀림없는 멧(조시 브롤린)과 정체불명의 '사냥개' 알레한드로(베니시오 델 토로)에 관해서 아무것도 알지 못한다.

통상적으로 '애송이', '신참' 캐릭터는 주로 낯선 곳에서의 새로운 경험을 통해 인지의 기반을 넓히고 능력을 확장해가면서 궁극의 자기 갱신에 이르는 성장 플롯의 주인공이 된다. 좌충우돌하거나 민폐를 끼치기도 하는 '애송이', '신참'의 어리바리를 관객들이 너그럽게 받아들이는 것은, 그것이 일시적인 것이며 곧 해소될 것이라는 기대 때문이다. 그리고 '미운 오리새끼에서 백조로' 변신하는 플롯은 그 기대를 만족스럽게 충족시킨다.

하지만 〈시카리오〉는 그렇지 못하다. 케이트가 문제 해결의 주체로 승인받을 만한 결정적 각성에 이르지 못함으로써 해소되지 않는 짜증의 감정만 켜켜이 쌓여가기 때문이다. 분명 출중한 능력으로 발탁된 주인공 케이트는 시종일관 멧과 알레한드로라는 남성 짝패에 휘둘린다. 성실하고 영민한 18개월 경력의 부하 레지(대니얼 컬루야)와 나름대로 수평적이고 단단한 유대 관계를 맺고 있는 것처럼도 보이나, 여성과 흑인의 소수자적 조합으로 멧-알레한드로 마초 듀오에 맞서기는 역부족이다.

총을 든 여자들의 인상적인, 나쁜 예

그러니 〈시카리오〉에 물어야 하는 건 이것이다. 아무것도 할 수 없음, 제자리로 돌아오는 무력감, 어떤 것도 바뀌지 않음에 대한 도저한 허무라는 현실의 황폐를 관객에게 전달하기 위해 왜 굳이 여성의 얼굴이 필요했던가.

"설명 좀 해줘요", "무슨 임무인지는 알려 줘야죠", "난 여기서 뭘 하는 건데요?", "뭘 찾는 건데요?"……. 문제 해결의 지위를 박탈당한 케이트에게 가능했던 무력감의 발화들이 플롯 전반을 채울 때, 빈번하게 등장하는 인상적인(혹은 아름다운) 케이트의 클로즈업에는 "한계를 인식하고 눈물을 흘리며 그 세계의 작동원리를 바꿀 수 없음을 뼈저리게 인식

하는", "저 세계의 핵심에 도달할 수 없다는 무력감의 광경"[1]이 스펙터클하게 담긴다. 그렇다면 "거의 아무것도 변한 것이 없다면 이 영화가 이렇게 끝냄으로써 남는 것은 무엇이 있을까"[2]라는 또 다른 블로거의 질문에 이런 답이 가능할 것이다. '무력함의 표상으로서의 여성'의 얼굴, 그 취약성의 얼굴 이미지가 최종적으로 남았다고.

궁극의 패배와 패퇴가 예정된 서사에 인물이 투입되고 그 인물에게 허락된 풍경이 그처럼 무심하고 황량한 것뿐일 때, 출구 없는 미로에선 황망한 얼굴은 여성의 것으로 배당된다. 그렇다면 영화에서 케이트가 겪는 혼돈과 무력감의 딜레마는 자신의 영역이 아닌, 남자들의 세계라는 낯선/공적 영역에 끼어든 여성 젠더에게 가해지는 일종의 냉혹한 배제와 응징으로 이해될 수도 있을 것이다.

〈시카리오〉에서 로지 디킨스의 아름다운 촬영은 '무력한 자-여성'의 미장센을 다양한 양상으로, 장엄하게 제시한다. 도입부에서 케이트는 마약 창고 폭발로 앞을 가늠하지 못하는 폭탄 연기 속에서 제대로 방향 감각을 찾지 못하는 모습으로 처음 소개된다. 이때 오른쪽 머리에 난 상처를 씻어내는 샤워 장면에서 빨간 핏물에 뒤덮이는 모습은 공포 영화 〈캐리〉(브라이언 드 팔마, 1976)의 손상된 신체-여성을 연상시킨다. 화장실 거울 속에 비치는 케이트의 얼굴은 뿌연 습기 때문에 제대로 보이지 않으며, 발코니에 선 모습도 약한 바람에 살짝 휘날리는 커튼 너머 흐릿한 이미지로 촬영된다. 수시로 보이는 뒷모습과 함께 이러한 이미지들은 케이트의 정체성의 소재가 또렷하거나 분명하지 않음을 지시한다.

---

1 FF, "〈시카리오〉, 시니시즘과 나르시시즘의 이상한 공존", https://m.blog.naver.com/PostView. nhn?blogId=satan_tango&logNo=220613169285&proxyReferer=https%3A%2F%2Fw ww.google.com%2F.

2 맥거핀, "시카리오: 암살자의 도시, 드니 빌뇌브", https://noracism.tistory.com/314.

더욱 문제적인 것은 강력한 남성적 폭력에 압도되고 제압되는 이미지들로 케이트를 '행위자/남성 대 피해자/여성'의 명백한 젠더 위계에 배치시킨다는 점이다. 케이트는 멧과 알레한드로 짝패에게 투명인간처럼 대접받으며 상징적으로 배척당한다. 두 남성 짝패는 케이트의 질문을 묵살하거나, 질문에 맞지 않는 엉뚱한 답을 함으로써 그녀를 소외시키고 배제한다.

좀 더 노골적인 육체적·물리적 폭력도 마다하지 않아서, 케이트는 알레한드로의 총에 맞고 바닥에 쓰러지거나 다른 대원들이 지켜보는 앞에서 멧에게 구타당하고 질질 끌려가 온몸으로 제압당한다. 술집에서 만나 집으로 데려온 테드(존 번탈)에게 죽음 직전까지 목 졸림을 당하는 모습, 그리고 알레한드로에게 총으로 위협받는 클로즈업 숏 등은 명백히 현실의 육체적·물리적 취약성을 토대로 한 여성의 피해자적 재현의 맥락에서 이루어진다. 특히 마지막 알레한드로의 위협 앞에서, 그의 말처럼 '겁먹은, 아이 같은' 클로즈업은 절대적인 취약성 앞에서 공포와 두려움에 잠식되던 숱한 피해자-여성의 클로즈업과 같은 계열에 배치된다.

"(애송이) 여자만 주시죠"

이러한 피해자적 재현과 함께 공적 영역의 여성을 젠더 위계화시키는 또 하나의 방식은 가족 관계라는 사적 영역으로 여성 인물을 소환하는 것이다. 아빠와 딸의 유사 부녀 관계로 공적 관계의 위계를 무효화하고 전도시키는 〈윈드리버〉의 방식은, 뜬금없게도—전혀 닮거나 비슷하지조차 않을 것 같은데도—죽은 딸과의 유사성을 언급하는 〈시카리오〉의 알레한드로와 케이트 관계에서도 반복된다.

전문가인 여성이 공적 성취 여부와 상관없이 '딸'로 호명되고 소환되어 가부장제적 질서 속에 배치된다는 이러한 남성 중심적 지식 체계는 사실 낯설지만은 않다. '딸을 보호하지 못했다'는 코리와 알레한드로의 슬픔과 회한은 이미 〈살인의 추억〉류와, 상실과 분노의 정념을 동력으로 삼는 소위 부성 스릴러물에서 질리도록 경험했기 때문이다. 그래서 더욱 해결자-여성의 능동적 재현에 대한 기대를 높이는 텍스트에서 여성 인물을 딸 취급하는 남성의 존재는 불편을 넘어 분노를 야기한다. 그리고 두 영화의 유사한 엔딩은 그중 최악에 해당하는 사례가 된다.

〈윈드리버〉의 엔딩은 코리가 유사 딸-제인의 정체성을 승인하는 일종의 최종적 제의처럼 진행된다. 총격으로 부상을 입은 제인을 구한 코리는 병원 침상에 누운 제인에게 "누구보다 용감했어요. 스스로를 잘 지켜냈어요" 치하하며, "이제 씩씩하게 떠나면 돼요"라고—출가出家를 승인하듯—말한다. 그 말을 들은 제인은 슬픔이 북받치듯 울음 섞인 목소리로 답한다. "눈 위에서 얼마나 괴로웠을까…."(사진 1)

〈윈드리버〉는 인디언에게 가해졌고, 지금도 진행되고 있는 억압의 역사를 비판적으로 성찰하는 맥락에서 에밀리와 나탈리, 그리고 설원에서 숨졌던 많은 피해자 여성들의 슬픔에 공감하고 애도하는 영화적 노선을 비교적 선명하게 드러낸다. 하지만 잇달아 발생한 여성 대상의 범죄 현장에 투입됐으면서도 제인이 여성 수사관으로서 피해자들의 고통에 공감하거나 남은 가족들에 대해 연민을 표하는 장면들이 거의 없었던 것을 생각하면 이 장면은 (앞의 화장실 장면이 감상성을 강하게 기입했던 것과 유사하게도) 다소 뜬금없게 느껴진다.

〈윈드리버〉는 엔딩 타이틀의 자막을 통해 "실종자 통계자료에 따르면 아메리칸 인디언 여성들의 실종 신고 기록은 존재하지 않으며 현재까지도 얼마나 많은 이들이 실종됐는지조차 알지 못한다"는 사실을 알린다. 하지만 딸의 부재를 가슴에 품고 회한을 견뎌내는 아버지-남성들의 슬픔에 주목하느라 정작 고통과 공포 속에서 삶을 살아가다 끝내 사라져가야만 하는 인디언 여성들의 삶의 슬픔 자체는 외면한다. 그렇다면 이 장면의 눈물과 대사는 다른 목적을 위해 주어진 것으로 이해하는게 합당해 보인다.

제인의 말은 눈 위에서 죽어간 토리의 딸 에밀리가 미처 표현하지 못했던 슬픔("아빠, 눈 위에서 너무 괴로웠어요")을 아빠에게 대신 전함으로써, 아빠 토리로 하여금 비로소 애도의 순간을 맞게 한다. 그래서 제인

사진 1/2〉 〈윈드리버〉의 코리가 엘리게이터 인형을 선물하며 딸의 출가를 승인하는 '자상한 아버지'를 자임한다면, 〈시카리오〉의 알레한드로는 총으로 떠날 것을 명령하는 '강한 아빠'를 연기한다.

의 말에 대한 토리의 "그랬을 거예요"라는 답은, "그래 딸아, 많이 두려웠겠구나, 지켜주지 못해서 아빠가 미안하다"는 발화를 대신한다. 이로써 문제 해결자-탐정으로서가 아니라 남성 프로타고니스트의 '상징적 딸'로서 제인의 임무는 완수된다.

인간적 정념과 감성으로 촉촉하게 젖는 〈윈드리버〉의 유사 아버지-딸의 미장센과 달리 〈시카리오〉의 그것은 좀 더 살벌하다. "겁먹으면 표정이 꼭 아이 같군요. 당신 보면 놈들에게 빼앗긴 딸이 생각나." 케이트와의 유사 부녀 관계를 소환하며 알레한드로는 총구를 케이트의 턱밑에 들이댄다. 그리고 코리보다는 강한 '아빠'임을 과시하듯, 단호하게 지시한다. "작은 도시로 전출 가요. 아직 법이 존재하는 곳으로. 여기선 목숨 못 지켜요. 당신은 늑대가 아니야. 지금 이곳은 늑대들의 땅이오." 좌절과 공포에 잠식된 케이트에게는 '아버지의 명령'에 저항할 어떠한 힘도 남아 있지 않은 것처럼 보인다(사진 2).

하지만, 어쩌면 〈시카리오〉에서 가장 결정적으로 케이트의 젠더를 위협하는 건 케이트와 일종의 소수자적 연대를 구축하는 젊은 흑인 요원 레지일 것이다. 그의 태도는 처음 부하 요원의 헌신적인 충실함으로 느껴지지만 점차 위태로워지다가 끝내 선을 넘는다. "괜찮아요?", 케이트를 볼 때마다 (마치 아빠나 오빠처럼) 근심에 찬 시선으로 묻고, 작전이 어떻게 진행되는지를 (상관처럼) 점검하는 그는 멧과 알레한드로에게 케이트가 제기했어야 할 공식적 문제 제기도 대신한다. 케이트의 질문을 번번이 묵살하던 멧이 웬일로 순순히 사건에 대해 설명하자, 레지가 "앞으로 이렇게 확실히 밝혀주세요" 요구하는 모습을 케이트는 바라만 본다.

그리고 혼돈에 빠진 케이트와 바에 갔을 때 레지가 아빠 노릇, 오빠 노릇을 아예 작정할 때도 케이트는 방관한다. 그는 "처음엔 끝내주더니 지금은 꼴이 개판"이라는 남자 동료들의 뒷담화를 전하며 "눈썹은 송충이고 살은 계속 빠지고 일주일에 티셔츠 한 벌뿐", "위생이 1순위, 2순위는 쇼핑이에요. 간식도 좀 먹고"라고 잔소리를 장황하게 펼친다. 아무리 케이트가 강력한 권위를 갖는 능력 있는 상사여도 여성인 한 딸 취급, 동생 취급해도 된다는 전형적인 가부장적 관념을 드러내는 레지는 차라리 케이트를 유혹하고 죽이려 했던 테드보다 더 악질이라 할 수 있다. 알레한드로마저 '딸'의 눈물을 닦아주는 '아버지'의 손과, 그 목을 겨누는 총을 함께 보여주니 그나마 덜 최악이었달까.

〈시카리오〉에서 유리 박스로 만들어진 회의실에 둘러앉아 케이트에 대한 뒷담화를 나누는 장면에서 멧은 "여자만 주시죠"라고 말한다. 그렇다면 〈시카리오〉와 〈윈드리버〉는 피와 살점이 튀는 잔혹한 범죄의 세상에서 "Just gimme a girl"의 주문에 대한 답을 담고 있는 영화라고 할 수 있을까. 그리고 '애송이 여자'들에 대한 인상적인 두 번의 영화적 테스트 끝에 나온 최종적인 결과가 테일러 셰리든이 각본을 쓴 〈시카리오: 데이 오브 솔다드〉(스테파노 솔리마, 2019)인지도 모르겠다.

〈시카리오: 암살자의 도시〉에서 인상적인 존재감을 과시한 조시 브롤린과 베니시오 델 토로라는 강렬한 마초 이미지의 남성 '투톱'을 내

사진 3〉 끝내 당기지 못하는 총을 든 여성. 도저히 넘어설 수 없음의 무력감의 성별화.

세운 영화의 포스터는 아주 익숙한 범죄 수사물의 표면을 담고 있다. 여성이라는 이질적 존재의 개입에 따른 성가신 젠더 균형의 강박으로부터 자유롭게, 인상적인 남성 투톱의 익숙한 구도를 전면에 내세우는 것이다. 그리고 "이번에는 룰이 없다"는 카피는 여성 총잡이를 두 번 고용했던 앞서의 테스트들에 대한 총체적 평가를 담고 있는 것처럼 보인다. 그래서 내게 그 카피는 이렇게 읽힌다. "이번에는 (애송이) 여자 (따위)는 없다!"

실패한 탐정 혹은 '맥거핀-여성'[3]

그리고 또 한 편의 영화, 박찬욱의 〈공동경비구역 JSA〉(1999)가 있다. 〈공동경비구역 JSA〉에서 판문점 공동경비구역 내 총격 사건 조사를 위해 스위스에서 날아온 유엔군 장교 소피 장(이영애)은 권한의 범위와 실제 수행 정도에서 제인, 케이트와 비교를 불허한다. 무엇보다도 영화는 소피 장의 등장과 함께 시작되며, 관객들은 대부분 한 번도 발 디녀보지 못했던 낯선 곳으로 그녀를 따라 접근하게 된다. 단호한 눈빛과 야무진 발성, 당당한 태도 덕분에 만만치 않아 뵈는 인상의 그녀는 1953년 이래 판문점에 부임한 최초의 여군, 중립국 감독위원회 소속 장교로서 휴전선의 경계를 자유로이 넘나들며 진실을 추적하는 자신의 권한을 당당하게 행사한다.

"제 허락 없인 어떤 한국군도 여기 들어올 수 없습니다!" 임무 수행

---

3 이 영화에 대한 분석은 필자의 신문 연재글, "[캐릭터로 영화읽기 - 한국영화 속 그녀(들)] 연쩬가 쓸 '진실의 서사'를 기다리며", 〈중부매일〉, 2006. 8. 24., http://www.jbnews.com/news/articleView.html?idxno=156370의 문제의식을 심화한 것이다.

사진 4〉 입에 문 총을 발사한 이수혁의 최후를 무기력하게 바라볼 뿐, 국외자이자 경계인이며 여성인 그로서는 달리 할 수 있는 게 없다.

에 한 치의 틈도 허락하지 않겠다는 소피 장의 태도에는 흔들림이 없다. 하지만 주변의 반응은 왠지 불량하다. "여기, 중립 설 자리 없어." 표 장군(기주봉)의 반 토막 난 말을 비롯해, 어딜 가나 찬밥인 듯한 느낌을 받는다. '흐지부지되는 것'을 위한 '유명무실'한 탐정 놀이였음을 정작 소피 장 본인만 모르는 것이다.

'Area'-'Security'-'Joint' 3부로 구성된 플롯 중 총격 사건의 진실이 공개되는 두 번째 장 'Security'에서 그녀의 자리가 준비되지 않는 건 바로 그 때문이다. 더욱이 그녀는 탐정으로서의 역할에 충실할수록 악역으로 몰린다. 어느 한편의 손을 들어주면 여지없이 균형이 깨지고 마는 살얼음판 같은 현실, '진실을 감춤으로써 평화를 유지하고자 하는' 그곳에서 진실을 향한 그녀의 의지가 역설적으로 인물들을 파국으로 몰아가는 것이다.

권한의 정도와 질의 차이에도 불구하고, 소피에 대한 냉대는 〈윈드 리버〉의 제인, 〈시카리오〉의 케이트 등이 경험한 것과 다르지 않다. 금 녀의 경계를 넘어선 여성이자 스위스 출신 이방인이라는 중첩된 정체 성으로 인해 소피는 미스터리의 중심으로 진입하지 못하는 무능력한 탐정으로 주변을 맴돈다. 그리고 제인과 케이트를 담아내는 인상적이되 불편한 클로즈업과 유사한 이미지들 또한 만나게 된다.

남성식(김태우)의 투신과 이수혁(이병헌)의 목 조르기, 오경필(송강호)의 폭력 행위 등 일련의 돌발 사태 앞에서 번번이 당황하던 그녀는 이수혁의 죽음을 지켜보는 목격자라는 위치에서 망연자실해한다. 그리고 진실에 다가설 권한을 갖지 못한 이방인, 외국인 관찰자이자 비극을 막을 어떠한 능력도 갖지 못한 자의, 무기력한 허무의 클로즈업을 남긴다 (사진 4).

판문점 공동경비구역 JSA에서 남북한 병사들 간에 은밀하게 펼쳐졌던 형제애적 로맨스는 남과 북이라는 '나쁜 아버지-가부장'의 시선으로부터 자유로운 해방구를 꿈꾸었다. 그 '형제들'이 애초부터 '누이'와 함께하는 공동체를 도모한 것도 아니지만 스위스 국적의 이방인 소피는 그 형제애적 공동체에 발을 디딜 수도, 사태의 전모를 파악할 수도 없다. 그러니 실패한 형제간 로맨스의 진실을 알게 된 것은 소피 장이 탐정 역할에서 배제된 뒤였고, 그녀에게는 진실을 공식화하고 발화할 어떤 권한도 없었다. 그렇게 실패한 탐정으로 소피 장은 귀향 티켓을 받아든다.

미스터리를 이끄는 중심인물로서 소피 장이 정작 이야기 바깥에서 겉돌며, 결말부 비극을 목격하는 정서적 충격이 관객에게 강력하게 와닿지 않는다는 지적에 대해 박찬욱 감독은 "소피는 그냥 이야기에 던져진 인물"이라며 "소피에게는 깨우침의 과정이 없다"고 설명한 바 있다.[4] 그렇다면 박상연의 원작 소설 『DMZ』에서 남성이었던 중립국 스위스 정보단의 한국계 소령 베르사미는 왜 영화에서 소피라는 여성으로 바

---

4 연세대 미디어아트연구소 엮음, 『공동경비구역 JSA』, 삼인, 2002, 165쪽.

꿰어야 했을까.

이에 대해 원작자인 박상연은 "지난 반세기 동안 반복되어온 폭력과 갈등이 남성성이라면 그것을 중간에서 바라보고 보듬고 껴안을 수 있는 것은 여성성이라는 생각"에서 이러한 제안을 선뜻 수긍했다고 한다. 하지만 그 또한 "소설에서 가장 공들여 만든 소피(원작에서 베르사미)는 변화하지 않는 캐릭터로 다른 네 명의 인물에 비해 자리매김이 쉽지 않았다"고 아쉬움을 적은 바 있다.[5]

결과적으로 볼 때, 비극의 관찰자 역을 맡은 인물이 남성에서 여성으로 바뀐 데 따른 원작자의 소망은 실현되지 않았다. 앞의 인터뷰에서 박찬욱은 개연성이 약한 소피의 역할이 "정치적 입장과 상관없는 이야기의 구성 문제"임을 밝히고 있다. 그리고 이는 효율적인 이야기 경제의 구축 및 미스터리 장르적 진행의 측면에서 소피 장에게 허락된 서사의 공간 자체가 지극히 비좁았음을 시사한다. 중립국 장교를 여성으로 대체했던 것은, 이방인으로서의 정체성에 여성이라는 젠더적 취약성을 더함으로써 타자성을 극대화하려는 도구적 측면에서 이루어졌음을 알수 있는 대목이다.

형제애적 로맨스를 바탕으로 하는 남성 공동체 구축이라는 핵심 사건에 접근할 수 있는 형식적 권한을 가졌으면서도, 결정적인 순간 과감하게 배제시켜버리려면 아무래도 여성인 것이 훨씬 수월하겠다고 판단됐을 법하다. 만약 원작에서와 같이 베르사미라는 남성 주인공이 관찰자면서 이야기를 끌고 가는 화자 역할을 맡았다면, 〈공동경비구역 JSA〉의 구성은 지금과 아예 다르게 축조됐어야 했을 것이다. 또한 그 남성

---

5 "JSA Mystery: 박상연의 JSA X-FILE", 영화 개봉 당시 홍보를 위해 제작된 인터넷 사이트 www.cyberjsa.com/mistery/html.html에 게재된 글이었으나 현재는 찾을 수 없다.

관찰자에게는 여성인 소피 장과는 비교도 할 수 없을 만큼 넉넉한 극적 공간과 메시지를 형상화하는 핵심적인 역할이 주어졌을 것임을 짐작하기란 어렵지 않다.

앞의 인터뷰에서 박찬욱은 이 영화가 '소피 시점에 따라 풀려나가는 미스터리로 시작하지만 사건 해결 단계에서는 미스터리를 푸는 쾌감이 약하다'는 질문에 대해 흥미로운 답을 제시한다. "미스터리는 그저 이야기를 시작하기 위한 핑계, 일종의 맥거핀이다. 미스터리 해결 결말은 중요하지 않다"는 것이다. 하지만 진실은 한 발 더 나아간 곳에 있는 게 아닐까. 이 영화에서 '이야기를 시작하기 위한 핑계'로서 일종의 '맥거핀'은 소피 장이라는 여성 캐릭터 그 자체이다.

단박에 관객의 시선을 집중시키는 첫 등장부터 그녀의 행동 하나하나, 그녀의 판단과 추리는 비밀스런 진실이 드러나는 과정을 성실하게 이끌어가지만, 곧 그녀의 존재는 영화적 진실과는 무관해진다. 〈시카리오〉에서 무력하기만 했던 케이트처럼 전체적인 조망의 능력 없이 판에 던져진 여성 주인공 소피는 아무런 변화도 만들어내지 못한 채 패퇴하며, 〈윈드리버〉의 제인도 그랬듯, 영화의 엔딩에서 사라진다.

박유희는 『한국영화 표상의 지도』에서 〈공동경비구역 JSA〉 등을 들어 "장르영화의 문법을 준수하는 가운데 새로운 영화를 지향하며 분단 문제가 다루어질 때 지금까지 불가능했던 발화가 이루어지고 '북'의 새로운 표상이 나타났다"고 적고 있다.[6] 하지만 〈공동경비구역 JSA〉에서 '불가능했던 발화의 수행'과 '새로운 표상'은 남과 북의 남자 형제들이 로맨스를 꿈꾸는 것까지만 허용되고, 중립국 군복을 입은 여성에게는 불허된다. "변화하는 정세를 적극적으로 반영하는 영화들에서 여성들

---

6 박유희, 『한국영화 표상의 지도』, 책과함께, 2019, 214~215쪽.

은 역사와 정치의 흐름 속에 위치하지 못한다"[7]는 '동시대 한국 영화의 이상한 경향들'에서 중립국 군복이 무척이나 멋있게 어울렸던 소피 장 또한 벗어나지 못하는 것이다.

'해결자-여성'을 상상하지 못하는 무능력

〈윈드리버〉는 어두운 설원을 비추는 크고 환한 보름달 아래 죽어가는 나탈리를 익스트림 롱숏으로 보여주는 장면으로 시작된다. 아름다워서 더욱 참혹한 오프닝을 잇는 다음 장면은 무리 지어 있는 양들의 모습을 보여주는 클로즈업과 롱숏, 그리고 양을 노리는 늑대의 롱숏으로 연결된다. 이어지는 다음 숏은 양들의 시점 숏처럼 보이기도 하는데, 흐리게 보이는 양들의 시선 저 너머에 양을 노리는 늑대의 모습을 보여줌으로써 긴장감을 고조시킨다(사진 5). 하지만 화면 밖에서 들리는 총소리에 롱숏 속 늑대가 피를 흩뿌리며 쓰러지는 장면과 양들이 도망치는 장면이 보이고 늑대를 정확하게 조준하는 명사수 코리의 클로즈업으로 드디어 주인공이 소개된다(사진 6).

나탈리의 죽음이라는 핵심 사건을 제시하는 오프닝과 남성 프로타고니스트인 코리를 소개하는 이 도입부는 〈윈드리버〉의 구조를 일목요연하게 함축한다. '여성'과 '양'은 죽음의 위협에 노출된 피해자로서의 유사성을 공유하며 냉혹한 적대자인 늑대/가해자 앞에 무기력하게 노출되지만 마침 제때 나타난 남성-보호자 코리 덕분에 구원된다. 이러한

---

7 손시내, 「동시대 한국영화가 여성을 다루는 이상한 경향들 – 한국영화와 여성 재현」, 『영화평론』 제30호, 2018, 34쪽.

사진 5/6〉 먹잇감을 노리며 호흡을 고르는 늑대 앞에 무기력하게 방치된 양의 무리들. 멀리서 정확한 조준으로
한 방에 늑대를 거꾸러뜨리는 구원자가 다음 장면에 등장한다. 이로써 '양/피해자-남성/구원자-늑대/가해자'의 도
식을 완성하는 오프닝.

비유를 통해 '딸-여성인 피해자 대 아버지-남성인 구원자'의 구도가 안
정적으로 정착된다.

　롱숏과 클로즈업 숏이 인상적으로 어우러지고, 광활한 설원의 적막
과 총탄 소리가 극적인 상승효과를 가져오는 인상적인 도입부 덕분에
여성 주인공 제인이 코리의 '딸'로 소환되고 '아버지'의 도움으로 구원
받는다는 플롯은 원활하게 작동된다. 특히 피트 등 공장 경비원들과의
총격전 와중에 제인을 위협하는 경비원을 코리가 멀리서 쏘아 죽이는
장면은 코리가 늑대로부터 양을 구하던 도입부의 반복으로 재현됨으로
써 그 효과를 강화한다.

그런데 경탄할 만한 풍광과 정교한 영화적 미장센을 바탕으로 구축된 '양-딸-여성'이라는 피해자적 계열체에 '딸'로 소환된 제인이 추가되는 과정에서 돌연 기이한 불일치와 균열이 야기된다. 아무리 극적 당위성을 부여한다고 해도 '총을 든 FBI 요원-양'이라는 계열화는 결코 리얼리티를 반영한 상상력이라고 할 수 없는 데다 스릴러 장르적 쾌락에 대한 기대치를 결정적으로 훼손하기 때문이다.

할리우드의 주류 장르로서 액션물이나 스릴러 영화들이 여성을 문제 해결 주체로 부상시킨 것은 현실의 여성 운동에 대응한 새로운 시장 도래라는 맥락에서 이루어진 바 있다. 1970년대 이후 일약 부상한 전범적 캐릭터들인 리플리(〈에이리언〉, 리들리 스콧, 1979), 사라 코너(〈터미네이터〉, 제임스 카메론, 1984) 이래 그 후예인 독립적 여주인공들은 주류 장르에서 '피해자 대 구원자' 도식에 대한 젠더적 균열을 확산시켰으며,[8] 이는 새로운 장르적 쾌락의 지평 개척에 결정적으로 기여했다. 비교적 최근의 사례로는 조지 밀러의 〈매드 맥스: 분노의 도로〉(2015)가 비평적 관심과 산업적 지지 모두를 이끌어낸 바 있다.

그러나 〈윈드리버〉 등은 여전히 생물학적 전제와 가부장 체제 내부적 배치를 벗어나지 못하는 여성을 상상함으로써 스릴러 장르 관습의 변화가 견인해온 전복과 해체의 역사를 역행한다. 이들 영화에서 '여성/피해자 대 남성/구원자'의 진부하고도 유구한 도식은 총과 FBI라는 현실 권력과 물리적 자원마저 무효화한다. 여성은 가해자의 자리에도, 해결자-구원자의 자리에도 갈 수 없는 것이다.

〈시카리오: 암살자의 도시〉와 〈윈드리버〉, 〈공동경비구역 JSA〉에서

---

8 앨리슨 버틀러, 『여성 영화 - 경계를 가로지르는 스크린』, 김선아·조혜영 옮김, 커뮤니케이션북스, 2011, 77쪽.

각각 타이틀 롤을 맡은 에밀리 블런트, 엘리자베스 올슨, 이영애 등은 남다른 매력과 카리스마를 과시한다. 그녀들의 인상적인 클로즈업은 영화에 대한 최종적 인상을 각인시키는 데 특히 기여하는 바 크다. 이는 유사한 장르적 재현의 영역에서 탄탄한 연기력과 성실한 인물 해석, 몸을 사리지 않는 액션을 갖춘 더 많은 여배우들의 영화를 기대하게 만든다.

하지만 여성 배제의 장르적 경계를 해소하는 이들의 헌신적 열정에도 불구하고 '취약성'과 '무력감', 혹은 '공허'와 '공포'로 그녀들의 영화적 현존이 수렴될 때 관객들의 응원과 지지는 점차 힘과 명분을 잃게 된다. 그러니 유난히 총을 든 여자들의 이야기에 반색하는 영화 팬으로, '미끼' 되기를 온몸으로 거부하거나 '맥거핀'으로 소멸되기에 저항하는 여배우들의 고군분투를 바라보는 심경은 복잡하고 불편해질 수밖에 없다.

성폭력 피해 생존자의 낯선 얼굴
〈한공주〉, 〈여자, 정혜〉[1]

　왼쪽 눈에는 눈물 한 방울이 금방이라도 떨어질 것처럼 매달려 있고, 오른쪽 눈도 그렁그렁한 채 어딘가를 바라보는 듯, 또는 아무것도 바라보고 있지 않은 듯하다. 한공주. 그녀의 이름이자 영화 제목이 하단에 위치한 포스터의 윗부분에는 "전 잘못한 게 없는데요"라는 극중 공주(천우희)의 대사가 적혀 있다(사진 1). 이름이 널리 알려져 있지 않던 신인 배우 천우희는 그렇게 처음 보는 얼굴로 관객과 만났다. 성폭행을 당하고 살아난 여자, 성폭행을 당하고 살아나 자신의 잘못 없음을 직접 말하는 여자. 한국 영화에서 좀처럼 보기 힘들었던 그 얼굴 클로즈업은 낯설었다. 여자를 죽이거나, 여자의 죽음을 좇는 남자들의 큼직한 얼굴 클로즈업 주변 어딘가, 음울하게 보일 듯 말 듯 널브러져 있는 사체로 혹은 부재로 익숙했던 피해자–여성의 현존을 강력하게 각인하는 포스터였다.

　〈한공주〉(이수진, 2013)는 특히 성폭력 피해 생존자가 '말하는/행동하

---

[1]　이 글은 필자의 논문 「영화에서 플래시백을 통한 여성의 트라우마 재현」, 『현대영화연구』 제27권, 한양대학교 현대영화연구소, 2017을 보완·심화한 것이다.

사진 1〉 이수진, 2013.

는 주체'로서 재현될 수 있는 가능성 면에서 주목을 받았다. '차마 말할
수 없는(unspeakable) 경험'을 과거-현재-미래의 시간 지평에 배열해서
의미망을 확보하고 이를 통해 통합적인 자아 이미지를 구축하는 서사
적 자아(narrative-self)의 구성은 생존자의 치유와 회복을 위한 서사에
서 필수적 과제로 제기된다.[2] 하지만 성폭력을 소재로 하는 일반적인 영
화적 재현의 장에서 이러한 작업은 거의 시도되지 않았다. 육체적·물리
적 위협에 노출된 현실 여성들의 삶의 취약성의 감각을 고스란히 스크
린으로 끌고 오는 과정에서 피해자들은 폭력 피해 경험 그 자체에 압도
되며 침묵과 은폐의 구조 속에 봉인돼왔던 것이다. 이러한 점에서 〈한
공주〉는 여성 스스로 자신의 고통을 드러냄으로써 자기 치유적 담화가
되는 '생존자의 말하기'[3]에 대한 영화적 기대를 한껏 높였다.

2　양현아, 「증언과 역사쓰기 - 한국인 '군 위안부'의 주체성 재현」, 『사회와 역사』 통권 60집, 한국
　사회사회학회, 2001, 93쪽.
3　정명희, 「아동 성폭력 고소과정에서의 어머니의 고통스런 '말하기'에 관한 연구」, 이화여대 석

자꾸만 돌아오는 그때 그 시간들

영화에서 플래시백은 과거로부터 현재, 미래로 이어지는 연대기적 시간성을 일시적으로 훼손하며, 비일관성이나 파편성, 불명확함 등을 혼돈의 이미지로 형상화한다.[4] 외상 후 스트레스 장애에 대한 주디스 허먼의 『트라우마-가정폭력에서 정치적 테러까지』에 따르면 외상 후 스트레스 장애는 과각성過覺醒(hyperarousal), 침투(intrusion), 억제(constriction) 등 세 가지 범주로 정리되는데,[5] 영화의 플래시백은 이 중 '침투'의 범주를 핵심적으로 재현한다.

〈한공주〉에서도 원래의 생생함과 정서적 강렬함을 바탕으로 생존자의 삶에 반복적으로 침투하는 트라우마 사건을 재현하는 플래시백은 블랙홀처럼 플롯 전반을 빨아들인다. 생존자의 고통과 슬픔, 공포의 근원이 되며, 전체 내러티브에 비상한 긴장감을 제공하는 플래시백 국면을 통해 관객은 강력한 몰입과 동일시를 체험하게 된다. 그럴 때 플래시백은 '그때/사건'이 돌아와야만 하는 필연성을 텍스트 내부에 기입하고 관객을 설득시킨다.

'생존자의 말하기'에 관해 분석한 논문에서 정명희는 남성 언어로 구성된 가부장제 사회에서 법에 의해 정의된 성적인 공격(sexual assault)은 "여성들의 경험이 아니"며, 성폭력에 대한 명명 자체가 남성의 '폭력적 욕망의 실천'을 담는 말들로 표현된다고 지적한다. 말로 발화되는 과정에서 남성의 언어 필터가 여성의 고통을 걸러낸다는 것이다.[6] 이에 따

사논문, 2004.

4 제라르 주네트, 『서사담론』, 권택영 편, 교보문고, 1992, 38~55쪽.

5 주디스 허먼, 『트라우마-가정폭력에서 정치적 테러까지』, 최현정 옮김, 열린책들, 2015, 67~96쪽.

6 정명희, 앞의 논문, 50쪽.

르면 성폭행 트라우마가 공주의 존재 자체를 압도하며 과거의 시간성이 강력하게 현재를 압도하는 〈한공주〉에서 플래시백의 사용 또한 사건 발생 및 진행의 구체성에 집착하고 폭력에 대한 서술에 집중한다는 점에서 '여성의 고통을 걸러내는' 남성 중심성의 문제점을 드러낸다.

이에 따라 〈한공주〉의 플래시백 장면들은 적잖은 논쟁을 야기한다. "적게 등장한다 해도 강력하고 강력할수록 더 공감되지 않는" 장면,[7] "많은 장점들을 열거한 뒤에도" (평단이) "망설이는 지점"으로서, "그 자체로 가장 중요하게 말해져야 할 지점"[8]이 되는 것이다. 무엇보다도 파편적으로 배치되는 일련의 플래시백이 '그때/사건'이 갖는 극적 위상을 매우 강력하고도 특권적인 것으로 강조한다는 점에서 문제적이다. 그리고 이처럼 '사건의 실체를 감춰두고 조금씩 나누어 그림을 드러내는 이 영화의 신중한 태도'[9]가 오히려 서스펜스를 강화하고, '알고 싶다'는 관객의 호기심과 몰입을 '보고 싶다'는 관음적 욕구의 증폭으로 뒤바꾼다. 이로써 처음의 기대와는 달리, 〈한공주〉는 피해자의 불행을 착취하고 이를 영화적 쾌락의 자원으로 만든다는 혐의로부터 자유롭지 못하게 된다.

불행의 착취, 쾌락의 자원화

〈한공주〉는 집단 성폭행 사건의 피해자인 공주가 다니던 학교를 떠

---

7 정한석, "창의적 자극과 잉여의 이미지 사이", 『씨네21』, http://www.cine21.com/news/view/?mag_id=76908.

8 남다은, "윤리와 폭력과 연민의 이상한 동거", 『씨네21』, http://www.cine21.com/news/view/?mag_id=76987.

9 김혜리, "'공주들'을 위하여 - 뜨거운 데뷔작 〈한공주〉와 이수진 감독 인터뷰", 『씨네21』, http://www.cine21.com/news/view/?mag_id=76386.

나 인천의 학교로 전학하는 것으로 시작된다. 이후 낯선 환경에서 적응하기 위한 공주의 노력이 현재의 시간으로 플롯화되고 과거의 문제적 사건은 수시로 교차편집되는 플래시백으로 설명된다. 현재 시간인 공주의 수업 시간에서 과거인 경찰서 취조실로 점핑하는 첫 번째와, 수영장 사물함 문이 닫히는 순간 화옥(김소영)이 싱크대 문을 닫아 상처를 내던 시간으로 되돌아가는 두 번째를 거쳐 악몽과도 같던 시간을 '다시 살아가게' 하는 세 번째 시퀀스로 이어진다. 그리고 집단 성폭행이 시작된 정황은 네 번째 플래시백에서 제시된다.

이러한 플래시백 시퀀스의 재현은 무엇을 재현할/보여줄 것인가에 관한 윤리적 고려를 결여한다. "선정적이라고 할 수 있는 장면을 자연스럽게 비껴가며 이에 대한 폭로의 구조를 생성"[10]한다는 긍정적 시선보다는, '폭력을 재현하는 자신의 시선에 지나치게 무디거나 관용적인 영화', '현실의 외설성을 모방하고 반복하는 허구적 재현'[11] 등의 비판에 무게가 실리는 것이다.

네 번째 플래시백의 두 번째 장면에서 자살한 화옥의 정면 얼굴을 잡는 직부감 숏과, 집단 성폭행 순간을 재현하는 세 번째 플래시백에서 처참하게 일그러지고 헝클어진 머리로 일부가 가려진 채 괴물과 같은 신음을 내뱉으며 오열하는 공주의 클로즈업은 피해자화된 신체(victimized body)의 스릴러적 도상으로 제시됨으로써 수동성과 무기력함을 극대화한다. 프레임 왼쪽 상단에 탈초점화된 화옥이 배치되고, 카메라가 오른쪽의 공주에게로 천천히 수평 이동하는 것도 여성의 물리적 취약성을 강조하는 효과를 발휘한다.

---

10 김경애, 「우리들의 일그러진 자화상 – 영화 〈한공주〉의 스토리텔링 연구」, 『Contents Plus』, vol. 13, no. 3, 2005, 77쪽.
11 남다은, 앞의 글.

카자 실버만에 따르면 여성에게 가한 '언어적 불능'의 한 예로서 비명 소리는 (할리우드) 영화가 여성에게서 가장 대표적으로 뽑아내는 '여성 목소리의 비자발적 발화'이다.[12] 성폭력 현장에서 고통과 절망을 호소하던 공주의 끔찍한 비명 소리는 은희(정인선)와 친구들이 인터넷 동영상을 관람하는 현재 장면에서 생생하게 반복 발화된다. 지옥으로부터 들려오는 듯한 이러한 사운드를 통해 고통과 공포, 두려움에 잠식된 전형적인 피해자 여성의 표상은 더욱 강조된다. 생존자 여성의 치유와 생존을 위한 능동적 주체성을 초점화한다는 영화적 기획에서 과잉되게 두드러지는 피해자적 재현의 필요성과 윤리성을 되묻게 하는 지점인 것이다.

무엇보다도 〈한공주〉는 플래시백의 사용을 통해 집단 성폭행이라는 사건의 인과관계를 전도시키고 오인된 죄책감을 야기하는 중대한 오류를 범한다. 구체적으로 '무슨 일이 발생했는가'라는 질문을 축으로 배치되는 사건 당일과 그즈음에 대한 설명은 피해 당사자들인 공주와 화옥의 일상을 중심으로 이루어지는데, 이는 곧 집단 성폭행과 화옥의 자살이라는 예고된 파국적 결말을 이끈 요인들을 탐색하는 과정으로 설명된다. 그 결과 화옥과 동윤(김최용준)의 연애, 절친인 화옥과의 친밀함을 바탕으로 공주가 동윤에 대해 갖는 연민의 감정, 동윤에 대한 민호(김현준) 패거리들의 따돌림과 가혹 행위 등의 정황적 맥락들이 배치된다.

이러한 배치에 따르면 비극적 사건을 직접적으로 야기한 것은 화옥이 공주의 허락 없이 민호 패거리들을 집에 불러들인 것이 된다. 그러나 사건의 원인遠因과 근인近因이 구축하는 이러한 인과적 맥락은 철저히 전도된 것으로, 폭력 사건의 실제적 맥락을 사라지게 만든다. 사건은

---

12 쇼히니 초두리, 『페미니즘 영화이론』, 노지승 옮김, 엘피, 2012, 101쪽.

결코 피해자들의 행위와 선택의 결과로 설명될 수 없으며, 그날 공주와 화옥에 대한 집단 성폭력은 온전하게 가해자들의 의지와 행위의 결과로만 설명돼야 하기 때문이다.

같은 맥락에서 가해의 실체를 흐리게 하는 또 다른 지점은 공주에게 약 탄 맥주를 마시게 했던 가해자 동윤에 관한 것이다. 동윤은 집단 따돌림과 학대 피해자로 재현되는데, 동윤에게 가해지는 민호의 스테이플러 공격은 영화에서 가장 강렬한 폭력 효과를 일으킴으로써 관객으로 하여금 잔혹한 폭력의 비인간성에 대한 큰 공분과 두려움의 감정을 갖게 만든다. 그러나 이는 동시에 피해자성이 중첩되기는 하나 분명한 가해자적 정체성을 공유하는 동윤에게서 가해의 책임을 지우는 효과 또한 발휘한다.

이처럼 가해자의 실체가 흐릿해지거나 가해의 맥락이 지워진 오도된 인과성은 피해자 내부에서 다시 가해-피해 관계가 생성되는 또 다른 문제점으로 이어진다. 피해자 내부에서 화옥은 사태를 촉발한 원인 제공자, 공주는 무구한 피해자로서 각각 죽음과 삶의 영역으로 재분리된다. 이에 따라 유령으로 돌아온 화옥은 정작 가해자들이 아니라 피해자인 공주의 주변을 맴돌며 "뱀파이어가 된 게 내 잘못은 아니잖아, 그렇지 공주야?"라고 묻는다(사진 2).

이처럼 죄책감과 책임 규명의 슬픈 담화가 책임 당사자가 아닌 피해자들 내부에서만 맴도는 오류는 부당하며, 치명적인 것이 된다. 화옥의 자살을 방치했다며 공주로 하여금 자신에 대한 오인된 죄책감을 갖게 만들기 때문이다. 로버트 제이 리프턴에 따르면 보편적인 외상 사건의 후유증으로 생존자들은 자신의 행동을 되돌아보고 비판하게 되면서 죄책감과 열등감을 갖게 된다. 화옥의 죽음에 대한 자책으로 공주의 생존

사진 2〉 고통은 여성들로만 이루어진 폐쇄되고 고립된 범주 내부에서 순환한다. 화옥에 대한 오인된 죄책감으로 인해 공주는 유령으로 돌아와 부당하게 죗값을 추궁하는 화옥과 대면하며 괴로워한다.

자 죄책감(survivor guilt)도 복구될 수 없을 정도로 깊어진다.[13]

주디스 허먼 또한 피해자의 심리가 완전히 통제당하는 최종 단계는 '피해자 스스로 자기 자신의 도덕적 원칙을 위반하고 인간에 대한 기본 애착을 배신하게 될 때' 완성된다고 말한다.[14] 그렇다면 열심히 수영 연습을 하고 노래를 부르며 생존 감각을 유지하려고 필사적으로 애쓰던 공주로 하여금 모든 것을 포기하도록 만든 최후의 일격은 '화옥을 희생시킨 공범자'로 스스로를 규정한 공주의 '더럽혀진 정체성'이라고 할 것이다. 공주를 참혹하게 파괴하던 집단 성폭력에 더해, 화옥이 보낸 구조 요청을 외면함으로써 자신의 '원칙을 배신'하게 된 공주는 "어떤 것도 네 잘못이 아니야"라는 사실 규명과 지지의 발화가 부재한 곳에서 더 이상 버티지 못한다.

---

13 주디스 허먼, 앞의 책, 101쪽.
14 같은 책, 149, 166쪽.

그 플래시백은 정당화될 수 있는가

'피해자'는 상황적이고 일시적 개념인 데 반해, '피해자화'는 여성을 본질
적으로 남성 권력의 피해자라고 보고 여성에게 그에 맞는 이미지와 역할
을 요구한다. 또한 '피해받은 불쌍한 여성'은 여성의 존재성을 남성과의 관
계로만 한정하는 방식이다. 남성 권력은 여성이 피해상태에 머물기를 원한
다. 피해 여성만이 남성을 권력의 주체로 만들어주기 때문이다./ 정희진[15]

〈한공주〉의 플래시백은 재난 및 트라우마 사건 경험자들에 관한 내
러티브가 대체로 그렇듯, 일차적으로 '왜?'라는 질문에 답을 찾는 것에
집중한다. 하지만 '그 일이 왜/어떻게 일어났는가?'의 질문은 이미 발
생한 참혹한 비극 앞에서 잘못 제기됐거나, 어차피 만족할 만한 답을
찾기에 불가능한 질문이 되곤 한다. 이러한 질문은 무엇보다도 고려해
야 할 생존자의 존엄과 삶의 회복이라는 당면 과제를 외면하고, 피해
자성의 공유에 따른 고통의 전이라는 또 다른 결과로 이어지기 쉽기
때문이다.

〈한공주〉에서 공주의 고통이라는 핵심적 주제는 여성들로만 이루어
진 폐쇄되고 고립된 범주 속에서 진동하며 확산된다. 영화 전반에 걸
쳐 공주가 가장 지속적이면서 집중적으로 분노를 표출하는 대상은 자
신을 외면하는 '배신자' 엄마이다. 이는 자신의 불행에 대한 분노와 화
옥에 대한 오인된 죄책감을 대리 분출하는 양상으로, 자신의 상처를 돈
몇 푼과 맞바꾼 무책임하고 불성실한 아버지에 대한 상대적으로 관대

---

15 정희진, 「피해자 정체성의 정치와 페미니즘」, 권김현영 엮음, 『피해와 가해의 페미니즘』, 교양인,
2018, 223쪽.

한 허용과 극적으로 대비된다.

또한 새롭게 구축된 우정 공동체였던 은희와 친구들은 공주의 전화를 외면하고 너무 늦게 지지를 표명함으로써 필사적으로 생존 감각을 벼리던 공주를 좌절시킨다. 조 여사(이영란)의 최종적 외면 또한 공주를 막다른 길로 내몬 이유로 제시되는데, 특히 유사 어머니 역할을 일시적으로 맡았던 조 여사의 '변심'에는 재혼 뒤 공주를 외면했던 생모 행동의 반복이라는 중첩된 의미가 부여된다.

결국 화옥의 구조 신호를 외면함으로써 투신으로 몰고 갔다는 죄책감을 갖고 있는 공주는, 화옥이 그랬듯 물에 뛰어든다. 이처럼 여성 인물들은 다른 여성의 행동을 반복하는 방식으로 중첩되거나 여성들의 요구에 반응 혹은 무반응하며, 여성들만의 가해-피해 관계라는 오도된 폐쇄회로 속에 방치되고 고립된다. 이로써 남성 중심적 구조 속에서 성폭력 사건이 갖는 여성 혐오의 맥락은 거의 완벽하게 제거된다.

그리고 이처럼 남성이 사라진 폐쇄 공간 속에서 여성 인물들이 서로를 비추며 중첩/대체되는 유사성이 고통을 극대화하고 비극을 부각시키는 장치로 쓰일 때, 극중 인물들과 젠더 유사성을 공유하는 관객/여성들 또한 출구 없는 가해-피해의 연쇄 구조 내부에 갇히는 체험을 하게 된다. 반복적으로 회귀하는 폭력적 사건의 파편적 틈입에 이렇다 할 저항 없이 무기력해지고, 점차 선택지가 배제돼가는 과정에서 공주가 체험하는 두려움은 동일한 젠더 영역에 위치한 관객에 대한 피해자성의 전이로 이어지는 것이다.

아무리 벗어나려 해도 빠져나올 수 없는 공주의 트라우마를 인지하고 공감하는 관람 과정 전반을 거쳐 과도하게 동일시된 관객들의 공포와 절망은 강화된다. 이러한 양상은 피해자적 정체성의 공유를 토대로 '여성을 성적으로 열등하고 취약한 존재로 사회화하는 피해적 사회화

(victim socialization)'의 과정으로 작동한다.[16] 현실에 편재한 트라우마적 사건과 그 후의 고통의 시간으로부터 안전할 수 있는 심리적 거리를 상실한 다수의 여성 관객들에게 〈한공주〉의 관람이 사건의 폭력적인 유사/대리 체험이 되는 이유이다.

〈한공주〉는 피해 생존자의 내면의 고통에 초점을 맞추는 한편 타인의 고통에 냉담하며 공동체적 책임을 외면하는 한국 사회의 낮 뜨거운 이면을 통렬하게 고발하는 데 집중한다. 이러한 점에서 이창동의 〈시〉를 환기하지만, 여성 청소년의 고통을 윤리적으로 사유하기보다는 소재를 기민하게 활용한다는 점에서 차이를 보인다. 그럴 때 〈한공주〉의 피해 생존자-여성은 한국 사회의 비합리와 폭력성을 비판하기 위해 스릴러에서 제물로 쓰였던 숱한 사체-여성들과 근본적으로 차별화되지 않는다.

결국 여성/저소득계층/청소년이라는 사회적 소수자의 중첩된 정체성을 안은 '희생양'으로, 책임 부재의 사회 속에서 축출된 채 모든 부채를 혼자 떠안고 깊은 물 속으로 뛰어드는 비극이 반복된다. 사회적 타자의 피해가 죄책감으로 전이되고 이는 또 다른 투신이라는 속죄를 강요하는 폐쇄 회로 속에서 여성의 투신이 잇따르는 것이다.

그렇다면 고통스러운 성폭력의 시간 이후 허락됐던 공주의 삶의 시간은 궁극적으로 트라우마에 굴복하고 패배하는 '죽음'[17]을 향한 여정

---

16 박연미, 「청소년기의 '개념화'와 청소년의 성」, 『청소년문화포럼』 제13호, 한국청소년문화연구소, 2006, 25~26쪽.

17 엔딩 장면에서 강에 뛰어든 공주가 헤엄을 치다가 오른쪽 상단의 화면 바깥으로 사라진다. 잠시 지켜보던 카메라가 상승하면 다시 화면에 진입한 공주가 잠영하며 화면 하단 왼쪽을 향해 이동한다. "한공주"를 연호하는 많은 이들의 환호와 노랫소리가 들리는 이 판타지의 엔딩을 두고 공주의 생사에 대한 다른 의견이 제기된다. 처음 수영하던 공주의 모습이 사라졌다가 다시 나타났을 때 공주는 앞서의 다소 서툰 수영보다 한층 안정되고 능숙한 잠영으로 화면 하단으로 유유히 이동한다. 서사에서 설명된 공주의 미흡했던 수영 능력과 겨울이라는 영화적 시간 등

을 예비한 것이었겠다. 그녀의 생존과, 생존을 위해 기울였던 필사적인 노력 모두는 트라우마의 체험으로부터 결코 벗어날 수 없으며, 미래의 삶을 위한 자원이 될 수 없음을 증명하기 위해 한시적으로 허락될 뿐이었다. 피해자의 트라우마적 기억을 소환하는 영화적 작업으로서 〈한공주〉는 궁극적인 목적이라고 할 수 있는 치유의 과제에 역행하는 양상을 드러냄으로써 '피해자 자신의 고통을 드러내고 이를 능동적으로 극복하는 생존자의 말하기'라는 요구로부터 결정적으로 멀어진다.

압도적인 클로즈업의 효과

주연을 맡은 배우 김지수의 서늘한 아름다움과 매력이 인상적이었던 이윤기 감독의 데뷔작 〈여자, 정혜〉(2006)도 성폭력 피해자 여성을 생존자적 관점에서 초점화한다. 개봉 즈음 한국 영화에서 여성의 침묵과 부재의 경향이 지배적이었으며, 스릴러 등 일부 장르에서 사체-여성들에 대한 타자적 재현이 광범위하게 이루어졌다는 점에서 〈여자, 정혜〉는 여성 인물의 존재감이 두드러지는 포스터부터 단연 눈길을 끌었다(사진 3).

당시만 해도 거의 전례를 찾기 어려운 영화적 기획으로서 여성 피해 생존자의 일상에 집중하는 서사는 영화에 대한 비평적 시선을 집중

을 감안할 때 화면 바깥으로 이동했다가 다시 화면에 진입한 공주의 두 번째 수영 장면은 현실보다는 판타지의 지점으로 이해하는 것이 합리적으로 보인다. 하지만 공주의 이야기가 상처의 치유와 지속 가능한 삶의 서사로 완결되지 않는다는 점에서 무엇보다도 중요한 것은 물리적 생존 여부보다는 상징적 의미의 '죽음'을 지시한다는 점일 것이다. 이와 관련해 듀나는 감독이 공주가 살아 있음을 수차 밝혔는데도 많은 이들이 죽음을 단정하는 것을 '비극을 가정하는 습관'이라 비판한다. 듀나, 『가능한 꿈의 공간들: 듀나 에세이』, 씨네21북스, 2015.

시켰고 호평으로 이어졌다. 그런데 성폭력 피해 경험의 서사화를 위해 〈여자, 정혜〉가 선택한 재현 전략이 〈한공주〉의 그것을 선취한다는 점은 흥미롭다. 당장 포스터에서 확인할 수 있는 것처럼 두 편 모두 클로즈업을 통해 여주인공의 강력한 존재감을 부각하는 한편, 주요한 서사 장치로 플래시백을 사용하는 유사성을 보인다.

경쾌한 활력과 강렬한 녹색의 인상으로 시작되는 〈여자, 정혜〉는 얼굴의 땀구멍이 고스란히 보일 정도로 다가간 클로즈업을 통해 여성 내면의 풍경 및 역사의 흥미로운 지층을 발굴하고 언어화한다. 무엇보다도 고독한 현대인의 소통 장애와 실존에 대한 영화적 탐구로도 다가온 〈여자, 정혜〉는 종전까지 한국 영화들이 다루었던 성폭력 피해자 여성에 관한 전형성을 훌쩍 벗어난다. 주인공 여성 정혜는 현재의 삶을 영위하며 사회생활을 꾸려가는 성실한 생활인으로, 삶의 기획-운영자로서의 면모를 강하게 드러낸다.

그러나 〈여자, 정혜〉는 성폭력 피해 여성에 대한 선입견과 고정관념,

공고화된 피해자 이미지로부터 완전히 자유롭지 못하다는 점에서 여전히 한계를 드러낸다. 우애령의 단편 「정혜」라는 원제에 '여자'가 추가된 영화에서 주인공 정혜는 성폭행당한 인물의 외상 후 스트레스 장애라는 의학적 담론의 공식을 바탕으로 재현된다.[18] 이 과정에서 플래시백은 한 인물의 삶의 총체성을 압도적인 하나의 사건으로 환원하는 역할을 맡는다. 이를 통해 성장기에 겪었던 성폭행이라는 트라우마적 사건은 특권적인 단 하나의 요인으로 강조되고, 현대인들의 보편성으로 해석될 여지가 충분했던 정혜의 삶의 구체성은 흐려지거나 취소된다.

영화에서 네 차례에 걸쳐 제시되는 플래시백은 이렇다 할 극적인 사건이 없고, 특별한 감정적 동요도 관찰되지 않는 정혜에 대한 심상한 접근에 비상한 영화적 긴장감을 부여한다. 첫 번째 플래시백은 엄마(김혜옥)의 책을 우편으로 받은 정혜가 그림 그리던 엄마의 모습을 떠올리는 것으로 시작되며, 재혼 통고를 위해 찾아온 전 남편(박성웅)과 만난 후 시작되는 두 번째 플래시백은 그와의 결혼이 파경에 이른 과정을 설명한다. 그리고 성폭행 사건을 재현하는 세 번째 플래시백에 이어 첫 번째와 유사한 네 번째 플래시백에서 엄마 방을 찾은 정혜는 머리빗을 보며 병원에서 엄마의 머리를 빗겨주던 장면을 회상한다. 정혜의 삶을 해석하는 데 가장 결정적이며 핵심적인 사건으로 성폭행을 다룬 세 번째 플래시백을 정점으로, 이들 플래시백은 발생한 시간상으로 볼 때 비선형적非線型的으로 배치된다.

두 번째 플래시백에서 설명되는 파경은 정혜가 청소년기에 겪은 성폭행이라는 트라우마적 사건을 원인으로 하는 불행한 결과로서 제시된

---

18 서길완, 「〈오로라 공주〉: 외상의 재현과 그것의 딜레마」, 『문학과 영상』 Vol. 9, Issue 3, 2008, 644쪽.

다. 결혼 하루 만의 파경이라는 이례적 사건은 다음 플래시백에서 제시될 원인적 사건의 강력함을 효과적으로 시사함으로써 관객의 호기심을 자아낸다. 성폭행 사건을 재현하는 세 번째 플래시백에서는 모텔에서 사과 깎는 남자(서동원)를 정혜가 품에 안는 장면으로 시작돼 고모부(이대연)의 얼굴 클로즈업, 입을 손으로 틀어 막힌 어린 정혜의 얼굴 클로즈업, 정혜의 흔들리는 시점으로 보이는 천장 형광등 등이 교차된다. 이러한 촬영과 편집의 선택은 트라우마적 사건으로서 성폭행의 속성을 영화적으로 형상화한다. '언어적 이야기체와 맥락을 결여하며 생생한 감각과 상상의 형태로만 입력된 얼어붙은 비언어적인 외상적 기억 traumatic memory'[19]을 형상화하는 것이다.

플래시백이 말하는 것

이처럼 과거의 시간성을 바탕으로 재현되는 플래시백은 현재를 관찰하는 장면들을 통해 구축되는 정혜의 정체성과 충돌을 일으킨다. 직원들 중 가장 먼저 우체국에 출근해 문을 열고, 깔끔하게 삶의 공간을 정리하는 바지런하고 성실한 생활인으로서의 성인 여성이 아니라, 과거에 의해 현재의 삶이 유예/정지되고 폭력의 기억에 잠식된 피해자적 정체성에 정혜는 고정된다. 그럴 때 정혜에게 미래적 기획은 존재하지 않는다. 특히 현재의 시공간에 과거의 시공간이 겹쳐지는 첫 번째와 두 번째 플래시백 장면은 과거의 시간에 고착된 정혜의 시간성을 핵심적으로 요약한다. 무시로 틈입하는 과거의 강력한 위력에 그녀의 현재는

---

19 주디스 허먼, 앞의 책, 75쪽.

번번이 압도되는 것이다. 정혜의 일상에 작동하는 이러한 시간성은 궁극적으로 성폭행 사건의 트라우마가 현재까지 발휘하는 강력한 지속성과 위력을 일깨움으로써 인물의 주체성과 능동성을 억압한다.

영화는 정혜가 살아온 '많은 경험들의 하나'로 성폭행 사건을 처리함으로써 이를 특권화하지 않으려는 듯한 태도를 보인다. 그러나 첫 번째 플래시백 이후 정혜의 일상은 성폭행이라는 과거의 단일하고도 특권적인 사건에 압도된 사후적 결과로 규정된다. 이로써 인물의 행위에 담긴 복잡하고도 다양한 의미의 조각들과 결들이 플래시백을 통한 인과적 맥락 속에서 더 이상 명쾌할 수 없게 재배치된다.

이에 따르면 정혜의 행동은 외상 후 스트레스 장애의 징후와 트라우마 사건에 대한 반응성 행동들로 협소하게 설명된다. 집안을 깔끔하게 치우는 부지런함은 자신에게 엉겨 붙은 불결함을 씻어내려는 '병적인 강박증'[20]이 되며, 화초나 고양이에게 드러내는 관심은 '감정을 통제할 자신이 없어 아예 감정을 마비시킨 무기력 그 자체'[21]의 인물이 드러내는 연결감의 갈구라는 병리적 설명으로 환원된다. 잘 알지도 못하고 수인사도 나누지 않은 낯선 남자(황정민)를 대뜸 집으로 초대하거나, 술 먹고 동료들과 몸싸움을 벌인 젊은 취객과 모텔로 가는 행동의 비현실성도 비로소 효과적으로 동기화된다.

〈여자, 정혜〉가 독보적인 미학적 스펙터클로 제시한 바 있는 강력한 클로즈업 숏들의 의미 작용이 변질되는 것은 바로 이 때문이다. "영화란, 클로즈업을 통해 얼굴을 발견하게 하고 얼굴 안에서 무언가를 읽게

---

20 정은아, 「소설 〈정혜〉와 영화 〈여자, 정혜〉의 내면 치유 양상 비교」, 『문학치료연구』 11집, 한국문학치료학회, 2009, 17쪽.
21 김준기, 『영화로 만나는 치유의 심리학 – 상처에서 치유까지, 트라우마에 관한 24가지 이야기』, 시그마북스, 2009, 137쪽.

사진 4〉 강렬한 미학적 형상으로서 클로즈업은 피해자 여성의 무기력과 취약성을 장엄한 양
상으로 스펙터클화한다.

만들어주는 것"이라는 에드가 모랭의 말[22]처럼 '클로즈업의 예술'로서
영화는 발생 초기부터 클로즈업 숏을 통해 특히 여배우들의 아름다움
을 찬미해왔다. 〈여자, 정혜〉에서 정혜로 분한 김지수를 담아내는 클로
즈업도 영화의 전체 이미지를 각인시키는 핵심적 숏으로서, 주로 침묵
하는 정혜의 얼굴을 인상적인 무성 영화적 이미지로 제시한다.

　하지만 "한 사람의 얼굴을 촬영한다는 것은 영화의 모든 문제들, 특
히 영화의 모든 미학적, 윤리적 문제들에 대해 스스로에게 질문을 던지
는 것"[23]이라는 진술의 유효한 사례로서 〈여자, 정혜〉의 얼굴 클로즈업
은 피해 생존자의 존엄과 치유를 위해 기능하지 않는다는 아쉬움을 남
긴다. 과도할 정도로 인물에 가깝게 접근하는 카메라에 포착된 정혜의
거대한 얼굴 클로즈업은 피해자-여성의 무기력과 취약성을 장엄한 양
상으로 스펙터클화한다(사진 4). 고통에 처한 '타자의 얼굴의 현현'[24]으

22 김종갑, 「클로즈업의 수사학: 그레타 가르보의 얼굴」, 『문학과 영상』 제4권 제2호, 문학과영상
　　학회, 2003, 7쪽에서 재인용.

23 자크 오몽, 『영화 속의 얼굴』, 김호영 옮김, 마음산책, 2006, 142쪽.

24 강영안, 『타인의 얼굴 - 레비나스의 철학』, 문학과지성사, 2006, 146~152쪽.

사진 5〉 오열하는 정혜를 오랫동안 포착하는 거대한 클로즈업으로 여성 복수의 불가능성 및 피해자의 무력감이 과도하게 강조된다.

로서 관객에게 윤리적 질문을 제기하는 대신, "그 일이 대체 '얼마나' 파괴적이었으면 저 인물이 '저토록' 비정상적인 상태가 되었는가?" 하는 호기심을 바탕으로 관음증적 욕망을 자극하는 것이다.

'삶의 협소화', '전형적인 소외와 내적인 죽음'[25]을 부각하는 〈여자, 정혜〉의 얼굴 클로즈업은 미래를 계획하고 대비하려는 주도성을 포기한 채, 정서 상태에 압도되지 않으려는 방어 시도로 이루어지는 '억제'의 증상을 증거한다.[26] 모텔 장면에 이어 칼을 들고 가해자인 고모부를 만났던 정혜는 끝내 아무것도 하지 못한 채 공원에서 뛰쳐나와 화장실에서 오열한다(사진 5).

늘 침묵하거나 무심함을 유지했던 정혜가 처음이자 유일하게 감정을 격렬하게 분출하는 이 장면은 정혜로 하여금 과거의 상처를 딛고 새로운 도약을 준비하는 해소의 국면으로 배치된다. 그러나 오열하는 정혜를 잡아내는 거대하고도 유난히 오래 지속되는 클로즈업은 과거의

---

25 주디스 허먼, 앞의 책, 94쪽.
26 같은 책, 93쪽.

상처로부터 자유로워지는 정혜의 이미지를 각인시키는 데 실패한다. 거대한 클로즈업의 인상적인 지속이 여성 복수의 불가능성을 부각시키는 가운데 피해자의 무력감과 연약함, 슬픔을 불필요할 만큼 과도하게 강조하기 때문이다.

성인이 된 정혜는 청소년 시절 겪었던 성폭행의 시간에서 꽤 멀리 지나왔으며 나름 안정적으로 사회적 정체성을 구축하고 살아간다. 수시로 격렬하게 요동치는 마음의 지옥을 요령껏 다스리며 지속 가능한 일상을 영위하는 생존 방식도 터득한 것으로 보인다. 성실하고 근면하며 정성을 다하는 그의 생활 태도는 길고 긴 생존 투쟁에서 도태되지 않는 중요한 요건이자 밝은 미래를 기약하는 핵심 전략이라고 할 것이다. 그렇다면 정혜는 이미 유능한 '관리자'이자 '자기 삶의 전문가'[27]의 자격을 갖췄다고 할 수 있지 않을까. 그녀에게 '흉터'는 남았다. 하지만 '다시 피가 흐르는 상처로 벌어지지 않고 새살이 차오른'[28] 시간을 살아가고 있다.

그럼에도 정혜는 퇴행적인 시간성이 각인시키는 피해자성의 어두운 그림자에 짓눌린 채 외상 경험자들의 소외와 내적인 죽음을 비장하게 전시하는 대상화된 인물이 된다. '상처의 깊이를 가늠하지 못'며 '상상된 여성의 이미지를 강화함으로써 여성의 삶을 왜곡'[29]하는 서사 속에서 정혜는 동정과 연민을 불러일으키는 무기력한 피해자로 남는다. 인상적인 얼굴 클로즈업으로 전시되는 '살아남은 자의 슬픔'의 스펙터클을 통해 '침묵하는 피해 여성'의 관념을 강화하며, 무기력과 수동성,

27 김민예숙·김혜경·배인숙·이문자·이미혜·정춘숙·황경숙, 『왜 여성주의 상담인가: 역사, 실제, 방법론』, 한울, 2005, 31쪽.

28 김영서, 『눈물도 빛을 만나면 반짝인다』, 이매진, 2020, 26쪽.

29 이명귀, 「여성에 관한 진실 혹은 거짓 – 우애령 원작 〈정혜〉, 이윤기 감독 〈여자, 정혜〉」, 『오늘의 비평』, 세종출판사, 2005, 96쪽.

비주체성을 상징하는 '여성 침묵의 신화'를 재구성하는 것이다. 정혜의 삶에서 성폭력이 일어난 사실 자체보다 정혜가 '어떻게 그 일을 헤쳐나가느냐에 집중하기 시작한 역사'[30]는 그렇게 흐려진다.

'하지 않음'의 윤리

이 지점에서 한 편의 영화를 불러와야 할 것 같다. 2016년 아카데미 작품상을 수상한 톰 매카시의 〈스포트라이트〉는 가톨릭 교단 내부의 뿌리 깊은 아동 성추행을 파헤친 미국 〈보스턴 글로브〉지의 특별취재팀을 주인공으로 한 언론 영화이다. 종교 집단에 의해 자행된 성폭력 사건을 다룬 이 영화는 사회 질서의 회복과 성폭력 피해 해소를 위한 치유의 관점에서 접근하는데, 선정성의 함정을 경계하고 주제를 선명히 각인시키기 위해 플래시백을 배제하는 영화적 전략을 선택한다는 점에서 앞의 두 영화들과 대조된다.

〈스포트라이트〉에서 특별취재팀의 소속 기자들은 어둠 속에 묻혀 있던 진실을 발굴하겠다는 목표 아래 숱하게 많은 사람들을 만나서 취재하고 그들의 고통에 귀를 기울인다. 어린 시절 겪었던 고통으로부터 여전히 자유롭지 못한 채 사회생활에 곤란을 겪는 이도 있고, 번듯한 사회적 지위를 갖고 있음에도 계속되는 상처의 틈입으로 고통받는 이들이 대부분이다. 기자들은 조심스레 이야기를 건네고 트라우마적 사건을 고통스럽게 회상하는 이들의 이야기를 주의 깊게 경청한다.

이때 카메라는 적당한 거리에서 그 모습을 담담하게 보여줄 뿐, 폭발

---

30 김영서, 앞의 책, 111쪽.

력 지대한 특정 사건을 이미지로 변환해서 관객에게 제시하지 않는다. 울분 섞이거나 끊어질 듯 띄엄띄엄 이어지는 이야기, 성인이 되었어도 여전히 자유롭지 못한 당시의 고통으로 떨리는 눈동자나 손가락의 움직임을 보여주는 것만으로 충분하다고 판단하기 때문이다. 카메라는 너무 가깝게 다가가지 않으며, 결코 과거로 돌아가지 않는다.

어린아이 앞에서 옷을 벗던 신부가 "내가 많이 우울해. 네가 입으로 해주면 힘이 날 것 같아"라고 말하는 장면을 굳이 보여줄 필요는 없다. "그 뒤로 힘들었어요. 지금은 다 끊었지만 약과 술로 버텼어요. 굉장히 혼란스러워요. 섹스를 그런 식으로 배우고 남자에게 끌린다는 게." 아직도 눈물 없이 이야기하는 건 불가능하지만, 그날의 사건 이후로 버텨온 시간을 자신의 관점에서 서사화하는 피해 생존자의 현재를 보여주는 것이 더 의미 있다고 판단하는 것이다.

그리고 2019년, 넷플릭스 시리즈물 〈믿을 수 없는 이야기〉가 도착했다. 사회적 타자로서 피해자–여성을 다루는 재현물은 어떻게 상상되고 만들어져야 하는가에 관한 주목할 만한 답안인 이 작품은 8부작으로 구성돼 있다. 워싱턴과 콜로라도에서 발생한 실제 연쇄강간 사건을 다룬 이 시리즈물에서 제작자들이 가장 고심한 부분은 주인공인 18살 마리(케이틀린 디버)의 성폭행 장면이었다고 한다. 결국 1화와 이후에 플래시백 형태로 빈번하게 등장하는 이 사건의 '객관적 재현'은 "사회에 아직 강간 포르노 문화가 만연하다"는 이유로 배제됐다.[31]

〈믿을 수 없는 이야기〉에서 마리의 성폭행 사건은 거의 형체를 분간하거나 사건의 진행을 분별할 수 없을 정도로 흔들리며, 파편적으로 찍

---

31 씨네플레이 블로그, "넷플릭스 미니시리즈 〈믿을 수 없는 이야기〉가 만들어지기까지", https://m.blog.naver.com/cine_play/221654029819.

했다. 관음증적 호기심 충족을 원천적으로 배제하고 피해자의 주관적 인지 경험에 토대한 이러한 선택은 끔찍한 사건을 경험하고 있는 마리의 극심한 공포, 정서 불안 등을 반영하는 목적에 충실하다. 연쇄강간 사건의 가해자가 벌이는 다른 다수의 강간 사건 또한 피해 당사자들이 구술하는 서사를 통해 제시되며 당사자들의 관점에서 관찰할 수 있었던 단편적이거나 파편적인 정보만을 최소한으로 시각화한다.

이를 통해 〈믿을 수 없는 이야기〉에서 '사건 발생 및 진행의 구체성에 집착하고 폭력에 대한 서술에 집중하는 남성 중심적인 재현'은 배제된다. 폭력의 사건적 재현이 철저하게 피해자의 관점에서 통제되는 한편 여성을 대상으로 한 혐오적 범죄가 편재하는 현실의 근본적인 시스템에 대한 묵직한 질문에 초점을 맞추는 것이다. 이러한 선택으로 〈믿을 수 없는 이야기〉 속 성폭력 피해 생존자들은 성폭력 피해 경험 그 자체나 사건으로 환원됨으로써 피해자라는 위치에 고립되고 정박되지 않는다. 그 결과 '그날' 이후를 살아가는 생존자의 능동성과 주체성이 또렷하게 부각되는 임파워먼트의 서사가 된다.

살아가는 그들의 목소리

> 성폭력 당했다고 그 사람들 인생이 끝장난 것은 아니니까 너무 불쌍히 여기지 말아주면 좋겠다./ 김영서[32]

〈한공주〉가 논쟁적으로 촉발시켰던 재현의 윤리성에 관한 논란은 〈한

---

[32] 김영서, 앞의 책, 229쪽

공주〉 전후로 계속 이어져왔다. 〈도가니〉(황동혁, 2011) 등 실화를 소재로 한 영화들과 〈귀향〉(조정래, 2015) 등 위안부 문제를 다루는 영화들에 대한 논란은 '재현할 수 있는 것'과 '재현해야 하는 것'의 경계를 윤리적으로 사유해야 할 당위성을 꾸준히 제기했다.[33] 대표적인 사례로서 〈귀향〉은 '소녀들의 성이 유린당하는 순간의 고통, 그것이 그들의 육체에 남기는 상처에 유독 카메라의 초점을 맞추는 동시에 이를 관음증적으로 지켜보고 기록하는 시선과 목소리를 여과 없이 전시'한다(주유신)는 점에서, "'피해자 여성'에 대한 또 다른 폭력"(손희정)으로 비판받은 바 있다. 이러한 비판은 피해 생존자들이 극한의 억압적 상황에서 고통과 두려움, 무력감에 사로잡혀 있는 피해자 이미지로 고정될 때 해방의 힘이 나오지 않는 '대상'으로 머물게 된다는 인식을 바탕으로 한다.[34]

이 점에서 〈스포트라이트〉와 〈믿을 수 없는 이야기〉의 피해자들이 범죄의 시간과 장소로 되돌아감으로써 다시 사건을 '재경험'하는 폭력적 체험으로부터 자유롭게 되는 것은 영화적 재현의 윤리를 사유하는 데 중요한 지침이 될 것이다. 특히 진실을 규명하며, 상처를 딛고 극복하는 여성 주체들의 능동적 이미지를 각인시키는 〈믿을 수 없는 이야기〉의 미학적·윤리적 성취는 종전까지 피해자 재현의 폭력적 관습을 감안할 때 거의 '믿을 수 없을' 정도로 인상적이다. 성폭력 피해자의 고통을 인정하고 연민하거나, 혹은 윤리적 기획임을 자처하는 영화들에서조차 리얼리티를 앞세운

33 전보람, 「〈청소년 성범죄〉 영화의 '성범죄' 재현과 다중적 의미 구성: 영화 〈도가니〉에 대한 기호학적 분석을 중심으로」, 성균관대학교 석사논문, 2015; 주유신, 「위안부 영화와 역사쓰기의 새로운 도전: 〈귀향〉과 〈눈길〉을 중심으로」, 『동북아문화연구』 vol. 51, 동북아시아문화학회, 2017; 손희정, 「기억의 젠더 정치와 대중성의 재구성: 대중 '위안부' 서사를 중심으로」, 『페미니즘 리부트』, 나무연필, 2017; 권은선, 「'용납할 수 없는 것'을 이미지화한다는 것의 의미」, 『여성학논집』 제34집 1호, 이화여대 한국여성연구원, 2017 등 참고.
34 양현아, 「증언과 역사쓰기: 한국인 '군 위안부'의 주체성 재현」, 『사회와 역사』 60권, 2001, 92쪽.

극사실적 재현과 플래시백을 통해 피해자의 고통스러운 경험을 영화적 쾌락으로 전용하는 사례들에 대한 강력한 반면교사가 되는 것이다.

"이 사건이 나를 무너뜨린 건 아니다. 나는 일시적으로 넘어졌지만 다시 내 발로 일어나고 있다. 전처럼 하고 싶었던 일을 모두 할 수는 없을지 모른다. 나는 더 경계하는 사람이 되었다. 하지만 아직 살아 있고 내 삶을 살고 있다"(세라), "나는 회복하고 있습니다. 모두가 회복하고 있어요. 아시겠지만 회복은 변화를 만듭니다. 우리는 우리 삶을 재건하기 위해서 최선을 다하고 있습니다."(릴리)[35] 〈믿을 수 없는 이야기〉의 소재가 됐던 T. 크리스천 밀러와 켄 암스트롱의 책『믿을 수 없는 강간 이야기』에서 강간 피해 생존자들은 자신이 현재를 살아가는 존재임을 힘주어 말한다. '눈물이 빛을 만나 반짝이는 순간'을 포착할 수 있었던 성폭력 피해자 김영서는 자신에게 '일어난 일 자체보다 그 경험을 가지고 무엇을 할지 고민'[36]하며 한 발 한 발 미래로 나아간다.

그러나 과거의 고통에 잠식당하기를 거부하고 자신의 삶을 계획하며 미래를 준비하는 이들, 주체적인 계획과 실행이 가능한 힘을 가지고 살아가는 성폭력 피해 생존자들을 영화에서는 대체로 만나기 어렵다. 성폭력 피해자들의 생생한 목소리는 묻힌 채, 그들의 삶을 타자화하며 가공하고 해석한 판본들만 세상에 유통된다. 주디스 허먼은 '피해자를 인정하고 보호해야 하며, 침묵을 강요하고 그러한 현상 자체를 부정하기 일쑤인 사회적 흐름에 반대함으로써 피해자와의 단결을 준수하는 협력적 치료 동맹(cooperative therapeutic alliance)'을 제안한다.[37]

---

35 T. 크리스천 밀러·켄 암스트롱,『믿을 수 없는 강간 이야기』, 노지양 역, 반비, 2019, 328~329쪽.
36 김영서, 앞의 책, 120쪽.
37 주디스 허먼, 앞의 책, 219쪽.

영화 또한 그러한 동맹적 지위를 확보해야 한다는 당위성의 측면에서, "치료자가 착취적이고 관음증적인 의도를 품고 있다는 의심을 자초하지 말아야 한다"[38]는 엄정성을 잃지 않도록 해야 할 것이다. 그럴 때 '피해자의 힘을 복구시키고, 고립감을 축소시키며, 무력감을 줄인다는 치료 원칙을 달성함으로써 자율성의 회복과 역량 강화(empowerment)라는 목표'[39]에 도달하는 윤리적 재현의 영화적 과제는 완수될 수 있다.

비평적 관심과 상찬이 집중된 〈한공주〉와, 그에 앞서 유사한 궤적을 선보인 〈여자, 정혜〉가 핵심적인 영화적 장치로 공유하는 플래시백은 생존자 여성의 주관적 기억을 재현하고자 한다. 하지만 생존자의 자기 서사로 승인되기 위한 윤리적 고려의 지점에서 부정적 평가를 피하지 못한다. 천우희라는 걸출한 재능과 헌신, 한국 영화에 낯선 피해 생존자의 민낯에도 불구하고 〈한공주〉를 지지할 수 없는 이유이며, 김지수가 선보이는 압도적인 클로즈업과 일상의 미세한 결을 세심하게 포착하는 카메라에 매혹되면서도 〈여자, 정혜〉에 의문을 제기하는 이유이다. 그리고 손희정의 당연한 주장처럼 "폭력을 스펙터클로 만드는 것이 피해자의 고통을 묘사할 수 있는 유일한 방법은 아니"[40]라는 점에서, 피해자의 고통에 관한 미학적·윤리적 기획의 자격을 충족시키는 다양한 영화 제작을 절실하고도 긴급하게 요청하는 이유이다.

---

38 같은 책, 234쪽.

39 같은 책, 226쪽.

40 손희정, "어떻게 새로운 '우리'를 상상할 것인가", 『씨네21』, http://www.cine21.com/news/view/?mag_id=83396.

소녀들의 죽음
〈동전 모으는 소년〉, 〈마더〉, 〈죄 많은 소녀〉

〈박하사탕〉과 〈살인의 추억〉에서 교복을 입은 10대 여중고생들은 시대의 억압과 불합리라는 폭력을 고발하고 증거하기 위해 희생양-사체가 된다. 민주주의를 압살하는 정치권력과, 그 정치권력의 무능력 혹은 불합리를 가해자로 호명하는 죽음의 구조는 〈마더〉(봉준호, 2006)와 〈동전 모으는 소년〉(권종관, 2009)에서 인정사정 봐주지 않는 가혹한 신자유주의 체제로 대체된다. 그렇게 죽음을 부르는 가해자의 외양, 혹은 위치는 변화됐지만 변하지 않는 게 있다. 무력하게 소환돼 결국 차가운 시체로 널브러지는 공통의 존재, 바로 교복 입은 10대 여학생들이다. 그리고 그들의 몸에는 섹슈얼리티의 낙인이 새겨진다.

"외롭지 않았으면… 힘들지 않았으면…"

사진 1〉 함께 동전 바꾸러 가기로 약속한 날. 학교 실습실에서 소녀를 본 소년이 복도에 주저앉을 때, 누군가가 실습실에서 나간다.

　권종관의 영화 〈동전 모으는 소년〉[1]은 2009년 전주국제영화제 개막작으로 상영된 옴니버스 영화 〈황금시대〉 중 한 편으로 11분짜리 단편영화이다. 투명한 유리병에 동전을 열심히 모으는 중학교 2학년생 외톨이 소년(기파랑)은 긴 생머리의 여학생(김원희)을 몰래 지켜본다. 그녀의 싸이월드만 훔쳐보던 그에게도 드디어 기회가 와서, 친구가 된 둘은 떡볶이도 같이 먹고 김윤아의 노래도 이어폰으로 함께 듣는다. 소년이 열심히 모은 동전을 바꿔 콘서트에 함께 가기로 한 날, 학교 운동장에서 약속 시간에 오지 않는 소녀를 기다리던 소년은 실습실로 찾아간다. 거기서 누군가와 함께 있는 소녀를 유리창 너머로 본 소년은 실습실 밖 복도에 주저앉는다(사진 1).

　비록 친구들과 잘 어울리지는 못했어도 소년 또한 소녀에 대한 뜬소문을 모르지 않았다. 긴 생머리의 여학생이 "요즘 장난 아닌 걸레"이며, "강동구 바닥을 다 닦고 다니고", "실습실에서 살림 차려놓고 있다"며 여학생들이 수군거리던 걸 보기도 했다. 그래도 함께 음악을 듣던 소녀는 맑고 밝았다. "너도 내가 걸레라고 생각해?" 실제인지 환상인지 모를

1　이 영화에 관한 분석은 필자의 논문 「청소년의 성적 재현에 관한 연구: 2000년대 한국영화를 중심으로」, 『영화연구』 제56호, 한국영화학회, 2013, 176~178쪽의 내용을 인용 및 확장한 것이다.

사진 2〉 방금 실습실을 나간 남자
와 함께 있던 소녀가 등을 보인 채
복도를 걸어간다. 소년은 무엇을
할 것인가. 나는, 우리는 무엇을
해야 하는가.

장면에서 뒤돌아선 긴 생머리 소녀가 던진 질문에 소년은 단호하게 답
한다. "아니."

하지만 환상은 깨어지고, 소년의 눈앞에는 참혹한 현실이 펼쳐진다.
실습실 뒷문으로 먼저 남자 교사(로 추정되는 어른)가 나간 뒤 동전 꾸러
미를 든 소년이 앞문으로 실습실에 들어오자 남자에게서 받은 만 원짜
리 몇 장을 손에 쥐고 있던 소녀가 돈을 주머니에 넣는다. 그리고 평소
와 다르지 않은 얼굴로 "여태 그거 들고 기다리고 있던 거야? 그걸로 공
연 표 사긴 좀 민망하겠다. 공연, 내가 보여줄게"라고 말한 소녀가 먼저
실습실 밖으로 나간다.

대학교 수업이나 일반인들을 대상으로 한 특강에서 권종관의 〈동전
모으는 소년〉을 자주 상영한다. 전체 11분짜리 영상 중 10분 10초쯤 될
때, 그러니까 실습실에서 나간 소녀가 "오늘 저녁 공연 볼 게 있거든요",
전화 통화를 하며 복도를 걸어가는 뒷모습을 담은 장면(사진 2)에서 영
화를 잠시 멈추고 토론을 진행한다. "내가 감독이라면 이 영화를 어떻
게 끝맺을까?", 나머지 50초쯤의 서사를 완결 짓는 '상상의 영화 만들
기'를 제안하는 것이다. 처음에는 다들 머뭇거리지만 얼마쯤 시간이 지
나면 한두 사람씩 손을 들기 시작한다. 보통 한 강의에서 5~6명 정도는
의견을 이야기하고, 그렇게 몇 차례 반복된 강의를 통해 대략—정확하

지는 않으나―10개 정도의 엔딩 리스트가 만들어졌다.

해피엔딩 의견으로는 이런 것이 있다. 다음 장면은 콘서트 장으로 이어지며, 집중해서 음악을 듣고 있는 두 사람을 보여준다. 소년은 충격적인 사실을 알게 됐지만 그럼에도 둘의 우정은 변함없이 이어진다는 의미겠다. 다른 버전으로는 소년이 소녀에게 흰 운동화를 사주는 엔딩이 있다. 둘이 떡볶이를 먹을 때 빨간 국물이 소녀의 흰 운동화에 떨어졌던 앞의 장면과 연결 짓는 것인데, "어차피 더러워질 텐데 뭐"라며 대수롭지 않아 했던 소녀의 반응에 대한 일종의 응답이 될 것이다. 아무 말 없이 소녀에게 동전 꾸러미를 내민다는 의견도 있다. 소녀의 현실을 생각하면 형편없이 적은 돈이지만, 돈 몇 푼이 아쉬운 딱한 현실을 어떻게든 해소할 수 있도록 소년 나름의 도움을 준다는 의미가 담겨 있다. 콘서트 장에 가지 않는 대신 둘이 영화 중간에서처럼 한 이어폰을 나누어 끼고 음악을 듣는다는 것도 해피엔딩에 속한다.

이와는 달리 소년이 소녀에 대해 알게 된 사실로 인해 둘의 우정이 깨진다는 상상도 여러 버전으로 제시된다. 콘서트 장면의 상상은 여기서도 등장하는데, 음악 연주가 한창인 콘서트 장에 소년 혹은 소녀가 옆자리가 빈 채로 혼자 앉아 있다는 것이다. 함께 가자던 콘서트를 차마 같이 볼 수 없는 정도의 슬픔, 아픔이 느껴지는 엔딩이겠다. 혹은 두 사람 자리가 모두 비어 있는 콘서트 장면을 그리는 경우도 있었다. 영화의 첫 장면이 동전들이 가득 담긴 유리병을 보여주었던 것에 대응해서 아무것도 담기지 않은 빈 유리병을 보여주거나 빈 유리병에 동전을 넣는 모습으로 끝맺겠다는 의견도 있었다. 이 엔딩이라면 짝사랑의 설렘을 배반당했거나 혹은 우정을 상실한 소년의 아픔을 보여주되 그럼에도 새롭게 출발하려는 의지를 느낄 수 있을 것 같다.

가끔은 내 의견을 제시하기도 한다. 나는 영화에서 소년이 들고 있던 하얀색 보자기에 담긴 동전 꾸러미를 활용한 엔딩을 제안한다. 뒷모습을 보인 채 걸어가는 소녀의 뒤로 소년이 나타나고, 소년의 뒷모습을 훑으며 내려간 카메라는 힘이 빠진 소년의 손아귀에서 스르륵 풀린 동전 꾸러미를 보여준다. 그리고 벌어진 꾸러미 입에서 나온 동전들이 짱! 쨍! 요란한 소리와 함께 복도 바닥에 떨어진다. 어떤 동전들은 통통 튀고, 어떤 동전들은 떼구르르 굴러가는 모양을 클로즈업으로 끝내는 엔딩이다.

고백하자면 앙리 조르주 클루조의 1955년 영화를 제레미아 S. 체칙 감독이 리메이크했던 1996년 영화 〈디아볼릭〉의 인상적인 오프닝을 살짝 인용한 상상이다. 거센 소낙비가 바닥을 튕기며 올라오는 모습을 감각적인 느린 화면으로 보여주었던 것처럼 동전들이 제각각 튀는 모습이 사운드와 함께 어우러지면 제법 그럴듯한 인상적인 엔딩이 되지 않겠느냐고 듣는 이들에게 동의를 구하기도 한다.

더 이상 손이 올라오지 않으면 불을 끄고 권종관 버전의 엔딩을 함께 감상한다. 모두가 궁금해 마지않던 문제의 엔딩이 드러나면 강의실은 금세 "헉!", "악!" 등의 다양한 비명 소리로 가득 찬다. "헐, 미쳤어!", "말도 안 돼", "대~박" 같은 말들이 튀어나오기도 한다. 혼자 복도를 걸어가던 소녀의 뒤에서 화면에 진입한 소년이 성큼성큼 쫓아가, 바깥으로 통하는 복도의 문을 열고 막 나가려던 소녀의 뒤통수를 들고 있던 동전 꾸러미로 픽! 내리친다. 그리고 소녀는 아무 소리도 내지 못한 채 풀썩 바닥에 쓰러진다. 롱숏으로 찍힌 문제의 장면이 어두워지면 따스한 햇살이 들어오는 교실 책상에 앉아 있는 소녀를 보여주는 에필로그로 이어지면서 영화는 끝난다. 엔딩 타이틀이 다 오른 뒤 불을 켜면, 마치 자신들이 뒤통수를 가격당한 것처럼 경악과 놀라움, 혹은 '대체, 왜?'의 의문을 가득 담은 황망한 눈동자들이 마치 달려들듯이 내게로 몰린다.

왜 소녀의 뒤통수를 때려야 했을까

여성 및 사회단체 회원들 30명쯤 모인 자리에서 영화의 여성 재현에 대한 강의를 하던 날 〈동전 모으는 소년〉을 감상했었다. 영화를 다른 사람들과 함께 보는 두 번째 자리였는데, 영화가 끝난 뒤 가출 소녀와 성매매 여성들을 수용하는 민간 시설의 대표가 손을 들고 이야기했다. "제가 저 영화 속 이야기와 너무나 흡사한 이야기를 아는데요. 실제로 여중학생의 어려운 사정을 알게 되자 시설에 수용된 그 여자 친구가 어려움에서 벗어날 수 있도록 진심으로 격려하고 위로하는 중학교 남학생을 압니다. 현실에서는 어린 나이의 친구들도 그런 모습을 보이는데, 대체 왜 영화들은 저렇게 만드는 걸까요?"

그리고 같은 날 다른 지인도 흥미로운 제안을 했다. 영화를 끝까지 보여주지 말고 엔딩 바로 앞에서 끊은 다음 사람들에게 의견을 들어도 좋을 것 같다는 것이었다. 그 이후부터 지인의 금쪽같은 제안대로 〈동전 모으는 소년〉을 상영한다. 그럴 때마다 놀라곤 한다. 그냥 심심풀이 땅콩처럼 영화를 즐기거나, 삶의 소중한 가치를 구하기 위한 탐구의 여정으로 진중하게 관람하거나 간에 상관없이 다수의 영화 관객들이 인간과 삶에 대한 보통의 감각을 바탕으로 하는 상상력과, 실제 만들어지는 영화의 상상력이 얼마나 큰 괴리를 보이는가 새삼스럽게 깨닫기 때문이다.

내가 강의실에서 접한 〈동전 모으는 소년〉에 대한 반응은, 영화 속 여성들이 순수를 훼손했다는 죄목으로 죽거나 아프거나 비참하게 내쳐짐을 당하는 서사를 오랫동안 학습해왔던 나로서는 놀랄 만한 것이었다. 그런 반응이 그저 한두 강의에서만 나온 것이 아니라 영화를 함께 본 모든 강의에서 동일했다는 것은 더욱 의미심장했다. 자신의 의견을 밝힌 사람들 중 많은 이들이 소녀의 성매매로 인해 소년의 달뜬 기대와 열정이 훼손되고 상처받았다고 해도, 그것이 어떠한 응징과 처단의 사유는 될 수 없으며 그들의 우정 혹은 어설프나마 사랑의 연대도 계속될 수 있을 것으로 상상했다. 혹은 한동안 그 상처 때문에 힘든 시간을 보낸다고 하더라도 소년의 일상은 다시 예전처럼 평온해질 수 있기를 바라기도 했다.

그래서 평범한 이들의 지극히 평범한 상상력을 배반하는 전혀 다른 영화적 상상력 앞에서 그들은 놀라움을 금치 못하고 경악했다. 소녀의 잘못을 탓하는 버전이라고 해야, 기껏 소년이 동전 꾸러미를 소녀 눈앞에서 바닥에 내던지고 돌아선다는 정도만 상상하는 이들이니 왜 아니었을까. 교실을 가득 메운 한숨과 경악의 감탄사나 분위기 등을 감안할 때 아마 의견을 밝히지 않은 사람들의 생각 또한 많이 다르지는 않을 것이라고 추정해 볼 수 있다.

그렇다면 저 문제의 비극적 엔딩을 상상하는 사람들은 아예 없었을까. 그렇지는 않다. 내 기억으로는 대략 열 번쯤 영화를 상영했고, 동전 꾸러미로 소녀를 때린다는 의견은—확실하게—네 번 나왔다. 흥미로운 건 그러한 새드 엔딩을 상상한 사람 중 세 명이 남성이었다는 점이다. 분위기는 해피엔딩을 상상하는 사람들과는 많이 달랐다. 어떤 남학생은 손을 들어놓고도 말을 빙빙 돌려가며, "허허" 하는 웃음소리를 몇 차례 흘린 뒤 살짝 농담조로 설명을 이어갔다. 말하자면 '지금 내가 이렇게 말하기는 하지만요, 허허, 그렇다고 실제 그렇게 되지는 않겠지만, 하여간, 일단 생각은 그렇게 해볼 수 있다는 거죠, 네…' 정도의 뉘앙스였다. 다른 이들도 비슷했다. '굳이 상상을 하자면 그렇게 상상을 할 수는 있겠지만, 그게 실제 그렇게야 되겠는가', 자신이 말을 꺼내면서도 회의하는 분위기였다고 할까.

그래서 그들은 자신들의 상상이 들어맞는 영화의 엔딩 앞에서 얼굴이 붉게 변하거나 황망해했다. 함께 강의를 듣던 이들의 쏟아지는 시선을 마치 자신의 폭력적 상상력에 대한 질책인 것처럼 받아들이는지, 당혹스럽게 손을 내저으면서 끝까지 말을 잇지 못하기도 했다. "아니 저는 그렇게까지, 설마 죽이기까지…." 유일하게 여성으로서 답을 제시했던 어떤 이는 엔딩 타이틀이 채 끝나기도 전 어둠 속에서 변명 같은 말을 속사포처럼 내뱉기도 했다. "아니요, 선생님, 제 말은요, 저는 저런 게 아니었고…", 불을 켜고 보니 마치 울 것 같은 얼굴이었다.

무슨 이유인지 상세히 설명되지 않으나, 소녀는 성매매로 돈을 벌고 있었고 학교에 퍼진 소문에도 불구하고 소녀를 짝사랑했던 소년은 뒤늦게야 그 사실을 확인한다. 교복을 입은 채 학교 실습실에서 '돈을 버는' 소녀의 모습을 바라보는 소년의 마음이야 굳이 설명이 필요하지도 않다. 하지만 그럼에도 소녀에 대한 소년의 우정 혹은 애정은 지속될 수 있다고 관객들은 상상한다, 혹은 소망한다. 또한 소년의 상실의 고통이 너무 심해서 더 이상 우정을 유지할 수는 없다고 하더라도, 그래도 그 정도의 아픔은 곧 극복되리라고 기대한다.

내 생각으로는 아마 동전 꾸러미로 소녀를 가격한다는 엔딩을 상상했으나, 차마 그러한 참혹한 상상력을 내뱉는 것 자체를 저어하는 마음과 어떤 분위기 때문에 입을 다물었을 이들도 분명 있을 것 같다. 어쩌면 꽤 많았을지도 모르겠다. 중요한 건 바로 그러한 저어함, 주저일 것이다. 상상할 수는 있으나 그렇게 되어서는 안 된다고 제어하는 생각의 상태. 그렇게 상상하는 자체만으로도 무언가 당당하고 떳떳하지 못하게 느껴지는 마음의 감각. 그게 핵심일 것이다.

하지만 만들어진 영화는 다른 이야기, 그러나 너무나 익숙한 이야기를 한다. 긴 생머리의 소녀는 '훼손'된 섹슈얼리티의 소유자라는 이유로, '순수'를 소망하는 소년의 판타지를 배반했다는 죄목으로 단호하게 응징당한다. 때 묻지 않은 시간 혹은 첫사랑의 판타지에 기반한 소년의 눈에 소녀는 순수하고 깨끗한 여자, '성녀'였어야 한다. 하지만 결코 믿고 싶지 않았던 학생들의 수군거림이 실제로 밝혀지는 순간 소녀는 세상에서 가장 더러운 여자, '창녀'가 된다. 자신을 짝사랑하는 눈치를 모르지 않았을 소녀가, 성매매를 수치로 여기기는커녕 그 물질적 반대급부를 삶의 즐거움을 위해 기꺼이 지출하려는 듯한 태도는 성매매의 적극적 자발성의 근거로 제기되며 폭력적 응징을 정당화한다.

〈동전 모으는 소녀〉은 소녀의 '타락'에 일체의 동정이나 변명의 여지를 두지 않는다. 그렇게 사회적 약자에 대한 공감이 부재한, 지나치게 가혹한 응징과 처벌의 서사가 만들어진다. 특히 투명한 유리 저금통에 한 푼 두 푼 동전을 모으는 소녀의 모습으로 시작된 영화가 꿈과 순수, 희망과 미래 등의 연쇄적 의미를 담고 있는 '돈'주머니를 무기로 뒤통수를 가격하는 엔딩은 더욱 의미심장하다.

돈 몇 푼에 순수를 팔아넘기는 소녀의 타락한 행위는 개인적 선택을 넘어 공동체적 선의 추구라는 사회적 이상에 거역하고 이를 훼손하는 행위로 의미 부여되기 때문이다. 격렬한 센세이션을 불러일으켰던 루이스 브뉘엘의 1930년도 영화 제목을 차용한 〈황금시대〉 10부작 중 한 편으로 인상적인 완성도와 이미지를 남긴 〈동전 모으는 소녀〉은 '훼손된 소녀 이미지에 대한 징벌'을 경유해, 물신화된 대한민국을 비판·풍자하겠다는 기획 의도를 '충실하게' 구현한다.

'연민과 연대' 대신 '분노와 파국'

"대체 감독은 무슨 생각으로 저렇게 영화를 만들었을까요?" 한 여학생이 쉬는 시간에 교탁으로 다가와 살짝 항의 조의 질문을 던졌다. 그 답은 권종관 감독의 연출의 변에 제시돼 있다. "아직 어른이 되지 못한 아이들의 묘한 설렘이 있는 영화를 만들어보고 싶었다. 그 설렘으로 인한 기대가 좌절되었을 때 나타나는 분노가 증오가 되고 그 증오가 극단적인 파국을 그리는… 아이들의 잔인함도 보여주고 싶었다."[2] 감독의 말은, 현실을 바라보고 인간을 사유하는—최소한 강의를 통해 내가 확인한—보통의 사람들의 감각과 실제 영화 창작자의 감각의 차이를 매우 또렷하게 드러낸다.

창작자는 소년의 '설렘으로 인한 기대'가 '좌절'되었을 때 '분노'가 나타난다고 상상했다. 하지만 처음 영화를 보던 순간에도, 혹시 했던 게 사실로 밝혀지는 장면에서도 관객인 내가 느꼈던 것은 '분노'가 아닌 '안타까움과 연민'이었다. 나처럼 딸을 키우는 엄마의 입장이 아닌 학생들이나 일반인들의 반응도 최소한 '분노'와는 다른 것이었다. 무엇보다도 자신을 짝사랑하는 남자 친구 앞에서 당당하지 못한 모습을 들킨 후에도 감정의 동요 없는 소녀의 모습은 헤아리기 어려울 아득한 슬픔으로 다가왔다. 이미 오래전에 수치의 감각이 마비돼버렸을 만큼 소녀의 현실은 황폐하고 가혹하단 말이었으니까.

그러니 긴급한 구조와 도움의 손길을 절박하게 요청하는 사회적 타자의 현존이라는 현실 앞에서, 누군가는 공감과 도움의 필요를 떠올릴 때 누군가는 '분노'와 '증오'를 통한 '파국'을 상상하는 차이가 발생한다. "근데 쟤가 누군데 그래?", "야 우리가 알 게 뭐야." 긴 머리 소녀에 대해 잔인한 뒷담화를 나누던 여학생들의 말처럼, 영화는 정작 돌에 맞아 죽은/죽었을지 모를 소녀에 대해 아무것도 모르고, 말하지 않는다.

---

2 『씨네21』 영화정보, http://www.cine21.com/movie/info/?movie_id=26662.

'외롭지 않았으면⋯ 힘들지 않았으면⋯', 싸이월드 프로필에 적혀 있던 짧은 글귀에서 긴급한 구조 신호를 읽어낼 의지 같은 건 없다.

그러니 수업에서 나왔던 다른 상상력들, 가령 뚜벅뚜벅 빠른 걸음으로 복도를 걷던 소년이 소녀를 그냥 지나쳐 운동장으로 뛰어가면서 앞서 실습실에서 나왔던 남성의 뒤통수를 가격한다는 것과 같은 엔딩은 만들어질 수 없었다. 영화에서 가해-피해의 사슬을 명백하게 밝히고 그에 따른 응징을 굳이 가해야 한다면, 어른이면서 학교 교사로서 '보호'했어야 할 소녀-학생을 성매수한 성인 남성-교사가 가장 큰 책임을 져야 하고, 소년의 분노도 그의 뒤통수를 향했어야 한다는 가장 상식적인 논리는 배제되는 것이다.

〈동전 모으는 소년〉은 사슴처럼 순수한 눈망울을 가진 중학생 소년의 시점에서 참혹한 성장의 한 시기를 그려낸다. 이처럼 주인공들의 입사入社 과정에서 여성이 희생 제물처럼 바쳐지는 양상은 〈고령가 소년 살인사건〉(에드워드 양, 1991) 등 일련의 영화적 형상화에 앞서 문학 서사에서 이미 익숙한 것이기도 하다. 이에 따르면 여성들은 '누이'나 '동무' 같은 '순수의 세계'를 대표하는 약자로서, 소년 시절 남자 주인공들의 상징적 친족으로 자주 등장하지만 주인공들이 다른 남성들과 함께 '힘의 세계'로 진입하게 될 때 그녀들의 '훼손'이 대가로 지불된다.[3]

그렇다면 "남성 주체들이 자신에게 남아 있는 일말의 순수를 위악을 통해 증명하고자 하는데 이를 위한 희생양으로 여성이 선택된다"는 한국 문학에 관한 강지윤의 진술은 영화 〈동전 모으는 소년〉과, '위악적 포즈'를 스펙터클화하는 데 몰두하는 한국 남성 중심 영화의 관행적인

---

3 강지윤, 「감수성의 혁명과 反혁명 – 김승옥의 〈무진기행〉과 '여성'이라는 암호」, 『문학을 부수는 문학들』, 민음사, 2018, 187쪽.

재현 경향 또한 일목요연하게 짚어낸다. 특히 〈동전 모으는 소년〉에서 에필로그는 현실과 환상, 현재와 과거의 경계를 드러내는 방식으로 긴 생머리 소녀의 죽음이라는 파국적 현실에 대한 인식을 오도하고 가해 자인 소년의 감정에 이입토록 유도한다.

　김승옥의 소설 「무진기행」(1964)을 분석한 앞의 글에서 강지윤은 남성 성장의 플롯에서 '여성 훼손'이 대가로 제시될 때 남성 주인공들이 보이는 가장 큰 특징은 '여성을 희생양 삼았다는 죄를 고백하는 주체로 스스로를 위치시킨다는 점'이라고 말한다.[4] 에필로그에서 흔들리는 카메라 시점에 '아련하게' 보이는 긴 생머리 소녀의 '순수했던' 모습은, 되돌리지 못할 시간 앞에서 '고백하는 내면'을 자처하는 소년의 죄의식에 면죄부를 부여한다. '악어의 눈물'이라 할 수 있을 이러한 에필로그적 장치를 통해 영화는 '약자 대신 강자의 슬픔과 곤경을 전달하는 내밀한 언어'[5]로서의 정체성도 고백한다.

　〈동전 모으는 소년〉 수업은 신자유주의 체제의 먹이사슬 가장 밑바닥 계층으로서 피해자-여성에게 가해지는 전도된 응징의 서사라는 점을 강조하며 '철저한 남성적 시선'에 대한 문제 제기로 정리되곤 한다. 그러던 언젠가 한 남학생이 손을 들어 이견을 밝혔다. "그 시선은 남성의 시선이라기보다는 어른 남성의 것이라고 보는 게 맞을 것 같습니다. 여성에 대한 차별적인 시선을 사회에서 많이 경험하는 성인 남성이면 모를까, 중학교 2학년이라면 주변에서 저런 경우를 만나게 된다고 하더라도 영화에서처럼 행동하지 않을 것 같은데요. 아마 친구를 이해하거나 감싸는 행동을 하게 되지 않을까 싶습니다." 그 말을 듣던 날 집에

4　같은 글, 191쪽.
5　같은 글, 192쪽.

온 나는 강의 파일에 '철저한 남성적 시선'을 '철저한 어른/남성의 시선'이라고 고쳐 적었다.

생머리 소녀와 아정, 그들은 누구인가

〈동전 모으는 소년〉에 대해 길게 이야기를 했으니, "성적 방종에 대한 공개적 처형 방식"[6]으로 죽어간 아정의 이야기(〈마더〉)는 길게 풀어 쓰지 않아도 될 것 같다. 어차피 김윤아의 노래를 즐겨 듣던 긴 생머리 소녀는 아정과 DNA를 공유하는 존재거나, '더블' 혹은 단순한 반복이었으니까. 다만 봉준호의 전작들인 〈살인의 추억〉, 〈괴물〉의 '소녀-희생양' 서사가 〈마더〉에서 어떻게 차별화 혹은 변질되는가는 짚어볼 필요가 있겠다.[7]

〈살인의 추억〉과 〈괴물〉에서와 달리 〈마더〉의 아정은 훼손된 섹슈얼리티를 이유로 희생양적 가치의 면에서도 상대적으로 열등한 지위를 갖는다. 아정의 희생은 〈살인의 추억〉에서 소현이나 〈괴물〉의 현서처럼 훼손되고 동요하던 남성의 주체성 복원 및 공동체의 안정에 기여하지 않는다. 따라서 딸에 대한 아버지의 죄책감이나 남성 형사들의 열패감, 상실감과 등가로 치환될 수 있는 어떠한 정념도 〈마더〉에서는 찾기 어렵다.

아정이 반항적이고 비판적인 태도를 보이는 장면은 아정이 놓인 성 착취적 현실의 억압적 맥락을 드러낸다. 하지만 이 플래시백 장면에서

---

6 김소영, "그 무력함의 공포", 『씨네21』, http://www.cine21.com/news/view/?mag_id=56869.

7 〈마더〉에 관한 분석 또한 앞서 언급한 필자의 논문, 「청소녀의 성적 재현에 관한 연구: 2000년대 한국영화를 중심으로」, 179~181쪽의 내용을 인용·심화한 것이다.

사진 3〉 몸을 팔아 생계를 유지했던 아정의 사체는 성적 방종에 따른 처벌의 의미로 옥상에 전시된다.

아정과 함께 있던 종팔(김홍집)은 아정의 말에 권위를 부여하거나 공감을 통해 관객과의 동일시를 이끌어낼 극적 지위를 갖지 못한 지체장애 청소년으로, 자신의 앞가림도 하지 못하는 무기력한 청자聽者이다.

결국 아정의 선택은 그 행위의 발생을 둘러싼 현실 사회적 맥락에서 분리됨으로써 가혹한 응징과 처벌의 대상이 된다. 그리고 이는 유사성을 갖는 10대 피해자-여성 캐릭터들 사이에 수직의 위계를 만든다. 그래서 생계유지를 위해 몸을 팔았던 아정이 단죄의 징표인 듯 처벌 후 전시될 때, 〈괴물〉의 현서가 죽어가며 보여주었던 일종의 숭고미[8]를 보장받지 못한다(사진 3).

〈동전 모으는 소년〉이 단편영화의 한계 때문에 담기 어려웠던 '빈곤 문제의 성적 차원'[9]은 〈마더〉에서 아정 캐릭터 구축의 바탕이 된다. '빈곤의 여성화'(feminization of poverty)는 미국에서 1970년대 전후 빈곤이 급속도로 여성의 문제로 되어가는 것을 사회학자인 피어스Pearce가

---

8 정우숙, 「봉준호 영화의 소녀상 연구」, 『여성문학연구』 23호, 한국여성문학학회, 2010, 294쪽.

9 석재은, 「한국의 빈곤의 여성화에 대한 실증 분석」, 『한국사회복지학』 vol. 56, no. 2, 한국사회복지학회, 2004, 168쪽.

정의한 개념으로, 빈곤에 대한 성적 접근의 필요성을 사회 정책적 쟁점으로 부각시킨 바 있다.

바로 이러한 맥락에서 〈동전 모으는 소녀〉과 〈마더〉의 소녀들은 '계급적, 성적으로 위계화된 한국 사회 중심질서에서 배제된 채 주변부에 위치 지워진 여성들의 곤경을 물질적으로 드러내는 표시'[10]로서 빈곤의 문제를 직접적으로 제기한다. 또한 '무성적 존재'로 규정되며 성적 실천 및 수행의 유예가 강요되는 10대 청소년들의 섹슈얼리티가 상품으로 호출되는 현실도 명백히 지시한다. 하지만 〈마더〉에서 정신이 오락가락하는 할머니와 생활하는 결손가정 청소년으로 생계를 책임져야 했던 아정에게 성매매라는 선택지는 성적 방종이라는 개인적 선택으로 환원된다.

정우숙은 〈괴물〉이 "소녀 현서가 괴물에 의해 죽임을 당함으로써만 실질적 동력을 발휘한다"면서 "이 사회 전체가 최선이 아니라 차선의 방식으로라도 회복되기 위해 우리가 내놓아야 할 가장 아깝고 소중한 가치로 소녀를 제시"[11]한다고 적고 있다. 그러나 아정의 "성적 방종에 대한 공개적 처형 방식"은 〈괴물〉, 〈살인의 추억〉처럼 남성적 주체성의 구축 및 복원에 결정적으로 기여하지 못하는 10대 여성의 섹슈얼리티에는 희생양의 지위마저 허락되지 않는다는 것을 분명히 드러낸다.

결국 희생양의 자리와 응징의 대상 사이에서 동요하던 소녀 제물 아정을 향한 애도의 시선은 응징과 처벌의 시선에 의해 압도된다. 거의 기이할 정도로, 〈마더〉에 관한 말들에서—마지막 남은 피해자 종팔에 대한 동정이나 연민과는 대조적으로—가장 취약한 피해자였던 아정의 자리가 번번이 비어 있다고 느끼는 건 바로 이 때문이다.

---

10 김양선, 「빈곤의 여성화와 비천한 몸」, 『여성과 사회』 제15호, 창비, 2004, 252쪽.
11 정우숙, 앞의 논문, 291~292쪽.

'소녀와 죽음'이라는 상상력

소녀의 죽음을 서사의 동력으로 삼는 다른 영화들에서도 소녀의 '쓸모'는 다양하게 증명된다. 개봉되던 첫날, 조조 상영으로 이창동의 영화 〈시〉를 보았다. 그리고 오프닝 장면을 보자 가슴이 덜컥 내려앉으면서 후회가 됐다. 어쩌자고 '이창동', '윤정희', '〈시〉'라는 말만 듣고 무작정 극장으로 달려왔을까. 또 교복 입은 여학생이 죽는 영화라면, 게다가 집단 성폭행으로 자살한 실제 여학생의 이야기를 소재로 한 것임을 알았다면, 그게 누구의 영화건 간에 큰 스크린으로 참담함을 감당할 엄두를 쉽게 내지 못했을 것이었기에 그랬다.

그리고 몇 년 뒤 〈한공주〉를 보면서 실제 몸의 근육들이 다 뒤틀리는 듯 통증을 느껴야 했다. 좋은 영화라는 추천에 끌려 찾아본 테일러 셰리든의 2016년 작품 〈윈드리버〉도 여성 청소년이 죽음을 맞는 오프닝에서 영화 보기를 그만둘 것인가 잠시 고민하기도 했다. 26년 만의 극장 개봉 걸작이라는 에드워드 양의 〈고령가 소년 살인 사건〉을 보러 굳이 서울까지 가려는 마음을 먹지 못했던 것은 단지 시간 탓이 아니라, 소녀의 배에 칼이 꽂히던 그 장면을 큰 스크린에서 다시 볼 엄두가 나지 않았기 때문이었는지도 모르겠다.

그리고 많은 이들이 '올해의 영화', '주목할 만한 여성 서사'로 상찬했던 〈비밀은 없다〉(이경미, 2015)에서 결국 시체로 돌아오는 딸의 이야기는 영화적 완성도나 여성 서사적 가치 여부를 떠나 그저 견디기 힘들었다. 〈비밀은 없다〉에 대해 "왜 영화는 애초 민진(신지훈)의 생존이 아니라 죽음을 기다려야 했을까" 묻는 남다은은 이 영화에서 딸을 살해하게 내버려두는 선택이 "가부장제에 대한 저항이 아니라 오히려 가부장제와 은밀히 공모해 딸을 죽이면서 마치 가부장제에 복수하고 있다고 착각하는 위악적인 제스처"라고 지적한다.

그러면서 부연한다. "종찬(김주혁)에 대한 처벌의 온당함이 딸에 대한 영화적 살해를 정당화하고 압도해도 된다고 말할 수 있을까. 도덕적 단죄의 쾌감을 부풀리기 위해 아이의 죽음을 도구화하며 가장 중요한 영화적 윤리를 저버렸다는 지적을 이 영화가 피해 갈 길은 없을 것이다."[12] 반드시 제기됐어야 할 질문으로 이 진술에 동의하면서도 하나는 덧붙여야겠다. '딸에 대한 영화적 살해를 정당화하고 압도해도' 되는 그 어떠한 것도 있을 수 없다. 현실에서도, 영화적 재현의 장에서도.

영화에서 여성들의 죽음이야 원래 천지사방 널렸다지만, 10대 여성들의 죽음은 다른 감각과 윤리를 동원해서 더욱 근심하고 견제해야 하는 것 아닐까. 이제 나는 어떠한 명분으로도, 어떠한 영화적 출중함으로도 10대 여성의 죽음을 실마리로 삼거나 동력으로 쓰는 영화들은 감당하기 힘들다. 다르덴 형제의 〈언노운 걸〉(2016)은 18세의 이주민 흑인 소녀라는 타자의 얼굴을 관객의 눈앞에 들이밀며 '그 소녀는 누구인가' 묻는다. 반드시 제기됐어야 할 질문을 담아냄으로써 영화는 애도의 윤리적 기획의 자격을 갖춘다지만, 그렇다고 해도 소녀의 죽음을 지켜보는 고통이 견딜 만해지는 것은 아니다.

그리고 제목부터 서늘한 〈죄 많은 소녀〉(김의석, 2017)에 그토록 상찬이 이어질 때에도, 나는 "한 소녀의 죽음을 둘러싸고 벌어지는 소요를 통해 이 사회가 갖고 있는 구조적 모순과 인간의 도덕, 윤리적 모순을 동시에 드러내고자"[13] 하는 영화적 기획의 익숙함에 가벼운 절망감을

---

12 남다은, 「여성영화는 아직 도착하지 않았다 - 〈아가씨〉와 〈비밀은 없다〉를 보고」, 『문학동네』 2016년 가을 88호, 625~626쪽.

13 김현수, "〈죄 많은 소녀〉 김의석 감독 - 모두가 패배하는 과정을 보여주고 싶었다", 『씨네21』, http://www.cine21.com/news/view/?mag_id=88545.

느껴야 했다. 〈살인의 추억〉과 그 후로도 이어진 많은 영화들이 이미 증명했던 이러한 기획의 '쓸모'가 다시 한 번 입증됐으며, 그것도 더욱 극한의 방식으로 반복됐다는 점에서 그러했다.

무엇보다도 동의하기 어려웠던 건, 10대 여성들의 세계에서 맹렬하게 작동하는 '죽음에의 친애'라는 감각 내지 정서 구조였다. 다른 많은 영화들처럼 강에서 경민(전소니)의 시체가 발견되는 사건으로 시작되는 영화에서 죽음은 삼시 세 끼 먹는 밥처럼 무시로 언급되고, 일상으로 영화에 들러붙는다. 영희(전여빈)는 "먼저 죽으려고 했"다가, '경민이가 죽길 바란 소녀'가 되고, "죽겠다"고 다짐하며 '거의 죽음에 다다른' 퍼포먼스를 펼친다. "여러분이 그토록 원하던 나의 죽음을 완성하러 왔습니다. 여러분 앞에서 가장 멋지게 죽고 싶습니다." 한 번은 침묵의 언어인 수화로, 또 한 번은 명백한 언어적 발화로 반복되는 이토록 강력한 '죽음에의 친애'가 교복 입은 여성들의 시공간에서 작동하는 풍경을 지켜보는 것은 단지 불편함을 떠나 윤리성의 감각을 아프게 자극했다.

이처럼 '모두가 패배하는 과정'[14]에 배치되는 소녀의 죽음에 대해 이승희는 영화 속 인물들이 경민의 죽음을 애도하지 않으며, 경민의 죽음이 발생시킨 원한에서 벗어나기 위해 '자기 죽음 전시'를 통한 자기 애도에만 몰두하는 것이 이상하다[15]고 적는다. 하지만 이 '이상함'은 여성 재현에 관해서, 특히 일종의 하위 주제로서 죽음과 여성의 영화적 연계를 모색하는 한국 영화 재현의 장에서 이미 상수常數, 기본 값이 돼버렸지 않던가. 이승희의 지적처럼 죽음은 있으나 애도가 없기에 "관음증을 자극하는 방법으로 관객을 2인칭의 자리에 불러 앉혀놓고 트라우마를

---

14 김현수, 앞의 글.
15 이승희, 「〈죄 많은 소녀〉: '자기 죽음 전시'의 윤리」, 『독립영화』(48), 2019, 215쪽.

떠올리는 폭력 이미지를 '전시/연행'하고 있는"〈죄 많은 소녀〉의 관람은 내게 일종의 심리적·정서적 스너프 필름을 보는 듯한 고통마저 안겨주는 것이었다.

개인적으로 나는 이런 총체적인 패배의 서사를 지지하기 힘들다. 그러기 싫다. 같은 시기에 하루걸러 연달아 보았던 신동석의 〈살아남은 아이〉(2017)가 〈죄 많은 소녀〉보다 좋았던 한 가지 이유를 꼽으라면, 정말 단순하게도 기현(성유빈)이 어찌 됐든 우여곡절 끝에 살아남았다는 점이었다. "살아서 책임짐으로써 반성하기보다 자해하여 세상을 후회하게 만들려는 황폐한 몸부림의 악순환"[16]을 아무리 정교하게 복합적으로, 혹은 미학적으로 그려냈다고 해도, '상실감을 대처하는 어른과 청소년의 모습을 통해 희망은커녕 우리가 감추고 싶어 하는 나약한 인간성을 들춰내는 동시에 무의식적으로 자멸하는 인간과 사회를 날카롭게 지적'하는 영화는 자꾸만 힘을 빼놓는다.

'죽음과 소녀'는 '메멘토 모리'라는, '지상적 삶의 헛됨과 필멸의 운명에 대한 인식'을 시각적으로 구현하는 주제로 꽤 익숙하다.[17] 그러나 한국 영화에 편재하는 소녀들의 죽음은 '여성의 부재'라는, 21세기 한국 영화를 관통하는 미학적·젠더 정치적 패러다임의 맥락에서 비로소 파악될 수 있을 것이다. '여성의 실종'이 주요한 의제로 담론화되던 21세기 초엽을 지나며 여성이 사라져간 빈자리는 시나브로 채워지기 시작했다. 하나가 '이상한 방식으로 돌아온 남근적인 엄마(phallic

---

16 김혜리, "애도자들 – 〈살아남은 아이〉〈죄 많은 소녀〉", 『씨네21』, http://www.cine21.com/news/view/?mag_id=91217.

17 남진우, 「죽음과 소녀 – 마커스 주삭, 『책도둑』에 대하여」, 『문학동네』 제15권 제2호 통권 55호, 2008.

mother)',**18** 즉 '복수하는 엄마들'의 귀환이라면, 다른 하나는 죽음의 전제 속에서 불려오는 피 흘리는 소녀들의 형상이었다.

그렇다면 도대체 왜 자꾸 소녀들이 죽어가는가의 질문에 대한 답은 의외로 쉽게 제출될 수 있지 않을까. 간결하게 설명하자면, 강력한 남성 동성사회적 욕망을 토대로 구축되는 배타적 영화 재현의 장에서 '현존하되 부재해야 하는' 이율배반적 조건을 충족하는 대표적인 경우는 사체-여성이다. 그럴 때 여성 청소년의 죽은 몸(dead body)은 성인 여성의 것보다 더 '쓸모'가 탁월하다. 막상 이렇게 적고 보니 너무나 참혹하고 가혹한 표현이기는 하지만 나로서는 이보다 더욱 합리적이고 적확한 답을 찾아낼 수 없다.

〈죄 많은 소녀〉에서 영화 속 모녀는 끝내 화해하지 못한다. 죽음을 넘어서조차. 그 강고한 불신, 현저한 괴리, 해소되지 못할 소외와 배척이 안타깝고 많이 불편하다. 결국 영화 속 그 누구도 경민에 대해서 온전한 애도를 수행하지 못한다. 살아남은 자들에게 유일하게 의미 있었던 것은 결국 살아남음의 곤혹, 살아남음의 집착, 살아남음의 위안이었을 뿐이다. "빨리 잊어야지", "나도 위로받고 싶어." 그렇게 각자의 계산과 실리의 분주함 속에서 경민은 그저 망각된다. 그 점에서 "우리는 이미 늦었고, 잘못하고 있어요. 우리는 실패했고, 그런 존재와 상황을 만들었고, 이건 되돌릴 수가 없어요"라는 김의석 감독의 말은 아프고, 듣기 마땅찮다.

---

18 김경욱, 「〈마더〉와 〈시〉, 소녀의 죽음에 응답하는 한국 영화의 두 가지 방식」, 『영화연구』 46호, 한국영화학회, 2010, 14쪽.

"아빠, 나도 같이 살고 싶어!"

나의 세상에는 아름다운 초원이 있다. / 나뭇가지가 춤추듯 바람에 나부끼고 햇살이 부서져 / 호수에 물결이 이는 울창한 나무들이 / 그림자를 드리우며 늘어선 곳 / 나, 그대와의 모든 기억을 여기 간직하려 한다. / 사랑의 눈길로 날 바라보던 그대여, / 진흙탕 같은 현실 속에 얼어붙어가는 날 찾아준다면 / 그대와 함께했던 이곳으로 돌아와 / 완벽한 위안과 안식을 찾으리라.   나탈리, 영화 <윈드리버>

그곳은 어떤가요 얼마나 적막하나요
저녁이면 여전히 노을이 지고
숲으로 가는 새들의 노랫소리 들리나요
차마 부치지 못한 편지 당신이 받아볼 수 있나요
하지 못한 고백 전할 수 있나요
시간은 흐르고 장미는 시들까요

이제 작별을 할 시간
머물고 가는 바람처럼 그림자처럼
오지 않던 약속도 끝내 비밀이었던 사랑도
서러운 내 발목에 입 맞추는 풀잎 하나
나를 따라온 작은 발자국에게도
작별을 할 시간

이제 어둠이 오면 다시 촛불이 켜질까요
나는 기도합니다

아무도 눈물은 흘리지 않기를

내가 얼마나 간절히 사랑했는지 당신이 알아주기를

여름 한낮의 그 오랜 기다림

아버지의 얼굴 같은 오래된 골목

수줍어 돌아앉은 외로운 들국화까지도 내가 얼마나 사랑했는지

당신의 작은 노랫소리에 얼마나 마음이 뛰었는지

나는 당신을 축복합니다

검은 강물을 건너기 전에 내 영혼의 마지막 숨을 다해

나는 꿈꾸기 시작합니다

어느 햇빛 맑은 아침 깨어나 부신 눈으로

머리맡에 선 당신을 만날 수 있기를

「아네스의 노래」, 영화 〈시〉

테일러 셰리든의 〈윈드리버〉는 아름다운 시를 읊는 나탈리의 차분하고 정갈한 내레이션으로 시작된다. 그럴 때 〈윈드리버〉의 나탈리는 「아네스의 노래」를 부르며 되돌아온 〈시〉의 희진과 쌍둥이 혹은 '더블'이 된다. 순백의 광활한 설원과 푸르른 강 위에서 아름다운 시를 읊는 그 목소리들에 이어 죽음 직전으로 떠밀린 채 간절히 도움을 구하는 절박한 실체, 고통의 얼굴이 드러난다. 아름다운 시-목소리와, 참혹한 고통-얼굴의 가슴 아픈 엇갈림. 이토록 슬픈 어긋남의 유사성은 언제까지 반복될 것인가. 살아 있음 그 자체, 혹은 소소한 기쁨을 노래하는 목소리에 어울리는 삶의 얼굴을 찾아주는 것. 지금 우리들의 영화가 놓치고 있는 게 바로 그것이 아닐까.

그래서 나는 지금 당장 영화적 재현의 장에, 특히 한국 영화에 필요

한 많은 것들 중에서 시급한 것이, 무엇보다도 10대들에게 삶을 허락하는 상상력이라고 생각한다. 어떤 우여곡절에도 불구하고 일단 그들을 살아가게/살아남게 하는 것. "아빠, 나도 같이 살고 싶어!", 괴물에 잡혀가면서, 괴물 뱃속에서 마지막 숨을 삼키던 순간까지 현서가 하고 싶었던 말은 바로 그게 아니었을까. 긴 생머리 소녀와 아정, 그리고 그 뒤를 잇는 죽음들 앞에서 다양한 미사여구와 현란한 수사들은 그만 거두어져야 하지 않겠는가.

아직 교복을 벗지 않아도 될 열네 살, 열여덟 살에게 필요한 건, 지옥 같은 삶이거나 진창 같은 현실이어도 그저 스물네 살, 서른여덟 살, 그리고 쉰아홉 살로 살아갈 삶의 기회일 뿐. 그러니 제발, 더 이상 10대 여성들의 몸을 볼모로 하는 그 모든 죽음의 상상력은 중단돼야 한다.

〈아이 엠 러브〉, 그 여자의 집은 어디인가[1]

정물과 같은 삶의 적막과 공허로 질식할 것 같던 여성이 우연히—느닷없이, 벼락 맞듯—운명의 남자를 만나 뒤늦게 섹슈얼리티를 자각하고 집을 뛰쳐나가는 이야기에 적당히 질려 있는 참이었다. 그것이 여성에게 집이라는 사적 영역만을 허락한 가부장제적 구획에 저항하고 가부장제의 명령을 취소시키는 전복성을 갖는다고 해도, 바람난 여자들을 열렬히 응원하기도 심드렁해진다고 느껴질 즈음이었다. 멀쩡한 가정주부가 남들 보기에 이해하기 어려운 혼외정사로 삶을 완전히 뒤바꿔버리는 또 하나의 영화, 〈아이 엠 러브〉(루카 구아다니노, 2009)는 그러할 때 만났다. 심장 박동을 재촉하는 듯한 존 애덤스의 음악과 밀라노의 설경으로 시작되는 〈아이 엠 러브〉는 다시 한 번, 〈인형의 집〉(헨리크 입센, 1879)을 원형적 서사로 하는 '집 나가는 여자들' 이야기가 여전히 쓸모 있음을 확실하게 보여주는 영화였다.

---

1 이 글은 필자의 신문 연재글 "[박인영의 매치컷] 〈아이 엠 러브〉와 〈피파 리의 특별한 로맨스〉 - 엄마는 그 집에 살지 않는다", 〈충청미디어〉, 2017. 5. 8., http://www.thecm.net/news/articleView.html?idxno=11689의 문제의식을 인용·심화한 것이다.

혼외정사 플롯의 어떤 쓸모

진부함과 통속성으로 치면 어떤 영화에도 뒤지지 않을 것 같은 플롯이었지만 〈아이 엠 러브〉는 좀처럼 보기 힘들었던 장면들이 느닷없이 펼쳐졌고, 그때마다 하릴없이 무릎이 꺾이는 느낌을 받았다. 산레모에 다녀온 주인공 엠마(틸다 스윈튼)가 집으로 돌아오는 장면이 첫 번째 충격이었다. 조심스레 방문을 닫고 가방을 바닥에 던진 엠마가 급하게 뛰어간 곳은 화장실. 커다란 화장실 거울에 비치는 그녀의 모습이 점점 줌인되면 우리는 보게 된다. 손으로 가린 채 얼굴을 조금 숙이고 있던 그녀가 웃고 있다는 것을.

그것이 오래 참았던 소변을 시원하게 보는 쾌감 때문만은 아닌 게 분명하다. 손을 씻는 다음의 장면에서 화장실 거울에 비친 그녀의 클로즈업은 보다 확실하게 보여준다. 그녀는 지금 좋아서 어쩔 줄 몰라 하는 중이다. 내가 무슨 짓을 한 거지? 되짚어보고는 희열에 몸을 바르르 떤다. 그런 짓을 한 스스로가 너무 대견하고 행복해서 특급 칭찬이라도 해주고 싶은 얼굴이다(사진 1).

문제의 이 장면은 산레모의 깊은 산에서 혼자 바람을 만끽하던 엠마가 아들의 친구인 요리사 안토니오(에도아르도 가브리엘리니)와 막 입을 맞추는 장면이 흐려지다가 어두워진 다음 시작됐었다. 엠마는 아마 키스 뒤에 있었을 뜨거웠던 섹스의 희열을 떠올리고 있는 중이다. 혹은 섹스까지 가지 않았어도 상관없겠다. 키스만으로도 이미 모든 것은 끝나버렸으니까.

아주 재미있는 놀이를 발견한 어린아이거나, 혼자만의 즐거운 비밀을 갖게 된 사춘기 소녀의 흥분을 떠올리게 하는 이 클로즈업에서 화면을 꽉 채운 기쁨의 감각은, 말하자면 굉장한 것이다. 막 일탈을 실천에

사진 1〉 방금 전 다른 남자와 보냈던 시간의 희열을 되새기며 여자는 파르르 몸을 떤다. 남편과 함께 쓰는 침실 화장실에 비친 여자의 얼굴은 온통 기쁨뿐, 죄책감이나 번민 같은 건 없다.

옮긴 첫날의 여자가, 다른 남자와의 정사를 떠올리며 저토록 행복해하는 장면은 이전에 본 적이 없는 것 같다. 아니, 아마 없을 것이다. 그것도 남편과 함께 쓰는 자기 집 침실 화장실에서라면 더욱.

화장실 거울에 비친 바람난 여자의 얼굴이라면 대뜸 〈해피엔드〉(정지우, 1999)의 보라(전도연)가 떠오른다. 일범(주진모)의 아파트에서 정사를 마친 보라는 화장실에서 결코 행복한 얼굴일 수 없다. 화장실은 보라에게 늘 서늘하게 현실을 일깨울 뿐이었다. 일범의 아파트가 '그저 스치듯 지나가는 곳'이기를 바랐지만, 화장실에서 발견한 자신과 딸 서연의 새 칫솔, 아이의 침구 세트 등은 그런 소망이 얼마나 위험하고 불가능한 것인지를 알려준다. 만족스런 섹스의 기쁨으로 잠시 머물던 미소는 사라지고 보라의 얼굴은 금세 딱딱하게 굳는다.

혹은 어쩌다 화장실에서 활짝 웃던 날의 미소가 담긴 폴라로이드 사진도 결국 남편 민기(최민식)의 손에 불태워지고 말았다. 그래서 〈해피엔드〉는 누구도 못 말릴 대담함으로 겁 없이 불륜을 저지르는 여자들도 얼굴의 클로즈업만큼은 언제나 죄책감과 번민으로 일그러져야 한다는 걸 학습한 대표적인 영화이기도 했다. 그 오래된 학습으로 내면화된 감각을 〈아이 엠 러브〉는 간단하게 박살낸다. 바람피우는 여자가 저토록 죄책감 없이, 번민 없이 기쁨의 감각에 몸을 온통 내맡길 수도 있다는 걸 확실하게 보여준다.

밀라노에서 직물 산업으로 거대한 부를 일군 레키 가문의 탄크레디(피포 델보노)는 러시아에 예술품을 사러 갔다가 골동품 가게 주인의 아름다운 딸마저 '수집'해왔다. 창이 많고 고풍스러운 밀라노 대저택의 안주인이 된 엠마는 '트로피 와이프'로서 조금의 부족함도 없다. 누구보다도 우아하고 품격 있는 모습으로 상류사회 일원으로서의 임무를 훌륭하게 수행해낸다. 그러던 엠마의 돌연한 선택에 대해 영화는 굳이 성의 있게 설명하려고 하지 않는다.

그래도, 알 것 같기는 하다. 집의 모든 문들이 다 닫혀 있거나, 엠마 앞에서 번번이 닫히던 동굴 같은 거대한 저택에서 결코 작지 않은 체구의 그녀는 늘 롱숏이나 부감 숏으로 왜소하게 보인다. 십억대를 호가하는 조르조 모란디의 그림이 다른 작품들 사이에 묻혀 잘 보이지도 않던, 모든 것이 너무나 완벽하고 넘쳐나던 공간에서 그녀 혼자 감당했을 외로움과 공허가 짐작되기는 하는 것이다. 대신 영화는 되살아난 삶의 감각을 전폭적으로 신뢰하고 주저 없이 온몸을 던져버리는 엠마의 욕망을 선명하게, 입체적으로 보여주는 데 집중한다. 두 번째의 충격은 그렇게 준비된다.

"새가 되어 날아가리"

아들 에도(플라비오 파렌티)만이 생선을 넣고 맑게 끓인 우하 수프를 좋아해서, 함께 러시아를 이야기하고 러시아의 기억을 나누었다. 에도 덕분에 그렇게 밀라노는 러시아와 가늘게나마 연결될 수 있었다. 그 아들이 너무도 어이없이 세상을 떠났다. 모든 이의 죄를 씻어내듯, 슬픔의 눈물을 대신 흘려주듯 비가 내리기 시작한다. 가문을 이을 것으로 기대했던 맏아들을 경황 중에 떠나보낸 남편은 장례식을 마친 뒤 성당에서 비에 젖은 아내의 젖은 머리를 닦아주고 겉옷을 벗어 걸쳐주며 신발을 신겨준다.

"엠마, 엠마", 남편의 부름에 엠마는 공허한 눈빛인 채 답한다. "당신이 알던 나는 이제 없어." 아들을 잃은 어미의 슬픔이 바닥까지 가지 않도록 남편은 아내를 포옹한다. "여보, 제발. 정신 바짝 차려야 해. 어떻게든 노력해보자. 둘이 함께." 그때 성당에 들어왔던 새가 푸드득, 요란한 소리를 내며 밖으로 날아간다. 이제 엠마도 날아가야 할 때. "안토니오를 사랑해." 성큼성큼 다가온 남편은 엠마에게 걸쳐주었던, 꽤 비쌀 양복을 벗겨 다시 입고 단추를 채운 뒤 딱 한 마디만 한다. "넌 존재하지도 않았어."

엠마의 어깨에 걸쳐주었던 자신의 양복을 벗기려 탄크레디가 성큼성큼 다가올 때 엠마는 움찔하며 뒷걸음질 친다. 무의식중에 드러난 그녀 몸의 반응은 지금 이것이 얼마나 무시무시한 사태인지를 잘 말해준다. 여성의 섹슈얼리티 탐구와 실천이라는 모험이 특히 모성에 대한 의무를 방기하거나 삭제할 때 많은 영화 속 여성들은 맞거나 아프거나 죽음이라는 대가로서의 응징을 감당해야 했다. 특히 자식을 잃는 것은 참작의 여지 없는 응징 사유였다.

〈해피엔드〉에서 보라가 가슴에 스물일곱 방의 칼을 맞아야 했던 것도 그 때문이었다. 무기력한 남편 민기는 아내의 일탈을 알게 된 후에도 이렇다 할 결단을 내리지 못한다. 하지만 젖먹이 아이에게 수면제마저 먹이고 달려 나간 모성의 배덕 앞에서 드디어 결단을 내렸었다. 남편과의 마지막 장면에서 움찔 놀라며 뒷걸음질 치는 몸의 반응으로 미루어 엠마 또한 응징의 빌미가 전혀 없지 않음을 신경 쓰고 있던 것 같다. 아들의 황망한 죽음은 엄마와 친구의 불륜을 눈치 챈 깊은 절망으로부터 비롯됐기 때문이다.

"안토니오를 사랑해." 성당에서 나직하게 울리던 엠마의 말이 주는 아득한 충격에 이어 영화의 호흡은 더욱 가팔라진다. 장례식에서 돌아온 가족들이 모두 침묵 속에 모여 있을 때 집 안에 들어선 엠마는 소변 보러 달리던 때보다 더 빠른 달음박질로 자신의 방으로 올라간다. 탄크레디 가문의 이름으로 마지막으로 입었던 검은 원피스를 급하게 벗고 결혼반지와 시계를 푼 엠마는 평범한 베이지색 바지와 푸른색 트레이닝복을 입은 채 맨발로 달려 내려간다.

영화의 클라이맥스인 이 탈출 시퀀스는 피와 살점이 튀는 웬만한 전투 장면만큼 박진감 넘치게 찍혔다. 오랫동안 그녀의 수족과 같았던 하녀 이다(마리아 파이아토)가 뒤따라 올라와 가방을 챙기고 급하게 엠마의 옷가지들을 꺼내놓는다. 심하게 흔들리는 카메라 속에서 옷을 갈아입은 엠마와 이다는 단 한 마디 말도 없이 서로를 격렬하게 포옹하며 마지막 인사를 나눈다. 존 애덤스의 음악이 두 사람의 등을 떠밀듯, 격려하듯 울리면 격한 호흡은 절정을 향해 달음박질친다.

〈아이 엠 러브〉가 불륜을 다룬 통상적인 영화들처럼 여성의 성적 각성과 정체성 모색을 모성성과의 대립으로 서사화한 것은 바로 이 순간의 전복을 위해서였다. 딸 베타(알바 로르와처)는 레즈비언 로맨스의 주체 되기를 선언함으로써 엄마의 새로운 모험을 자극했었다. 맨발에 트레이닝복 차림의 엄마를 마지막으로 본 유일한 레키 가문의 사람으로 베타는 엄마의 새 출발을 눈물을 흘리며 지지하고 격려한다(사진 2). 또한

사진 2〉 고가의 아름다운 의상, 화려한 보석, 하이힐 모두를 벗어던지고 맨발로 딸과 마주 선다. 딸은 집안에서 엄마를 본 마지막 사람이 된다.

카메라는 아래층으로 뛰어 내려간 엠마를 쫓는 대신 방에 혼자 남은 이다를 오랫동안 지켜본다.

고용-피고용 관계를 넘어선 인간적 연대를 과시하는 포옹과 혼자 남은 이다의 격렬한 오열은 엠마의 입으로 설명되지 않는 이 돌발적 선택이 갖는 오래된 역사적 연원을 설득시킨다. 밀라노 대저택이라는 섬에서 유일하게 존재의 의미를 부여했던 아들 에도마저 떠나버린 상황. 새로운 사랑을 선택하는 것으로 아들에 대한 애도를 수행하는 엠마의 달음박질이 전하는 에너지는 충분히 전복적이다.

밀라노에서 산레모로

웅장하고 견고한 탄크레디 저택의 현관과 수많은 창문들이 닫혀 있는 장면으로 시작된 영화는 엠마가 나간 뒤 활짝 열린 현관문의 장면으로 끝난다. 햇빛과 소음을 차단하는 커튼과 육중한 문들에 갇혀 있던 엠

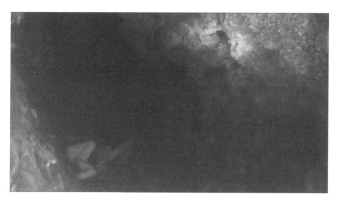

사진 3〉 맨발로 뛰쳐나온 여자는 시간도, 공간도 사라져버린 듯한 어두운 동굴 속에 남자와 함께 있다.

마는 이제 비로소, 거칠 것 없는 저 자유로운 대지로 나아갔을까. 엔딩 크레디트가 진행되면 누군가는 엠마의 미래를 응원하고, 누군가는 남아 있는 가족들의 고통을 우려할 즈음 에필로그가 시작된다. "태초에 빛이 있었다"는 성경 구절을 환기하듯 화면의 오른쪽 상단에 잠시 빛이 일렁이다가 어두운 동굴 속 함께 누워 있는 엠마와 안토니오의 모습이 왼쪽에서 드러난다. 엔딩 크레디트가 끝난 뒤 1분 21초간 지속되는 이 에필로그에서 두 사람은 누구에게도 간섭받지 않고 어떤 응징도 개입되지 않는 '합일'과 '충일'의 상태를 즐기는 중이다(사진 3).

그런데, 〈아이 엠 러브〉를 마무리하는 이 에필로그를 로맨스의 완결로, 새롭게 태어난 여성의 해피엔딩을 인증하는 것으로 받아들이기는 무언가 석연찮다. 에필로그에서 드러나는 회귀의 시간성 혹은 고정된 시간이라는 퇴행성의 혐의로 인해 엠마의 모험에 대한 최종적 판단이 유예되기 때문이다.

이 장면에서 엠마와 안토니오는 알타미라 벽화를 그리던 원시인들의 시간으로 돌아간 것처럼 보이기도 하고, 서로를 껴안은 한 몸으로

에덴동산의 아담과 이브를 연상시키기도 한다. 그런가 하면 자궁 속 태아가 된 것 같기도 하며, 혹은 쑥과 마늘을 먹으며 인간 되기를 고대하던 단군 설화 속 곰과 호랑이인 듯도 보인다. 그럴 때 흔히 성장 서사에서 입사적 공간으로서 상징성을 갖고 있는 밀폐 공간인 동굴은 〈아이 엠 러브〉에서 앞선 시간, 전사前史를 리셋하고 새로운 출발선에 선 엠마의 위치를 분명하게 지시하는 장소가 된다.

밀라노에서 산레모로 이동하는 엠마의 서사는 명료한 이항대립의 구도를 바탕으로 만들어진 바 있다. 엠마가 트로피 와이프로서의 화려한 삶을 영위하던 대도시 밀라노는 금융업 진출을 도모하는 레키 가문의 자본주의적 욕망, 웅장한 건축물, 화려한 의상 및 거창한 의례 등과 하나의 계열체를 이루는 것으로 제시된다. 이와 맞서는 것은 햇살 좋은 휴양 도시 산레모의 자연, 소규모 음식점이라는 비/탈자본주의적 욕망, 트레이닝복과 짧은 머리라는 반대의 계열체이다. 밀라노와 산레모라는 대칭적 공간을 두 축으로 하는 이항대립 구도는 이성 대 감정, 인공 대 자연, 의상 대 요리 등의 대립 항들로 확장되며, 다시 탄크레디와 엠마라는 남성 대 여성의 성별 분리 구획과 겹쳐진다.

리타 펠스키는 『근대성의 젠더』에서 '남성과 근대를 동일시하는 지배적인 문화적 가정'[2] 속에서 여성은 '근대성 자체 안에 있는 전근대적인 것을 상징하는 암호'[3]로서 형상화된다고 말한다. 이에 따르면 현실의 시공간성이 모두 삭제된 것처럼 보이는 동굴의 에필로그는 '근대 자체의 중심에 존재하는 무시간적이고 비사회적인 것의 상징'이자, '영원히 근대성이 미치지 않는 그 바깥에 남아 있'는 여성성의 함의를 핵심

---

2 리타 펠스키, 『근대성의 젠더』, 김영찬·심진경 옮김, 자음과모음, 2010, 83쪽.
3 같은 책, 112쪽.

적으로 드러낸다.[4] 그리고 '여성적인 것을 또다시 억압되고 미분화된 자연과 동일시하도록 부추기는 한계'[5] 속에서 엠마는 여성성에 대한 환상 중 대표 격인 '자연/원시로서의 여성'으로 전환된다. 섹슈얼리티적 실천을 능동적으로 수행했던 '진격의 엠마'는 문명/가부장제의 속박에서 벗어난 구원의 피난처로서 동굴로 귀환한다. '진격'의 착시 효과는 사라지고 '자연/원시로서의 여성'이라는 오래도록 익숙한 여성성의 환상이 자리하는 것이다.

엠마, 키티쉬, 혹은 다른 누구

여성의 성적 정체성 각성을 다룬 불륜-탈주 서사들이 이성애적 로맨스 각본과 결합하는 데 따른 문제점은 〈아이 엠 러브〉에서도 반복된다. 각성한 여성은 '나쁜' 남편-가부장을 떠나 '좋은/좋을 것이라 기대되는' 연인-미래의 가부장에게로 수평 이동한다. 이러한 상상력 속에서 여성의 자기 찾기는 여전히 낭만적 사랑의 이데올로기 속에 갇힌다. 용감한 모험가, 열정적 기획자로서 엠마는 "나는 사랑이다", "나는 사랑으로서 존재한다"고 결기 있게 선언하지만, 사랑의 현실태로서의 이성애적 로맨스 혹은 가부장 체제 아래의 사랑이라는 한계마저 뛰어넘을 수 있는 효과적인 자원은 갖고 있지 못하다. 이로써 모성과 섹슈얼리티의 충돌 국면에서 흔쾌히 '섹슈얼리티의 모성'을 승인하는 전복적 텍스트인 동시에 여성 서사로서의 유효성과 적실성의 측면에서 불륜 서사가 갖는

---

4 같은 책, 84, 113쪽.
5 같은 책, 31쪽.

한계를 돌아보게 한다.

엠마는 탄크레디/어둠의 공간으로부터 안토니오/빛의 공간으로 이동한다. 하지만 러시아에서 '수집'돼 밀라노 탄크레디 저택에 '수용'됐던 엠마는 꼬불꼬불 산길을 한참 올라가야 나오는 산레모의 깊은 산 동굴 속 어둠에 다시 '갇힌' 것처럼 보인다. 그것이 장소가 바뀐 수용이거나 감금, 또는 유폐가 아님을 어떻게 확신할 수 있을까. 아버지가 붙여준 이름 '키티쉬', 남편이 붙여준 이름 '엠마'를 거쳐 그녀는 새 연인이 불러줄 또 다른 어떤 이름으로 살아가게 되는 걸까.

'유토피아적 대안으로서의 여성성'이라는 환상을 공유하는 〈박하사탕〉이 가리봉동 노동자였던 순임의 20년 세월을 없는 양 서사에서 지웠다면, 〈아이 엠 러브〉에서 엠마는 자신의 이름으로 헌신하고 투자해서 확보했던 삶의 자원 모두를 포기하고 역사를 깨끗이 지운 뒤에야 새로운 출발을 허락받는다. 하지만 묻지 않을 수 없다. 설사 탄크레디 부인으로 살았던 시간이 매 순간 결여와 상실로 채워졌다고 해도, 그 부정의 경험은 왜 새 출발의 불쏘시개로, 장작으로 쓰이지 못하는가. 예전 이름 키티쉬가 그랬던 것처럼, 엠마라는 이름은 키티쉬라는 예전의 이름, 혹은 새 이름을 찾기 위해서 반드시 망각돼야만 하는가. 이다가 싸준 가방도 마다하고 빈손으로 현관을 뛰어나올 때 엠마는 신발도 신지 않은 채였다. 그 엠마의 맨발이 자꾸만 눈에 밟힌다.

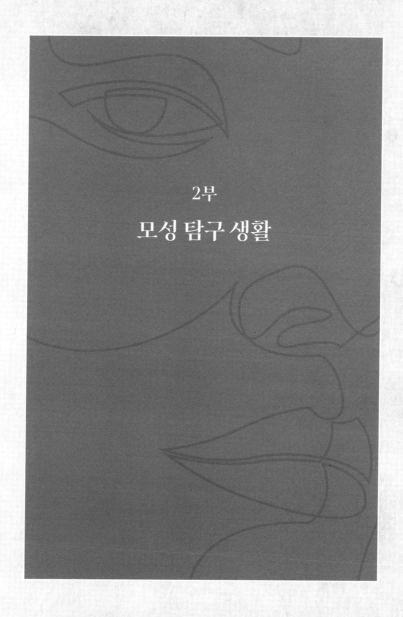

2부

모성 탐구 생활

어디에나 있-다-는 모성

인간존재의 가장 낮고 가장 어두운 단계에서 [어머니-자녀 사랑은] 도
덕적 암흑 속의 유일한 빛이었다. …어린 자식을 키우면서, 여성은 이기
심의 한계를 넘어 다른 피조물에게까지 자신의 사랑스런 보호를 확장시
키는 것을 남성보다 일찍 배운다. …여성은 이 단계에서 모든 문화, 모든
선행, 모든 헌신, 산 것에 대한 모든 관심과 죽은 것에 대한 모든 슬픔의
담지자이다./ 요한 바흐오펜Bachofen[1]

가장 고통스럽고 이해할 수 없고 애매해 보이는 지층, 금기로 둘러싸여
있고 오해가 묻혀 있는 지층/ 에이드리언 리치[2]

엄마가 된다는 최초의 경험을 겪고 나서 바로 알았다. 나는 엄마라
는―의무 어쩌면 억압의―역할에 이렇다 할 재능이 없으며 무엇보다

---

1 거다 러너, 『가부장제의 창조』, 강세영 옮김, 당대, 2004, 50쪽에서 재인용.
2 아드리엔느 리치, 『더이상 어머니는 없다』, 김인성 옮김, 평민사, 2002, 13쪽. 저자 이름 표기는
   이후 판에서 수정되었다.

도 제대로, 잘하고자 하는 의지가 없다는 것을. 그 후로 '엄마로서의 삶'은 말하자면 낙제생의 그것과 다를 바 없었다. 초등학교라는 제도 교육의 장에 진입한 이래 거의 처음으로, 오답만 적어내는 시험장에서의 불안과 공포를 느끼며 살아가는 시간들이 지나고 있었다. 무엇을 해야 할지도, 어떻게 해야 할지도 모르는 와중에 아이들은 자라나고 있었다. 얼마간은 아등바등했다. 그러다가 그냥 손을 놓아버렸다. 내 체력의 한계, 의지의 바닥 앞에서 굳이 애쓰지 말자, 그러다 결국 병원비만 나가게 될 걸, 하는 '배 째라'의 마음이었다. 그렇게 '엄마의 시간'이 흘렀다.

그렇게 엄마가 되고 나서, 그리고 엄마가 되어가는 과정에서 세상 많은 영화들 속 엄마 이야기가 곱게 넘어가지 않게 된 것은 당연했다. 불편했고, 신경에 거슬렸고, 마음에 들지 않아서 볼 때마다 예민하게 반응할 수밖에 없었다. 왜들 그렇게 모성 찬양은 넘쳐나는데, 또 한편에서는 우습게 보고 하찮게 대하는 서사들이 끊이지 않는지. "왜 많은 영화들에서 모성은 찬양되는가. 숭고해서, 위대해서, 고마워서? '근본적인 위력, 성적 유혹자, 남성의 성 에너지 소비자로서, 남성에게 불안을 불러일으키는 여성'을 '축소'시키고 '통제'하기에 어머니보다 더 효과적인 지위는 없어서라는 게 정답에 가깝다"라는 에이드리언 리치의 명쾌한 주장[3]에 토를 달 어떠한 명분도 나는 찾지 못했다.

게으르고 불성실한 엄마인 나는 "하나님은 세상 모든 곳에 존재할 수 없어서 어머니를 주셨다"라는 유대인의 속담을 끔찍해한다. 거창하다 못해 공포스럽기까지 한 의미에 숨이 턱 막힌다. '아낌없이 주는 나무'로서 헌신을 강요하다 못해 이젠 하느님 역할까지 대리해야 하는 존

---

3 같은 책, 138쪽.

재라니…. '엄마 사표'라는 게 있다면 당장 제출하고 어딘가로 도망가고 싶어지는 말이었다. 그러한 맥락에서 언제나, 거의, 예외 없이 안전한 쉼터라도 되는 양, 모성애 이데올로기로 회귀하는 영화들은 '어디에나 있는 모성'의 판타지로, 가진 건 고작 영화 티켓 살 돈밖에 없는 이들을 위로하는 척 우롱하고 있었다. 그러니 묻지 않을 수 없다. '그러한 모성'은 '어디에나' 있는가? 정말로?

그 엄마의 잘못

이언희 감독의 2016년 영화 〈미씽: 사라진 여자〉는 어둠 속에서 통화하는 지선(엄지원)의 목소리로 시작된다. 잘 들리지 않는 목소리로 다급하게 무언가 말하는 목소리에 이어 틱틱틱틱, 현관 스위치 눌리는 소리가 들리고 아파트 현관문이 열리면서 화면이 밝아진다. 급하게 신발을 벗고 작은 방으로 달려간 지선은 컴퓨터를 켜고 보도 자료를 작성한다. 마감 시간에 쫓겨 일에 몰두하고 있는 지선의 등 뒤로 문이 빼꼼 열려 있다. 그리고 컷이 바뀌면 그 열린 틈 사이로 엉금엉금 기어 엄마 옆으로 다가가는 갓난쟁이 딸 다은이 보인다. "다은아 잠깐만, 엄마 이것만 좀 하고, 응?" 지선은 보모인 한매(공효진)를 급히 부르고 곧 방으로 온 한매가 다은을 안고 거실로 나간다. 일을 마친 지선이 인형 선물을 들고 한매의 방으로 가보니 다은은 곤히 잠들어 있다.

영화 개봉 뒤 있었던 인터뷰에서 이언희 감독은 이 장면이 제작 과정에서 문제가 됐었다고 말한다.[4] 내 경우 학교 강의나 사회인 대상의

---

4 용원중, 《'미씽' 이언희 감독 "망하는 여성감독 많이 나와야 한다" 왜?》, 〈뉴스엔〉, https://www.

특강에서 이 일화를 자주 인용한다. 오프닝 장면을 보여주고 "과연 무엇이 문제였겠나"라는 다소 뜬금없는 질문을 한다. 그러면 대학생들은 대답을 머뭇거리는데, 주부들을 대상으로 하는 강의에서는 대체로 '답'이 나온다.

감독이 여성인 〈미씽〉 제작 현장에는 다른 영화에 비해 상대적으로 여성 인력이 많았지만 역시나 남성 인력이 더 많았고 여남 간의 생각 차이가 드러나는 크고 작은 의견의 충돌이 꽤 있었다고 한다. 그 분위기를 전하는 대표적인 경우로 들었던 이 장면에서 남성 스태프들이 제기한 '문제'가 무엇이었을까. "아무리 그래도 엄마인데, 엄마가 집에 들어와서 아이를 외면하고 일을 한다는 게 말이 되느냐"는 것이었단다. 나중에 엄지원이 고통을 겪게 될 때 관객들이 고통에 공감하고 문제 해결을 응원하기 위해서는 관객들이 주인공에 동일시돼야 하는데 아이를 외면하는 엄마라는 게 결코 도움이 되지 않을 것이라는 설명도 있었단다.

하지만 강의 시간에 그러한 '답'을 맞춘다고 해도 특히 주부들의 분위기는 다르다. 어디선가 "어휴!"라는 짜증 섞인 한숨이 튀어나오기도 하고, "세상에!"라며 혀를 끌끌 차거나 어이없다는 반응이 나오기도 한다. 누군가는 강사로부터 발언권을 얻을 겨를도 없이 "아니, 바쁘면 그럴 수 있는 거지, 엄마는 뭐…", 속사포처럼 말을 쏟아내기도 한다.

남성 스태프들의 문제 제기를 받은 여성 스태프들의 반응도 대개 비슷했던 모양이다. 엄마라는 의무와 역할을 멀찍이 바라보고 그 노동의 과실을 주로 받아먹었던 아들들의 시선과, 아들들보다는 좀 더 가까운 거리에서 관찰하고 그 노동의 의미를 그나마 곱씹을 여지가 있던 딸들

newsen.com/news_view.php?uid=201612031327560210; 손정빈, 《[인터뷰] '미씽' 공효진 "여성 편에서 투쟁…일할 땐 페미니스트"》, 〈뉴시스〉, https://newsis.com/view/?id=NISX20161124_0014539290.

의 시선 차이가 극명하게 드러나는 광경이었을 것이다. 그래도 감독이라는 권력을 여성이 갖고 있는 현장이어서, 영화 오프닝은 지금 우리가 보는 대로 지선이 정신없이 업무에 몰두하는 것으로 결정됐다고 한다.

언젠가는 강의 중 잠시 쉬는 시간에 찾아온 젊은 여성이 심각하게 자신의 고민을 털어놓기도 했다. 아마 아이들이 꽤 어린 나이일 듯했다. 자신의 남편이 늘 자신에게 '엄마 노릇'을 강조하고 '엄마는 이래야 한다, 저래야 한다' 그러면서 정작 자신은 아무것도 하지 않는다고 어두운 낯빛으로 이야기를 했다. 하지만 자신은 엄마 역할을 잘하지 못하고 있다고 생각하고 솔직히 그렇게 열심히 하고 싶지도 않다면서, 엄마 역할보다 다른 것들을 위해 더 노력하고 싶은 마음을 갖는 게 나쁜 일이냐고 물었다.

쉬는 시간 내내 열심히 무언가 이야기를 하긴 했지만, 느닷없이 여성 문제 상담가의 역할을 하게 된 내가 얼마나 제대로, 도움이 되었을지는 모르겠다. 〈미씽〉을 생각할 때마다, 강의에서 그 오프닝 장면을 이야기할 때마다 몸도 조그맣고 목소리도 여렸던 그 젊은 여성이 생각난다. 그 여성이 죄책감에 시달리지 않고, 남편의 부당한 요구에 슬기롭게 대처하면서 가족과 자신 모두를 위한 시간을 즐겁게 살고 있기를 소망한다.

그런 마음으로 나는 엄마들 이야기를 열심히, 시시콜콜하게 들어본다. 아내를 사랑하고, 아이들을 잘 돌보고 싶은 어떤 젊은 남성/남편이 자신의 능력껏 최선을 다하는 아내의 노력을 있는 그대로 존중하지 못하고 벅찬 요구를 한다면, 지금 우리가 만나는 영화들, 이 땅에서 만들어지는 영화들에게 일정한 혹은 결정적인 책임 지분이 있다고 생각하기 때문이다. 하지만 현실의 엄마들이 "어휴", "쯧쯧" 소리를 내며 개탄하는 대신, 헌신적인 돌봄의 노동과 충만한 자기 갱신의 삶을 격려받고 응원받는 영화를 만나는 일은 여전히 어렵다.

낯선 영화에서 '모성'의 향기가…

'어디에나 있는 모성'의 신화 혹은 판타지는 종종 생각지도 않은 영화, 짐작도 못하던 어떤 장면에서 불쑥 나타난다. 이윤기 감독의 〈여자, 정혜〉에서 정혜는 주변 사람들을 뜨악하게 만드는 행동을 가끔 한다. 길 고양이를 챙기는 건 그다지 별스럽지 않다지만, 우체국을 찾은 낯선 고객에게 집으로 초대하겠다며 불쑥 손을 내미는 행동 같은 건 일반인들의 행동 방식을 고려할 때 다소 낯설다.

가장 요령부득인 것은, 원작인 「정혜」에는 없는 에피소드로서 영화에 추가된 모텔 방 장면이다. 우체국 직원들과 맥주를 마시던 정혜는, 옆 테이블에서 젊은 남자가 술 먹고 동료들과 몸싸움을 벌이다가 끌려 나가는 걸 본다. 그리고 혼자 길거리에 주저앉아 있는 남자를 모텔로 데리고 간다. 술에 취해 횡설수설하는 남성의 주정을 들어주고 사과를 깎던 정혜는 울음을 터뜨리는 남성을 품에 안고 다독인다(사진 1).

혹시 이 장면을 정확하게 설명할 어떤 심리학적 혹은 정신 병리학적 이론 같은 것이 있을지도 모르겠다. 하지만 여성으로서 경험한 현실의 감각 면에서 남성 감독의 상상력으로 추가된 이 장면은 도무지 받아들이기 힘들다. 일반적인 여성은 물론이거니와 특히 성폭행의 트라우마에 시달리는 여성에게 고립된 공간에서 남성, 그것도 낯선 남성과 단독 대면하는 상황이 주는 공포와 긴장, 두려움을 감안할 때 거의 있을 수 없는 설정이 되기 때문이다.

더욱이 자신의 의지가 개입되지 않은 강제적인 상황도 아니고, 전적으로 정혜의 의지에 따라 조성된 이 상황이 서사에서 차지하는 필연적 의미와 기능 또한 찾아내지 못하겠다. 이 장면에서 정혜는 사과를 깎던 과도를 가방에 챙겨 넣는다. 그 칼을 들고 가해자인 고모부를 만나러

사진 1〉 늦은 밤, 잔뜩 취한 낯선 남자를 모텔방으로 데려가, 사과를 깎아주고 남자의 주정을 들어주며 안아준다. 모든 것을 품는 모성 판타지를 구현한 피에타 이미지.

가는 다음 장면으로 미루어 생각할 때, 혹시 이 모텔 방에서 습득한 칼이 고모부에 대한 응징을 다짐하는 결정적 계기로 쓰였을 수도 있겠지만 그 또한 억지스럽긴 마찬가지다. 설마 칼을 구할 수 없어서 여태껏 고모부에 대한 응징을 미루어왔던 것은 아닐 테니 말이다.

혹은 길 고양이를 돌보듯, 상처받은 누군가를 위로하는 정혜의 행동이 자신의 상처를 치유하고자 하는 능동적 의지의 반영이라고 생각할 여지 또한 없지는 않다. 그렇다면 모텔 방에서의 우연한 체험을 통해 자기 치유를 위한 필연적 과정으로 고모부를 만나야겠다는 결심을 하게 됐다고 추정할 수도 있겠다. 그러나 결과로 미루어 행동의 동기를 유추하는 그러한 억지스러운 노력보다 더욱 강력하게 이 에피소드의 필요를 설명하는 것은 바로 사진 1의 숏 자체이다. 슬픔에 젖어 있는 남자를 품에 안고 다독이는 정혜의 모습에서 '감싸고 보호하는 여성' 즉, 피에타 이미지가 강력하게 환기되는 것이다.

이윤기 감독은 "엄마라는 이미지는 정혜에게 또 다른 정혜 즉 정혜와 똑같은 사람"[5]이라고 설명한다. 김혜옥이 인상적으로 연기한 영화 속 엄마는 정혜를 있는 그대로의 모습으로 품어주는 사람으로 그려진다. "쟤는 어렸을 때부터 이상한 애 아니냐"는 누군가의 말에도, 신혼여행 떠난 다음 날 새벽 캐리어를 들고 집으로 돌아왔을 때에도 "쟤도 생각하는 게 다 있어서 그러는 게 아니겠냐"고 품어준다. 모텔 방에서 낯모르는 남자를 품은 정혜의 모습은 분명 어머니를 닮은 모성적 존재를 이미지화한다.

그런데 성폭력 피해 생존자 여성으로서의 감정과 욕망의 관점을 미루어 생각해볼 때 이 모성적 이미지의 쓰임과 함의는 불편하다. 마침 성폭력 피해 생존자의 '그날 이후'를 초점화한다는 점에서 유사성을 갖는 〈한공주〉에서마저 비슷한 양상을 관찰하게 되면 이러한 불편함은 더욱 확신에 가까워진다.

〈한공주〉에서 쫓기듯 고향으로부터 떠난 공주는 담임교사의 엄마가 살고 있는 인천으로 간다. 슈퍼마켓을 운영하는 조 여사의 집에서 임시 머물게 된 공주는 점차 안정을 찾아간다. 아주 살갑게 대하거나 드러내놓고 챙겨주지는 않지만 속 깊게 도움의 손길을 내미는 조 여사의 호의를 의지 삼아 학교생활에도 차츰 적응한다. 그런데 조 여사와 공주의 관계는 얼핏 보호자와 피보호자의 관계가 뒤집혀진 것처럼 그려진다.

슈퍼마켓에서 조 여사를 도와주는 공주는 손도 야무지고 살뜰하지만 파출소장과의 연애로 동네 여자들에게 머리채를 잡힌 조 여사를 위로하는 장면이나, 욕실에서 등을 밀어주는 장면 등에서는 분명 전도된

---

5 박영신, "꼭 하고 싶었던 이야기, 〈여자, 정혜〉", 〈오마이뉴스〉, http://star.ohmynews.com/
   NWS_Web/OhmyStar/at_pg.aspx?CNTN_CD=A0000215437.

피에타 이미지를 떠올리게 된다. 마치 공주가 어른이고 "나이 먹고 주책 같"은 조 여사가 돌봄을 받는 사람처럼 느껴지는 것이다. 하긴 돈 몇 푼에 딸의 상처를 팔아버린 술주정뱅이 아빠를 보면 아마 사건 이전부터라도 공주는 아빠를 돌보며 실질적인 엄마 역할을 해왔을 것 같다.

'신뢰할 만한 피해자'와 모성

공교롭게도 성폭력 피해 생존자들의 일상을 가까이에서 관찰한다는 점에서 주목되고 지지를 얻은 두 편의 영화에서 관객의 시선을 끄는 '보호자 여성'의 이미지는 분명 모성성의 신화에 기대고 있다. 그런데 정작 상처의 치유를 위한 보호와 돌봄의 손길이 필요한 인물들에게 부여되는 이러한 피에타 이미지의 쓰임은 명백하게도 부당하거나 가혹한 것이다. 영화 속 인물들이 성폭력 피해 생존자로서 상처를 치유하고 안정적인 사회생활을 지속해 나가도록 관객들이 지지하고 격려할 수 있도록 전제되는 일종의 사전 명분이나 당위적 조건으로 제시되기 때문이다. 그리고 '성녀 대 창녀'의 이분법을 토대로 한 일종의 하위 도식으로서 '피해자다움' 혹은 '신뢰할 만한 피해자상'이라는 왜곡된 프레임이 이 과정에서 작동된다는 혐의를 제기한다.

조나단 카플란의 〈피고인〉(1988)은 성폭력 사건에 대한 사회 일반의 통념을 떠받치는 남성 중심적인 지식 체계를 인상적으로 폭로한 바 있다. 웨이트리스인 사라(조디 포스터)는 바에서 술 취한 남성들에게 집단 성폭행을 당하지만 정작 곤경에 처하며 비난을 받는 건 성폭행 가해자들이 아니라 피해자인 사라이다. 그녀는 짧은 치마를 입었고, 맥주를 꽤 마셨으며, 성폭행 직전까지 바에 있던 많은 남성들에게 유혹적인 몸

짓을 했었다. 맥주뿐 아니라 가끔 대마초도 즐기는 그녀는 한때 친구와 함께 코카인 소지 혐의로 입건된 적도 있다. 자신을 찾아온 검사 캐서린(켈리 맥길리스) 앞에서 다리를 달달 떨며 말하는 낮은 계급의 그녀는 점성술에 심취해 있기도 하다. 캐서린 말처럼 딱 '헤픈 여자'로 지목되기 적당한 경우인 것이다.

"옷을 찢는 판에 그게 무슨 상관있나요?", "내가 강간을 자청이라도 했단 말인가요?" 분명 "노!"라고 반복해서 외쳤던 사라로서는 당연한 울분을 터뜨리지만, 그녀의 말은 현실에서 묵살된다. 자유분방한 옷차림과 맥주 냄새, 미소는 '헤픈 여자'를 확정하는 증거로 '신뢰할 수 없는 피해자'를 만들며 나아가서 '강간 자청'의 명분이 되기 때문이다. 어쩌다 성폭력 피해 여성의 이야기를 다루는 영화가 만들어진다 해도 그들이 매우 명랑 활달하고 자기 주장이 유달리 강하다거나, 종종 음주가무를 즐기며 성적 쾌락에 탐닉하는 인물이기 어려운 것은 바로 그때문이다.

부당하게도 사건의 책임을 가해자 아닌 피해자에게 묻는 사회적 통념 속에서 관객들로 하여금 피해 여성들과 동일시하고 고통에 공감하도록 만들려면 영화 속 피해 여성들은 절대 '헤픈 여자'여서는 안 된다. 그리고 〈여자, 정혜〉와 〈한공주〉의 피에타 이미지 차용은 여성 인물을 '헤픈 여자'로부터 안전하게 격리시키는 가장 효과적인 방법으로서, 진부하며 퇴행적인 '마리아-모성'의 신화를 동원한다.

이에 따르면 그들은 결코 경험하지 않았어야 할 고통스러운 피해를 입었기 때문에, 그리고 그 피해로부터 스스로를 복구하고 건강한 미래를 영위해야 하는 절대적 당위 때문에 관객들에게 지지받지 못한다. 성실하고 온순하거나 피해의 원인에 손톱만큼의 잘못도 개입돼서는 안 될 순수한 피해자일 때만 상처에 대한 연민과 공감은 보상처럼 주어진다.

정혜와 공주처럼 길거리의 고양이도 돌보고, 모르는 남자도 초청하며, 낯선 남자의 슬픔을 위로하기도 하고, 어른 노릇에 서툰 어른들도 마치 엄마처럼—혹은 마리아처럼—보듬어야만 비로소 피해를 인정받고 치유의 노력을 승인받는다. 이렇게 모성/성은 불려오지 않았어야 하는 자리에 부당하게 불려온다. 그리고 어떤 경우에는 너무 일찍 도착해 있기도 하다. 아직 교복을 벗지 못한 어린 소녀의 짧은 삶의 자리에도 성급하게 찾아오는 것이다.

'모성'이 거기서 왜 나와?

봉준호 감독의 〈괴물〉 개봉을 즈음해 화제가 되었던 이슈 중 하나는 영화 속 엄마의 부재였다. 한강변 매점을 운영하는 3대 가족에는 희봉(변희봉)의 아내도, 강두의 아내도 없다. 이에 대해 제작사인 청어람의 관계자는 "봉 감독은 기본적으로 여자가 위험에 닥쳤을 경우 남자보다 더 합리적이고 이성적으로 생각해 영화에 어머니를 등장시키지 않았다"고 설명한 바 있다.[6] 그런데 여성 부재의 이유를 여성에게서 구하는 이 환원적 논리의 비논리는 영화를 절반만 설명하고 있다. 위험에 닥쳤을 경우 남자보다 더 합리적이고 이성적으로 생각한다는 '어머니'의 자리는 결코 비어 있지 않다. 걸핏하면 잠에 빠지고, 고객들 오징어 뒷다리나 몰래 잘라 먹는 아빠답지 않은 아빠를 어른스레 돌보는 중학교 2

---

[6] 김가희, "영화 〈괴물〉에는 어머니가 없다?", 〈오마이뉴스〉, http://star.ohmynews.com/NWS_Web/OhmyStar/at_pg.aspx?CNTN_CD=A0000346486.

사진 2〉 딸을 잃고서야 강두는 한강의 밤을 지키는 '아버지'이자, 유사 아들의 밥도 지켜주는 '어머니'가 된다.

학년생 현서가 비어 있는 모성의 자리로 불려오기 때문이다.

앞에 실린 글에서 정우숙의 말을 인용했던 것처럼, 〈괴물〉에서 현서의 죽음에는 〈마더〉의 아정이 갖지 못한 숭고미가 부여된다. 사회의 복구 혹은 회복을 위해 희생양으로 내놓아야 할 가장 아깝고 소중한 가치로서 소녀의 사체에 부여되는 그 찬란한 광휘는 고작 열네 살 소녀의 것이기에는 지나치게 일렀던 모성성의 배당으로부터 기인한다. 현서는 바리데기에서 심청으로 이어지는 오래된 신화적 상상력을 바탕으로 만들어진 "아버지를 위해 자신의 모든 것을 희생하며 아비의 죗값까지 대신 치르는 한국형 속죄양 효녀"[7]이다. 그리고 '속죄양 효녀'만도 감당하기 힘든 어린 소녀는 잠재태 모성으로서 〈괴물〉에 부재하는 모성성을 대리 수행하는 이중의 부담을 떠안는다.

괴물의 은신처에서 생존해 있던 현서는 괴물에게 납치당한 떠돌이

---

7 정우숙, 「봉준호 영화의 소녀상 연구」, 『여성문학연구』 23호, 한국여성문학학회, 2010, 293쪽.

소년 세주를 보호하며 탈출을 노린다. 현서에게는 무능력한―따라서 상징적으로 부재하는―아버지에게 의지하지 않고 생존해야 하는 것은 물론 어떤 사회적 네트워크로부터도 배제된 떠돌이 소년-'아이'를 구하고 궁극적으로 '가족'을 복원해야 하는 막중한 '모성'의 임무가 주어진다. 이에 따라 탈출과 생존을 위한 현서의 고군분투는 종국적으로 강두의 아버지-되기 과업을 성공으로 이끌고 다시 평화로운 일상으로 돌아가도록 하기 위한 '유사 모성'의 이름으로 의미화된다. 그 결과 현서의 죽음에 '새로운 생명의 연대를 시작하는 숭고한 모성성'의 아우라가 부여된다. 세주를 꼭 끌어안은 채 강두에 의해 괴물의 아가리에서 끌려나오는 현서는 바로 그러한 출산/출생의 이미지에 힘입어 '출산하는 어머니' 혹은 '성모 마리아'의 이미지로 형상화된다.

현서의 죽음에 이어, 〈괴물〉에서 실질적으로 부재하되 상징적으로 현존하는 모성성의 또 다른 수행 주체가 되는 것은 무능한 가장에서 헌신적인 어머니로 역할 전환하는 데 성공하는 강두이다. 유사 아들인 세주에게 따뜻한 밥을 먹이는 엔딩의 모습은 죽은 딸 현서에 의해 구현됐던 '모성'을 계승한 최후의 인물로서 아버지 강두를 초점화한다(사진 2).

한강의 밤도 지키고 유사 아들의 밥도 지키는 강두에 대해서는 '변화하는 다양한 차이를 포용할 수 있는 탈중심화된 주체로서 모성의 의미를 확장시켰다'는 의미가 부여되기도 한다.[8] 그렇게 새롭고 해체적인 의미로 재구성되는 '모성' 실천으로 강두가 아버지이자 어머니의 중복된 정체성을 확보하는 반면, 소녀에서 여성-어머니로의 성장이 불허된 현서는 잠재태 모성으로서 고된 과제만 수행하고 사체로 굳는다. 〈괴물〉에는 '모성'은 존재하지만, 여자들은 스크린에서 사라진다. 있는데 없고,

---

8 이희승, 「정주하는 모성의 기호들」, 『언론과학연구』 제13권 1호, 2013, 375쪽.

없지만 있는 '모성'의 역설이다.

위계의 여성성

모성 혹은 모성성이 서사 내부에서 여성들 간의 위계를 만드는 방식은 이미 익숙하지만, 스릴러 장르에서도 피해자 여성을 재현하는 데 핵심적인 차이를 만들기도 한다. 〈추격자〉(나홍진, 2009)와 〈아저씨〉(이정범, 2010)에서 범죄의 희생양이 되는 여성은 출장 안마사와 나이트클럽 댄서로, 한 부모 가정의 엄마라는 공통점을 갖는다. 범죄의 위험 속에서 생계를 유지하던 미진(서영희)과 소미(김새론) 엄마 효정(김효서)은 끝내 범죄의 표적이 된다. 그러나 유사한 사회적 정체성과 삶의 조건을 갖는 두 피해자 여성에 대한 재현은 극명하게 차이를 보인다.

〈추격자〉의 미진은 딸 민지(김유정)를 끔찍하게 아끼며, 모성애가 두드러지는 인물로 묘사된다. 이는 성산업 종사자로서 서사 내부에서 그녀가 갖는 취약성의 측면을 결정적으로 보완하는 기능을 한다. 좀 더 결정적으로는, 출장안마소를 운영하는 전직 형사 중호(김윤석)가 갖는 신분상의 취약성을 보완하거나 은폐하는 핵심적 사유가 된다. 연쇄살인마 영민(하정우)에 대한 중호의 추격은 처음 사유재산 침해에 대한 분노라는 사적 이윤 추구의 동기에서 시작됐다. 하지만 미진의 지극한 모성애가 부각됨에 따라 중호는 '딸의 어머니'를 구한다는 새로운 명분을 확보한다. 이로써 법적·윤리적 결함을 갖는 프로타고니스트에게 초반 적극적인 동일시를 꺼렸던 관객들 입장에서도 영민에 대한 중호의 치열한 추격의 의지를 승인하고 그의 승리를 간절히 바랄 수 있게 된다.

이와 함께 미진의 서사 내부 위상 또한 통상적인 스릴러 장르 속 피해자 여성과는 달라진다. 여성 내부에서도 특히 소외되고 주변화되는 하층 계급의 소수자인 성산업 관련 여성들은 영화적 재현의 장에서도 대체로 비가시화되거나 여성 내부에서의 이분화 및 위계화를 바탕으로 불균형하게 재현된다.[9] 그러나 미진의 모성애는 피해자로서 미진에 대한 예외적이고 이례적인 관객 동일시를 이끌어낸다. 이는 여성의 성상품화나 가부장제와 자본주의 결합에 의한 사회구조적 문제에서 비롯되는 성산업의 모순은 비껴가면서 스릴러적 서스펜스를 끌어내는 주요 동력이 된다.

반면 〈아저씨〉에서 이웃집 아저씨 태식(원빈)에게 구원되는 소녀, 소미의 엄마 효정은 성산업과 그 주변에 위치한 여성에 대한 타자화적 재현의 공식에 충실하다. 마약중독자이기도 한 효정은 소미에 대한 돌봄의 의무를 등한시할 뿐만 아니라 태식을 유혹하거나 단칸방에 남자를 끌어들이기도 한다. 이로써 효정에 대한 지극히 단편적인 재현은 모성성과 섹슈얼리티의 충돌에만 집중된다. 그녀는 결국 가혹한 신체적 폭력 끝에 죽음을 맞는데, 그녀의 죽음에는 모성성 방기에 대한 처벌에 섹슈얼리티에 대한 응징의 의미가 중첩된다.

특히 처참한 형상으로 훼손된 효정의 신체가 자동차 뒤 트렁크에서 발견되는 장면에서 클로즈업 숏은 신체의 파편화라는 스릴러 장르 속 여성 신체의 젠더적 재현을 과잉되게 충족시킨다. 어머니인 두 여성은 유사한 형태의 신체적 훼손 이미지로 재현되지만 서사에서 전혀 다른 위계에 배치된다. 〈추격자〉에서 엄마로서의 자격을 승인받은 미진은 깊은 연민 속에 죽어가며 애도의 자격을 확보하지만, 섹슈얼리티의 담

---

9 정사강·김훈순, 「한국영화의 여성 재현: 성매매에 대한 이중적 시선」, 『미디어, 젠더 & 문화』 13호, 한국여성커뮤니케이션학회, 2010 참고.

지자로서 재현되는 〈아저씨〉의 자격 미달 모성은 차갑고 냉혹하게 외면당하는 것이다.

모성 무한 책임주의

김용한의 〈돈 크라이 마미〉(2012)에서 유림(유선)의 딸 은아(남보라)가 집단 성폭행을 당하는 시퀀스는 모성 재현에서 젠더적 불균형의 문제적 양상을 노골적으로 드러낸다.[10] 발렌타인 데이를 맞아 조한(동호)에게 초콜릿을 전달하기 위해 은아가 찾아간 옥상에서 가해 학생들이 등장하는 장면(사진 3)은 엄마인 유림이 수영 강사와 단 둘이 노래방에 앉아 있는 모습(사진 4)으로 이어진다. 이 교차편집에 따른 장면 연결은 딸 은아의 사고라는 하나의 사건과, 엄마의 노래방 방문이라는 또 하나의 개별 사건을 명백한 인과적 관계로 연결시킨다.

이에 따라 딸이 끔찍한 집단 성폭행을 당하는 모습을 지켜보는 관객 입장에서는, 딸이 무슨 일을 당하는지도 모른 채 젊은 남자와 시간을 보내고 있는 엄마의 모성 방기를 탓하게 된다. 전혀 상관없는 별개의 두 사건을 일종의 결과-원인의 관계로 역배치하는 전도 현상 때문이다. 무엇보다도 두 장면을 찍는 촬영과 편집 등의 영화적 선택은 이러한 전도 효과가 결코 우연적인 것이 아니며, 분명하게 의도되고, 정교하게 구축된 것임을 드러낸다.

사진 3의 옥상 장면은 은아와 조한이 서 있는 곳(중경)보다 앞인 전

---

10 이하 〈돈 크라이 마미〉에 대한 분석은 필자의 논문 「2000년대 한국 스릴러 영화의 모성재현 연구」, 『영화연구』 제55호, 한국영화학회, 2013, 211~213쪽을 인용 및 보완한 것이다.

사진 3/4〉 인물과 건물 벽체를 흐릿하게 걸쳐서 찍는 촬영과, 급격하게 흔들리는 핸드 헬드 카메라의 패닝 효과로 인해 학교 옥상과 지하 노래방의 공간적 차이는 거의 무효화된다. 이에 따라 전혀 별개의 두 사건은 결과와 원인의 역관계로 배치된다.

경의 오른쪽에 서 있는 사람의 실루엣이 흐릿하게 보이는 방식으로 찍혔다. 그리고 사진 4의 노래방 장면에서는 화면 왼쪽에 역시 흐릿하게 노래방 벽체가 보이는 방식으로 촬영됐다. 각각의 화면 오른쪽과 왼쪽에 보이는 검은 형태는 편집을 통해 두 컷을 이었을 때 마치 하나의 공간으로 연결된 듯한 착시를 일으킨다.

학교 옥상과 지하 노래방이라는 전혀 다른 공간의 차이를 흐리게 만들고, 공간 및 시간의 동시성을 강조함으로써 두 공간에서 벌어지는 각각 다른 상황의 온도 차를 더욱 극명하게 느끼도록 이끄는 것이다. 뜻밖의 공포스러운 상황에서 요동치는 은아의 심장박동을 닮아 흔들리는 핸드 헬드 카메라의 움직임 또한 이러한 전도 현상을 강화한다. 사진 3에서 카메라는 왼쪽에서 오른쪽으로 수평 이동하는데, 이러한 카메라 움직임은 좁은 지하 공간에 엄마와 수영 강사가 앉아 있는 정적인 장면을 찍는 사진 4에서도 똑같이 반복된다.

은아에 대한 집단 성폭행이 본격적으로 시작될 때 은아를 보여주는 장면(사진 5)과, 노래방에서 나오는 유림을 보여주는 장면(사진 6)의 촬영과 편집의 효과 또한 동일하다. 입이 테이프로 봉해진 채 바닥에 누운 은아를 잡는 부감의 클로즈 숏에서 은아의 몸은 가해자들에 의해 '아래로' 끌려 내려간다. 이어지는 장면은, 함께 온 강습생들이 모두 가버리고 단 둘만 남아 있는 게 불편하다며 노래방을 나온 유림이 지상으로 연결된 계단을 바쁘게 '올라가는' 모습을 밑에서 찍는다. 은아에 대한 폭행 장면에서 이루어진 프레임 내부의 이미지 하강과, 유림의 이미지 상승은 비록 방향은 반대되더라도, 프레임 내부 움직임이라는 운동의 유사성으로 그 연관 관계가 강조된다.

정교한 촬영과 카메라 움직임, 그리고 교차편집의 효과를 바탕으로 구축된 전도된 인과관계의 의도는 너무나 명확해서 이 장면의 메시지를 놓칠 관객은 없어 보인다. '모성을 방기한 엄마의 잘못으로 딸이 지금 끔찍한 고통을 겪고 있다'는 오도된 정보를 받아들이게 되는 것이다. 그래서 강의에서 이 장면을 보여줄 때면 역시나 아이를 둔 엄마 수강생들은 "부당하다"며 불편해한다. 그중에는 "엄마가 너무 꽉 끼는 옷을 입고 있다"는 반응도 있었다. 딸이 위기에 처한 문제적 상황에서 어머니인 유림

사진 5/6〉 딸은 내려가고, 엄마는 올라간다. 방향은 반대지만, 프레임 내부의 하강 및 상승이라는 움직임의 유사성으로 두 사건의 연관성이 강조된다.

이 시간을 함께 보내고 있는 사람이 남성적 섹슈얼리티가 두드러지는 젊은 수영 강사라는 점 때문에 더욱 유림/엄마의 섹슈얼리티가 강조되고 있음을 짚어내는 것이다. 신체의 굴곡이 고스란히 드러나는 옷차림으로 여성성을 과시하는 유림은 딸에 대한 보호 책임을 지닌 모성의 담지자로부터 분리돼 섹슈얼리티의 주체라는 고립된 위치에 놓인다. 이로써 유림의 섹슈얼리티는 '방기'의 모성에 더욱 막중한 귀책사유로 추가된다.

집으로 돌아온 유림은 가방 속에 넣어둔 전화기에서 은아의 SOS 메시지를 뒤늦게야 확인한다. 딸의 연락을 즉시 확인하지 못한, 어쩌면 지극히 일상적인 일조차 영화에서는 모성 방기의 확고한 증거로 제시된다. 그런데 이건 유사한 상황의 부성과 대조할 때 너무 가혹한 것으로 느껴진다. 아니시 차간티의 영화 〈서치〉(2017)에서 아버지 데이빗(존 조)도 목요일 밤 딸에게서 걸려온 세 통의 전화를 받지 못했다.

하지만 이는 스릴러적 사건의 진행을 위한 합리적인 동기로서 배치될 뿐 아버지의 부성을 테스트하는 결정적 요소가 되지는 않는다. 사라진 딸을 구하려는 부성의 간절한 고군분투를 응원하게 되는 지극히 우연적이고 일상적인 일로 받아들여지는 것이다. 다만 그 목요일 밤 11시 30분 〈서치〉의 아버지 데이빗은 여자와 함께 있지 않았지만, 〈돈 크라이 마미〉에서 은아의 사건이 있던 날 엄마 유림은 젊은 수영 강사와 함께 시간을 보내고 있었다. 이 만들어진 차이는 그저 심상한 것으로 지나치기에는 너무나 막중한 것이 된다.

〈돈 크라이 마미〉는 엔딩 타이틀 자막을 통해 미성년자 가해자 성폭행 사건이 증가하는데도 근본적 대책 및 피해자에 대한 지원·구제가 미흡한 현실의 문제점을 환기한다. 그러나 자막을 통해 굳이 강조하는 제작진의 선하거나 윤리적인 의도는 영화가 다루는 제재에 대한 인식의 문제점과 함께 모성 재현에 관한 퇴행성과 충돌함으로써 결국 무효화된다. 이처럼 아이의 희생이 모성의 불완전성 때문으로 치부되는 젠더적 불균형의 역학은 모성을 문제 해결자의 자리로 불러오는 많은 영화들에서 반복해 작동된다.

가족 공동체의 균열과 동요라는 현실 속에서 아버지를 책임으로부터 배제시키는 부재증명 장치가 기본 값으로 전제되는 것도 이러한 맥락에 따른다. 〈돈 크라이 마미〉에서 6개월 전에 이혼했던 유림의 남편이자 은아의 아빠는 딸이 끔찍한 사건을 겪고 이혼한 전처가 거의 영혼이 나간 상태로 거리를 헤매는 동안 한 번도 나타나지 않다가, 새로 결혼한 젊은 여자와 잘 살고 있는 모습으로 잠깐 등장한다. 그리고 다시 사라진다. 그 텅 빈 자리에 혼자 불려온 모성만이 무한 책임을 떠맡는다. 그래서 엄마는 죽거나, 미쳐야만 하는가 보다.

그런 루틴은 이제 그만!

김승우 감독의 〈나를 찾아줘〉(2019)는 '이영애의 14년 만의 복귀작'으로 개봉 전부터 주목을 끌었다. 능력 있고 헌신적인 여배우를 스크린에서 다시, 그것도 무려 14년 만에 만날 수 있다는 반가움은 그러나 잠시였다. 이영애의 압도적 존재감과 강렬한 카리스마에 힘입어 관객들에게 제시될 것으로 예상되는 인상적인 이미지들이라면 이미 많은 영화들에서 보아온 익숙한 것들이었기에 그러했다.

〈나를 찾아줘〉에 앞서 이미 이영애 자신의 것으로도 〈친절한 금자씨〉(2005)에서 마구 일그러진 금자/이영애의 얼굴 클로즈업은 충격적이었고, 그 기억은 아직도 생생하다. 봉준호 감독은 〈마더〉에서 원로 국민배우 김혜자의 얼굴에 대해 "처음 본 김혜자 선생님의 얼굴"이라며 발견의 기쁨에 들떴었다. 김혜자 배우 또한 "봉 감독은 타성에 젖어 있는 내 연기를 깨부순 사람"이라며 만족을 표한 바 있다. 〈김복남 살인사건의 전말〉(장철수, 2010)에서 서영희와, 〈비밀은 없다〉에서 우리가 보았던 손예진도 그 이전까지 우리가 보지 못했던 낯설고 새로운 얼굴로 찾아왔었다.

광기로 희번덕이는 엄마의 눈을 극단적으로 가깝게 보여주는 카메라 앞에서 여배우들은 종전까지 안 쓰던 근육의 움직임에 집중하고 극한의 감정적 분출에 몰입함으로써 밀도 높은 정념을 만들어낸다. 그래서 "연기의 틀을 깼다"거나 "낯선 얼굴을 보여주었다"라는 평은 배우에게 일정한 연기력을 승인하는 보증서처럼 주어졌다. 하지만 그렇게 개성도 역사도 제각각인 배우들이 각자의 한계를 넘어서고, 새로운 연기 지평에 첫발을 디디는 얼굴들이 거의 '광기로 일그러지는 모성'이라는 하나의 지점, 지극히 익숙한 하나의 얼굴로 수렴된다는 것마저 반길 수는 없다. '유모무죄有母無罪 무모유죄無母有罪'의 현실[11]에 포획된 존재로서, 사회의 구조적 결함에 대한 모든, 그리고 무한한 책임을 부여받은 모성의 사악하거나 절박한 고군분투[12]라는 측면에서 그 얼굴을 반기는 건 더욱 꺼려진다.

〈나를 찾아줘〉에서 배우 이영애에게 초점을 맞춘 홍보 전략은 바로 이처럼 한국의 여배우들이 결혼과 출산을 경유하거나 일정한 물리적 연령에 도달했을 때 거의 예외 없이 통과하는 일종의 루틴routine을 반복하는 것이었다. 14년 만의 스크린 복귀야 당연히 반갑고, 강도 높은 몰입으로 만들어내는 스크린 이미지들 또한 경이롭지만, 여자라는 이유만으로 배우들에게 늘 같은 것만 요구하는 영화산업의 몽매가 새삼 아쉽기만 하다.

헌신적으로 역할에 투신하는 능력 있는 여배우들을 데리고 상상할 수 있는 다양한 이미지의 풀은 좁기만 하다. 그래서 이제 다른 얼굴, 다른 엄마, 다른 여성에 대한 흥미롭고 전복적인 영화적 탐구와 모험적

---

11 문소정, 「한국 가족변동의 역사적 맥락에서 상상한 〈마더〉의 가족 욕망」, 『여성학연구』 제20권 제1호, 부산대학교 여성연구소, 2010, 104쪽.

12 박인영, 「2000년대 한국 스릴러 영화의 모성재현 연구」, 『영화연구』 제55호, 한국영화학회, 2013, 215~216쪽.

시도를 만나고 싶다는 갈망은 더욱 갈급해진다. "모성애 캐릭터가 나올 때마다 여성 캐릭터에 어머니라는 키워드를 제외하면 할 이야기가 없나? 그런 생각을 했죠."[13] 영화 〈미옥〉(이안규, 2017)과 관련한 배우 김혜수의 말에서 그러한 갈망이 충족되지 못한 중견 배우의 깊은 공허가 느껴진다.

13 김지혜, 《충무로 여성영화, 기승전 '모성애'…"최선입니까?"》, http://hub.zum.com/sbsfune/ 17638.

〈가족의 탄생〉, 여자들만의 집

　고두심, 문소리, 공효진, 엄태웅, 류승범, 정유미, 봉태규, 김혜옥, 주진모 등 연기라면 꿀릴 것 없는 배우들이 총출동한 김태용의 〈가족의 탄생〉(2006)은 5월 가족의 달을 맞아 개봉했다. 그리고 그해 대종상영화제와 한국영화평론가협회상, 부산영화평론가협회상의 최우수작품상을 비롯해, 청룡영화상, 데살로니키 국제영화제 등에서 각본상, 감독상, 여우 주·조연상 등 다수의 상을 수상했다. 특히 그리스 데살로니키 국제영화제는 대상과 각본상, 관객상과 함께 고두심, 문소리, 공효진, 정유미 등 모든 여배우들에게 여우 주연상을 수여함으로써 이들의 환상적 호흡을 치하했다.

　〈가족의 탄생〉은 '정상 가족'의 신화는 남아 있지만 이미 되돌릴 수 없을 지경으로 가족 해체와 균열이 진행 중인 현실에 발을 딛고 현실 '너머'를 바라본다. 그러나 원래부터 거기 있던 자연스러운 것, 필연적인 것으로서가 아니라 경계를 넘나드는 유동적인 것으로 가족을 사유하자는 영화의 제안은 대중상업영화로는 지나치게 앞서나간 것이었던지, 시장 반응은 차가웠다. 아무리 며느리도 모르는 게 흥행이라지만, 관객 수

21만 명이라는 수치는 선한 활력으로 들썩이는 이 문제적 수작에 대한 대접으로는 너무 매몰찼다. 그래서 짐작하기 어렵다. 만일 이 영화가 2021년의 극장에서 개봉되는 신작이라면 어떻게 받아들여질지. 결혼과 혈연 중심으로 구성되는 가부장제적 가족제도의 유효성을 질문하는 이 영화는 2021년 현재에도 여전히 저 미래를 내다보기 때문이다.

그 여자들의 집에 살고 싶다

〈가족의 탄생〉에는 엄마가 없다. 혹은 부인된다. 무신(고두심)은 멀리서 찾아와 "엄마"라고 부르며 자신의 품으로 달려들던 어린 채현(이라혜)을 피해 뒷걸음질 치다 화분을 깨뜨린다. 매자(김혜옥)는 엄마이기보다는 여자이기를 더 원해서 늘 딸인 선경(공효진)의 근심거리였다. 집 나간 남동생 형철(엄태웅)이 내팽개친 올케 무신과, 무신의 전남편의 전아내의 딸을 거두는 미라(문소리), 혼자 남은 남동생 경석(봉태규)과 함께 사는 선경도 결혼 제도 바깥에서 그저 누나 혹은 누님으로 살아간다. 대신 자궁의 주인이어서가 아니라, 생명을 살려내고 보살핌을 제공하는 이들이 있어 〈가족의 탄생〉은 '엄마들'의 이야기가 된다. 남겨지고 내팽개쳐진 이, 도움의 손길을 필요로 하는 이가 눈에 띌 때 끝내 외면하지 않고 돌봄을 나누는 이들의 이름이 바로 '엄마'다.

건강하게 잘 자란 채현(정유미)의 입에서 "엄마들" 소리가 우렁차게 나오고, 그 소리에 미라와 무신이 동시에 밥을 더 퍼주겠다고 엉덩이를 들썩이는 장면의 충격은 2021년 현재의 시점에도 여전하다. 그 낯선 발화는 오랫동안 자연스러운 것으로, 언제나 그러할 것으로 여겨졌던 생각의 틀을 여지없이 흔들고 끝내 깨부순다. DNA가 만든 경계와 제도의 명령으로 쌓아 올린, 내 집과 남의 집을 가르는 높은 담벼락을 넘어 도움을 요청하고 나누어주는 손길들이 만나고 자유롭게 오가는 새로운 지평을 펼쳐놓는다. 그것은 어쩜 가족제도를 책임진다던 가부장의 자리가 비었기에 가능했을지도 모른다. 형철은 무책임하게 오가며 무신, 채현 등의 흔적을 남길 뿐이고, 매자의 불륜남 운식(주진모)도 아빠와 남편으로서 책임을 외면한 채 연애에만 몰두하고 싶어 하는 '나쁜' 가부장이다.

제목에서 '대안 가족'을 주제로 한 모범생의 성실한 보고서 분위기가 물씬 느껴지는 〈가족의 탄생〉은 특유의 낙관적인 인간애와 활력의 에너지로 관객들을 납득시킨다. 〈바람난 가족〉(임상수, 2003)처럼 피 냄새 비릿한 고발도 아니고, 〈똥파리〉(양익준, 2009)처럼 도저한 절망과 파국을 담아내지도 않는다. 〈가족의 탄생〉이 시도하는 가족주의에 대한 반란은, 반란이 환기하는 비장함과 비극성 대신 유쾌한 활력과 따스한 기운으로 보는 이의 엉덩이를 들썩이게 한다. 그런데 한국 영화산업에 평지돌출한 이 경쾌한 상상력을 반갑게 지지하다가도 점차 커가는 의심을 외면할 수 없게 된다. 잠깐, 이렇게 신나도 되는 일인가? 이 일이 이렇게 쉬울 일인가? 그래서 묻게 된다. 그렇다면 이 여자들의 이야기가 판타지인 것은 아닐까, 혹시?

그 여자들의 집은 몇 시인가

신부는 초록 저고리 다홍 치마로 겨우 귀밑머리만 풀리운 채 신랑하고 첫날밤을 아직 앉아 있었는데, 신랑이 그만 오줌이 급해져서 냉큼 일어나 달려가는 바람에 옷자락이 문 돌쩌귀에 걸렸읍니다.

그것을 신랑은 생각이 또 급해서 제 신부가 음탕해서 그 새를 못 참아서 뒤에서 손으로 잡아다리는 거라고, 그렇게만 알곤 뒤도 안 돌아보고 나가 버렸읍니다. 문 돌쩌귀에 걸린 옷자락이 찢어진 채로 오줌 누곤 못 쓰겠다며 달아나 버렸읍니다.

그러고 나서 40년인가 50년이 지나간 뒤에 뜻밖에 딴 볼일이 생겨 이 신부네 집 옆을 지나가다가 그래도 잠시 궁금해서 신부방 문을 열고 들여다보니 신부는 귀밑머리만 풀린 첫날밤 모양 그대로 초록 저고리 다홍 치마로 아직도 고스란히 앉아 있었읍니다. 안스러운 생각이 들어 그 어깨를 가서 어루만지니 그때서야 매운 재가 되어 폭삭 내려 앉아 버렸읍니다. 초록 재와 다홍 재로 내려앉아 버렸읍니다.

서정주, 「신부新婦」(시집 「질마재 신화神話」 1975)

〈가족의 탄생〉을 다시 볼 때마다 흥미진진하게 기다리는 장면이 있다. 어두운 밤 데이트를 마친 채현과 경석이 막 헤어지려는 찰나, 끼익, 소리와 함께 낡은 녹색 철제 대문이 열리고 중년이 된 미라가 나타난다. 그리고 미라의 손에 이끌려 집 안으로 들어온 경석을 할머니가 된 무신이 반긴다. 두둥 짠! 마치 서프라이즈 파티를 준비하는 사람처럼 미라와 무신의 시간차 등장을 기대하는 그 심경이 아주 쫄깃하달까. 처음 극장에서 〈가족의 탄생〉을 볼 때 느꼈던 서프라이즈 파티의 흥겨움이 이 장면을 볼 때마다 매번 처음인 양 반복되는 느낌이다. 1부와 2부가 극적으로 연결되는 그 순간은 짜릿했고, 가진 게 많지 않은 이들이 서로를 품고 돌보며 살아가는 삶의 풍경은 정겹고 따스했다.

그런데 기이한 건, 바로 그 순간 뇌리에 떠오르는 게 바로 저 서정주의 시 「신부新婦」가 그려내는 슬프고 아련한 '살풍경'이라는 점이다. 언제 처음 접했는지 기억나지 않으나 첫날밤 떠난 신랑을 기다리느라 신

사진 1/2〉 홍재희의 〈먼지〉. 사회적 자아의 상실과 독박 육아의 고립감에 우울해하던 여자는 화석이 된다.

부가 재가 됐다는 이야기는 너무나 선명한 기억으로 남아 있었다. 그 기억이 다름 아닌 공포였음을 뒤늦게 확인한 건 홍재희의 단편영화 〈먼지〉(2003)를 본 다음이었다. '여성을 둘러싼 허구적 신화에 물음표를 던진다'는 기획 의도를 밝힌 이 짧은 영화에서 사회적 자아의 상실과 '독박 육아'의 고통을 견디던 여주인공은 끝내 유령이기도 하고 화석 같기도 한 존재가 된다. 아파트 거실에서 빠른 화면으로 움직이는 남편과 아이는 삶의 영역에 있으나, 아내/엄마 홀로 정지/죽음의 영역에 고립된 마지막 장면의 서늘함으로 등줄기가 찌릿해지는 영화였다 (사진 1/2).

　"헤어지면 뭐, 밥도 안 먹니? 헤어지고 나서도 세끼 잘 먹고 잘 살고 그래. 그게 뭐 대수라고", 고두심과 문소리가 펼치는 티키타카의 유쾌함으로부터 겨우 정신을 수습해서 돌아보면 두 '엄마들'이 만들어내는 공간의 느낌은 저 질마재 신화와 〈먼지〉를 아우르는 슬픔 어린 공포와 너무 닮아 있다. 생각해보면 너무 기이하거나 가혹하지 않은가. 김 사장 (정홍채)과 약혼까지 했던 미라는, 어찌 된 사연인지 모르지만, 남동생이 내팽개친 올케와 그 올케의 전남편의 전아내의 딸을 거두며 이곳에서 계속 살았다. 몇 번째인지 모르나 하여간 뒤늦게 연을 맺었던 어린 남편 형철이 도망친 다음 전남편의 전아내의 딸과 함께, 도망친 젊은 남편의 여동생에게 의탁하며 무신 또한 같이 살았단다. 고스란히 세월의 흔적이 내려앉은 그 집은 마치 동굴인 듯, 시간을 잡아먹는 블랙홀인 듯 느껴진다. 유령의 집에서 이루어지는 유령과의 해후 느낌이 언뜻 드는 것도 무리는 아니다.

　그래서 〈가족의 탄생〉의 활력과 에너지를 회의하는 것은 〈아이 엠 러브〉(루카 구아다니노, 2009)에 질문을 던지던 방식과 유사해진다. 〈아이 엠 러브〉에 쓰였던 이항대립의 도식은 〈가족의 탄생〉에서도 쓰인다. 〈아이 엠 러브〉가 밀라노 대 산레모라는 공간의 대립으로 이야기하는 영화였고, 그 공간에 각각 조응하는 남성성/탄크레디 대 여성성/엠마의 충돌을 기입한 것처럼, 〈가족의 탄생〉에서는 한옥이라는 전통 주택 양식과 현대 가옥으로서의 다양한 아파트가 대립된다. 언제나 그 자리에 머물면서 찾아오는 이들을 품어줌으로써 돌봄의 가치를 구현하는 미라와 무신의 오래된 춘천 집은 노스탤지어로 가득 찬 과거의 공간, 판타지에 가까운 공간으로 다가온다.

시공간의 구체성을 지닌, 실제 존재하는 집이라기보다 누군가의 기억이나 상상 속에서 만들어진 허구의 장소, 시간이 멈춘 유토피아적 공간으로 형상화되는[1] 무신의 집 반대 항으로는 다양한 인물들의 주거 공간으로서 아파트가 배치된다. 선경은 총각김치며 추억이 담긴 물건들을 바리바리 싸온 엄마 매자를 아파트 문밖 복도에 세워둔 채 박대하고, 그 아파트에서 오랜 추억을 나눈 연인 준호(류승범)와 결별한다. 아내와 아들들 앞에서 다른 여자를 사랑한다고 고백하는 무책임한 로맨티스트 아빠 운식이 살고 있는 곳도 고층 아파트이며, 끝내 집으로 들어가지 않은 채 복도에서 깜박이는 전등불 아래 경석과 이야기 나누는 채현의 아파트도 정주하지 못하는 공간으로 제시된다.

이러한 공간의 배치는 갈등과 충돌, 소외와 상처, 결여와 결핍의 공간으로 아파트가 재현되는 반면, 상처와 소외를 보듬고 위안을 제공하는 돌봄과 연대의 공간이 한옥 등 전통 가옥으로 자주 상상됐던 2000년대 한국 영화의 경향을 반영한다. 가령 허진호 감독의 〈봄날은 간다〉가 할머니와 함께 사는 오래된 한옥을 김치/대가족/상우라는 요소와 나란히 줄 세우면서, 라면/1인 가구/은수로 구성된 또 다른 계열체로서 바닷가 아파트와 대립시킨 방식과 흡사해지는 것이다. 그렇다면 정지우 감독의 〈사랑니〉(2005)에서 결국 사랑의 패배자가 되는 17살 인영(정유미)의 공간으로 모던한 건물들이 가득한 파주 신도시가 상상될 때, 끝내 사랑을 쟁취하는 31살 조인영(김정은)의 공간이 삼청동 한옥인 건 논리적 귀결이랄 수 있었다.

삼청동 한옥은 '연적戀敵들이 모두 평화로운' 〈사랑니〉의 판타지를

---

1 이희승, 「정주하는 모성의 기호들」, 『언론과학연구』 제13권 1호, 2013, 370쪽.

위한 장소로 마침맞다. 인영의 첫사랑 이석(김준성), 지금 동거 중인 연인 정우(김영재), 새롭게 사랑을 시작한 연하남 이석(이태성), 그렇게 세 명의 남자와 와인 파티를 벌이면서 하늘의 반짝이는 별을 보기 위해서는 평상을 마당 한가운데 펼 수 있는 곳이어야 했기 때문이다. 그러고 보면 중년 여성의 섹슈얼리티 각성이 이부종사二夫從事의 팍팍한 현실로 귀결되던 〈경축! 우리 사랑〉(오점균, 2008)의 동의하기 마땅찮은 판타지도 미라와 무신의 집과 퍽 닮은 전통 가옥에서 펼쳐진 바 있다.

그 집이 오래된 집인 이유

시간의 흔적과 삶의 물성이 결여됐기에 시간을 비껴, 시간 '바깥'에 위치한 듯한 미라와 무신의 춘천 집은 〈아이 엠 러브〉의 에필로그에서 엠마가 누워 있던 어둡고 깊은 동굴과 겹쳐진다. 그래서 20년 전 그대로의 외형을 간직하고 있는 미라와 무신의 집, 개발의 바람조차 외면했던 그 오래된 집의 시간과 함께 그 집에 기록된 미라와 무신의 역사의 부재를 질문하게 된다. 미라와 무신의 이야기인 1부와, 선경과 매자의 이야기인 2부는 병렬적으로 진행되지만, 두 이야기가 만나는 3부는 시간을 훌쩍 뛰어넘는다. 그리고 이 시간의 비약으로 인해 오래된 집에 머물러온 여자들이 통과해온 시간과 관계망이, 그 공간에 새겨진 삶의 흔적과 물성이 잘 드러나지 않는다.

시간의 비약으로 생략된 그들 삶의 역사 중에서 무엇보다 궁금한 것은 선경의 이야기이다. 세상 어디도 갈 수 있을 것 같던 씩씩한 선경은 왜 끝내 일본으로 혹은 어디로든 가지 못하고 주저앉아버렸을까. 설명되지 않는 시간의 경과 끝에 더 이상 '구질구질함'에 날 세우지 않고 이를 '정 많음'으로 수용하는 넉넉한 어른이 된 선경을 남동생인 경석의 시선으로 긍정하는 영화는 어딘가 의뭉스럽다. 가계를 이을 남동생을 위해 청춘을 공장의 흐린 불빛에 바쳐야 했던, 멀지 않은 과거의 누이 이야기를 너무 닮았기에 그러하다. 자신에게서 멀어지려는 기회를 당차게 낚아채고 자신의 감정에 솔직했던 젊은 선경의 20년 후 모습으로 수긍하기엔 무언가 석연치 않은 것이다. 그러니 나무랄 데 없는 연기였지만 희끗희끗하게 머리를 부분 염색한 공효진이 아무래도 어색해 보였던 건 분장 탓이 아니라 바로 이 일관성의 문제였겠다.

또한 "몇 차례 집을 들락날락했다"던 무신의 지난 20년은 어땠을지, 김 사장과 꾸었던 행복한 가정의 꿈을 포기한 뒤에도 길기만 했을 시간을 미라는 어찌 견뎠을지 설명되지 않은 채 그녀들의 삶은 활력과 긍정의 기운에 휩싸인다. 무엇보다도 피를 나누지 않았어도, 가부장제의 효력이 실질적으로 상실됐음에도 지속 가능했던 모성의 돌봄이 있어 구김 없이, 두루두루 베풂을—지나칠 정도로—실천하는 인물로 자란 채현이 그들 삶의 공백을 대체하고 수렴하는 위치에 놓인다. 그래서 '여자들끼리 모여 함께 베풀고 나누니 좋지 아니한가', 퉁치듯 마무리 짓는 〈가족의 탄생〉에서 모성의 담지자, 돌봄의 수행 주체로서의 인물들 말고 개인으로서의 삶을 기획하고 살아가는, 개별성을 갖는 여성 인물들은 존재하지 않는다.

그 때문에, "남성 주도 사회에 절대 부족한 여성성의 미덕이 아름답게 그려졌다"[2]라는 찬사는 역설적이게도 영화의 의심적은 부분을 제대로 가리킨다. 과연 '여성성의 미덕'이라는 것이 '남성 주도 사회'에서

---

2 천호영, "〈가족의 탄생〉, 왜 하필 그때 태어났니", 〈오마이뉴스〉, http://star.ohmynews.com/NWS_Web/OhmyStar/at_pg.aspx?CNTN_CD=A0000382945

'아름답게' 그려졌다면, 그것이야말로 판타지임을 고백하는 것이 아니 겠는가, 물을 수밖에 없다. 그렇다면 혹시, 21만이라는 매몰찬 관객 수 는 현실의 무게와 물성이 휘발된 판타지의 가벼움에 대한 대중의 눈 밝 은 답변은 아니었을까. 돌봄의 가치를 구현하는 여성/주의적 모성 공동 체가 갖는 따스한 위로와 미래적 전망에 대한 공감이 깊은 만큼, 그 위 로와 전망은 어디서부터 오는가 꼼꼼하게 물어야 할 것이다. 그녀들은 왜 '노'라고 답할 수 없었을까. '탈주하는 존재'로서의 여성/모성의 선택 지는 아예 없었던 것이 아닌가.

그들이 '노'라고 할 수 없었던 이유

이동은의 〈당신의 부탁〉(2017) 또한 '가족의 탄생'이라는 주제를 탐 구한다. 작은 학원 원장 효진(임수정)은 젊은 나이에 남편을 잃은 상실도 벅찬데, 결혼 전 남편이 낳았던 16살 아들(윤찬영)까지 키워야 하는 딜 레마에 봉착한다. 나는 한 신문 지면을 통해 〈당신의 부탁〉에 관해 이렇 게 썼었다. "영화는 웬만해서 자신의 감정을 잘 드러내지 않는 효진이 무슨 생각으로 종욱과 함께 지내기로 결정했는지 분명히 설명하지 않 는다. 그건 영화적 리얼리티의 부족이라기보다 영화가 제안하는 '모성/ 성'에 대한 새롭거나 폭넓은 정의를 위한 효과적인 선택으로 양해된다. '엄마의 자리에 어떻게 가게 됐는가'보다 중요한 건, '어떻게 엄마가 될 것인가'여야 하기 때문이다."[3]

---

3 박인영, "[박인영의 매치컷] 〈나는 아들을 사랑하지 않는다〉와 〈당신의 부탁〉 – 엄마/아빠라 는 자리", 〈충청미디어〉, 2018. 7. 23., http://thecm.newspim.com/news/articleView. html?idxno=15232.

〈가족의 탄생〉을 다시 생각하며 '엄마'라는 이름의 함의와 '되기'의 과업을 곰곰이 되씹다 보니 이 글이 영 불만족스럽다. 그 글을 적던 당시 나는 〈당신의 부탁〉이 주제를 탐구하는 방식, 결론을 제시하는 방식을 수긍하지 못한 채였던 것 같다. 그리고 고백하자면, 지금도 그러하다. 바람 불면 날아갈 것같이 가녀린 임수정이, 가뜩이나 30대로서 헤쳐가야 할 산더미 같은 인생의 과제를 앞두고, 한창 동요할 16살 청소년과의 동거를 결정하는 영화적 선택은 못 미더웠다.

　영화는 그것을 확장된 것으로서 '모성'의 각성과 '윤리'라는 항목 아래 '이미 도착해 있는 장소'라고 전제하는 것처럼 보였다. 무엇보다도 엄마-되기의 막중함과 지리멸렬함 자체를 인지하고 학습할 기회가 없었기에 두려움조차 알지 못했던 효진에게 암묵적으로 강요된 그 선택의 타당성을 아무래도 인정하기 어려웠다. 일련의 영화들에서 온전히 인물들의 적극적인 의지로만 선택되지 않는 '엄마라는 자리'가 그렇게 쉽게 받아들이고 헌신할 수 있는 것이 아니라는 당연한 사실이, 윤리적 기획이고자 하는 영화적 비전 앞에서 종종 중요하지 않은 것처럼 다루어진 또 하나의 사례였다.

　효진은 올바른 선택을 한 것이겠으나, 그 올바름을 매일의 현실로 구체화하며 힘듦과 부대낌을 앞으로 지치도록 겪어야 할 것이 안쓰러울 뿐이다. 〈당신의 부탁〉에서 효진은 장난스럽게 데이트를 청하던 연하남에게 "마음이 그냥 얻어지는 줄 알아요?" 대꾸했었다. 내가 효진의 지인이었다면 했을 법한 말이 그것이다. 오랜 시간 부대끼고 뒤틀리며 쌓아가는 것으로서 '모성'이라는 마음을 얻는 것의 어려움을 효진은 살아가면서 뒤늦게 깨달을 것이다. 그래서 선경과 미라의 알 수 없던 역사와 채현의 미래, 그리고 효진의 고통이 지레 걱정되고 안쓰럽다.

비어 있는 가부장의 자리

다시 〈가족의 탄생〉으로 돌아오면, 영화에서 지지받은 모성의 탐구는 "더 이상 생물학적 주체로서 어머니에 귀속된 특질이 아니라, 그 의미가 확장되고 작중 남성과 여성이 공히 체현하는 인간의 본질과 같은 속성"[4]이라는 규정마저 충족하지는 못한다. 개인적 삶을 기획하고 실천해갈 것을 허락받지 못한 여성들이 가부장제가 남긴 유산을 뒤치다꺼리하는 이야기로 영화가 요약될 때 그들은 돌봄의 윤리적 실천을 수행하는 주체들이기보다는, 가부장 체제의 호명에 성실히 응답하는 이야기가 되기 때문이다. '남성들이 갈망하는 이미지가 투사된 형태로 신화화됨으로써 그녀들이 여전히 복잡한 현실 세계 바깥의 환영으로 밀려날 때',[5] 여성성과 동일시되는 모성이 여성 억압으로 기능했던 역사를 〈가족의 탄생〉은 이어가게 된다.

〈가족의 탄생〉에서 모든 인물들이 돌아와 모이는 미라와 무신의 집은 여성적 유대로 만들어가는 모성의 공간이 된다. 하지만 끝까지 비어 있는 가부장의 자리를 외면하고, 처음부터 없던 문제인 양 침묵한다면 그 공간은 끝내 판타지로 남을 수밖에 없다. 그래서 무책임하고 부족한 가부장 형철이 임산부를 데리고 처음처럼 다시 나타난다. 그때와 달리 미라의 행동은 단호해서, 두 사람을 매몰차게 쫓아내고 대문을 단단히 잠근다.

형철과 임산부는 끝내 발길을 돌릴 것인가, 혹은 무신과 채현을 집 안에 들였듯, 임산부만은 품을 것인가. 아니면 형철마저 들이고 그 귀환

---

4 이희승, 앞의 글, 366쪽.
5 같은 글, 382쪽.

을 확정 짓기 위해 '이형철' 문패 또한 다시 내걸 것인가. 그럼으로써 오랫동안 비어 있던 가부장의 자리는 채워질 것인가. 그 대답을 들은 후에야 우리는 버려진 이들을 거두어들이는 이 여성들의 보살핌과 돌봄이 가부장제의 명령에 대한 응답이었는지를 비로소 판별할 수 있을 것이다. 이렇게 〈가족의 탄생〉은 판타지에서 현실로 돌아오면서 끝난다.

"엄마 나빠!", 〈4등〉과 가해자-모성

　　정지우 감독의 〈사랑니〉(2005)를 '가장 사랑스러운/좋아하는 한국 영화'로, 김정은이 분한 조인영 캐릭터를 '가장 인상적인 한국 여성 캐릭터'로 꼽는 사람으로서, 인권 영화 〈4등〉(2015)은 특히 반가웠다. 〈생강〉(1996), 〈해피엔드〉(1999), 〈사랑니〉, 〈배낭을 멘 소년〉(2005)으로 이어진 강렬하고도 밀도 높은 정지우의 영화적 행보가 〈모던 보이〉(2008), 〈은교〉(2012) 등에서 잠시 주춤했다며 아쉬워하던 차였다. 다른 이들의 생각도 비슷했던지, '정지우의 최고작'이라는 반응[1]까지 나올 만큼 호평 일색이었다. 국가인권위원회가 제작한 만큼 만드는 이의 의도가 명백한 소위 '공익 영화', '계몽 영화'의 한계가 전제돼 있는 상태에서 메시지의 전달은 물 흐르듯 유연했고, 한국 영화에서 보기 힘들었던 수중 촬영 장면은 아름다웠으며, 인물들은 생생했다. 개인적으로 2015년 최고의 한국 영화로도 손색이 없을 작품이었다.

1　듀나, "공익영화의 '다른 길', 〈4등〉", 『씨네21』, http://www.cine21.com/news/view/?mag_id=83949.

'엄마의 극성으로 매 맞으며 수영 배우는 아이'

국가인권위원회로부터 인권 영화 연출 제안을 받은 정지우 감독은 인권 영화 열두 번째 프로젝트 중 처음으로 스포츠 인권을 다루겠다고 작정하고 다양한 종목들을 조사한 뒤 수영을 대상으로 결정했다고 한다. 실제 훈련장과 많은 수영대회를 직접 다니면서 인물들을 취재한 결과 완성된 시나리오는 성적 지상주의로 인해 유린되는 스포츠 인권의 현주소를 신랄하게 고발한다.

영화가 발표된 지 4년 만인 2019년 1월, 온 국민에게 올림픽 금메달의 기쁨을 안겨주었던 쇼트트랙 국가대표 심석희 선수의 코치 성폭행 폭로[2]와 2020년 트라이애슬론 종목 최숙현 선수의 죽음이라는 비극적 사건[3]을 감안하면, 〈4등〉은 지나치게 온건한 방식의 영화였다는 생각이 뒤늦게 들기는 한다. 그런 저간의 맥락을 일단 접어둔다면, 〈4등〉은 많은 이들이 알고 있으면서도 침묵의 공조 속에서 은폐됐던 스포츠 현장의 폭력이라는 오래된 악습을 커다란 스크린을 통해 적절하게 문제 제기하는 영화였다.

〈4등〉의 포스터는 주인공인 초등학교 4학년 준호(유재상) 캐릭터를 인상적으로 설명한다. 수영대회에서 만년 4등만 하면서도 준호는 늘 해맑다. 물에서 노는 게 그저 좋은 것이다. 그 옆에서 엄마 정애(이항나)만 애가 탄다. 벌써 4학년이니, 공부로 대학 가기는 어려울 것 같고 어떻게든 좋은 성적을 내서 수영 특기생으로 입학시켜야겠다고 마음 먹은 때문이다.

---

2 김창금,《쇼트트랙 심석희 "조재범 전 코치, 17살 때부터 상습 성폭행"》,〈한겨레〉, http://www.hani.co.kr/arti/society/rights/877555.html#csidx8519bf820f66e92ad105c2a5118d01d.

3 문경란, "최숙현 선수가 남긴 숙제",『시사IN』, https://www.sisain.co.kr/news/articleView.html?idxno=42608.

다른 '수영맘'들을 좇아 물색 끝에 용하다는 김광수 코치(박해준)를 소개받고 준호는 본격적인 새벽 훈련에 돌입한다. 그리고 '1등 같은 2 등'으로 시상대에 서지만 김 코치의 폭력적 체벌을 견디지 못한 준호는 수영을 그만둔다. 엄마와 준호의 관계는 냉랭하게 틀어지고, 방황하던 준호는 다시 혼자 연습을 시작한다. 누구에게도 알리지 않은 채 혼자 수영대회에 나간 준호는 힘차게 물살을 가른다.

〈4등〉은 주인공인 준호의 이야기면서 동시에 부모의 이야기이기도 하다. "지금 부모로서 최선을 다하지 않아 나중에 아이들이 나를 원망 하면 어떻게 하나 하는 마음, 금수저로 태어나 큰 노력을 하지 않아도 인간 구실을 하며 먹고사는 사람을 제외한 대부분 부모들은 자식으로 부터 그런 원망을 듣지 않을까 하는 마음을 안고 있다. 이런 얘기를 하 면서 눈가에 물기가 맺힌 걸 보면 누가 그녀에게 극성 엄마라고 손가락 질할 수 있겠나."[4] 정지우 감독은 "영화 속 학부모 중 하나가 나이고 그 들이 가진 자식에 대한 불안감이 바로 내 마음"이라고도 했다. 다른 인 터뷰를 통해서도 체벌도 눈 감은 채 극심한 경쟁으로 아이들을 몰아넣 어야 하는 부모들, 특히 엄마의 고충을 헤아리는 심경을 수차례 밝힌 바 있다.

아이에게 수면제를 먹이고 연인을 만나러 나가는 젊은 엄마(〈해피엔 드〉), 남자 고등학생과 사랑에 빠지는 30대 학원 선생(〈사랑니〉), 침묵의 오토바이를 타는 북한 탈출 소년(〈배낭을 멘 소년〉) 등 그의 영화 속 인물 들이 대개 그러했던 것처럼 〈4등〉의 인물들 속내도 다들 복잡하다. 좋 고 나쁜 단선적 평가를 들이대기 어렵게 복합적이고 나름대로 사정도

---

4 정지우·김성훈, "부모로서 나의 자백 같은 게 담겨 있다", 『씨네21』, http://www.cine21.com/ news/view/?mag_id=83797.

있다. 이런 점들이 정지우 영화 특유의 다면적이고 복합적인 결을 만든다. 그런데 최소한 엄마 캐릭터에 관해서라면 정지우는 이번에 실패했다고 말해야 할 것 같다. 인터뷰에서 밝힌 그의 생각과는 달리 엄마는 '극성'이라는 이유로 '손가락질당한다'. 어린 주인공 준호가 경험하는 모든 갈등과 고통의 궁극의 원인이자, 최종적 가해자로 지목되고 질책당하는 것이다.

당장 구글에서 〈4등〉을 검색해보면, 첫 화면에 3개의 동영상이 떠 있는데 그 첫 번째 제목이 "엄마의 극성으로 매 맞으며 수영 배우는 아이"[5]이다. 물론 작품의 메시지가 헌법처럼 명문화된 것도 아니니 제목이야 다양하게 붙일 수 있다. 하지만 최소한 '1등만 기억하는 잔인한 세상, 당신에게 들려주고 싶은 이야기!'라는 기획 의도나, "국가 주도의 엘리트 학원 스포츠 틀을 깨야"[6]처럼 만든 이의 의지를 반영한 제목과는 상당히, 아니 너무 거리가 있는 것임은 분명하다. 그런데 정작 문제는 이 제목이 영화가 제시한 현실적 이슈를 접수하는 불특정 다수의 대중 심리를 제대로 겨냥한 것이라는 점에 있다.

강의하는 대학에서 〈4등〉을 학생들과 두 번, 30~60대 여성들과 두 번 보았다. 대부분 주부거나 엄마, 할머니였던 일반인 관람은 폭력적 체벌이 만연한 실상과 스포츠 인권의 유린이라는 문제적 현실을 인지하고 공감하는, 대체로 무겁고 진지한 분위기로 진행됐다. 다들 안타까워하면서도 어떻게 이 문제를 풀어나가야 하는지 어려워했다. 쉽게 풀릴 간단한 문제가 아님을 영화가 효과적으로 일깨워준 덕분이기도 했다.

---

5 https://www.google.com/search?q=4%EB%93%B1&oq=4%EB%93%B1&aqs=chrome..69i57j69i59j0l3j69i61l3,1156j0j4&sourceid=chrome&ie=UTF-8, 2020. 2. 7.

6 《〈4등〉 정지우 감독, "국가 주도의 엘리트 학원스포츠 틀을 깨야"》, 『씨네21』, http://www.cine21. com/news/view/?mag_id=93162.

문제적인 것은 학생들의 반응이었다.

영화를 본 뒤 간단한 감상을 적어내게 했는데 그중 많은 내용이 바로 엄마 정애에 관한 것이었다. 그들이 가장 불편해하고 미워하고 가해자로 최종적으로 점찍는 대상이 바로 준호의 엄마였다. 영화를 보고 간단하게 정리할 때 "내가 엄마다 보니 아무래도 정애의 입장에서 영화를 보게 된다"고 전제하고, "얼핏 가해자처럼 보이겠지만 정애 역시 경쟁의 논리를 내면화한 피해자로 이해할 수 있다"고 이야기했지만 소수의 몇몇 여학생만 동의하는 의견을 밝혔을 뿐이었다.

그런 말은, 개인차는 있겠으나 대체로 바로 얼마 전에야 '모성의 억압'에서 벗어났을 대학 1, 2년생들에게는 그저 한가하게 들렸기 때문이었을까. "너 때문에 죽겠다, 진짜! 너 뭐가 되려고 그래? 너 꾸리꾸리하게 살 거야? 인생을?", 다그치던 매서운 눈길, 일말의 여지도 없이 몰아붙이던 정애의 모습에서 각자 자신의 엄마 얼굴을 떠올렸던 것인 듯했다. 인물의 행동을 일정한 구조적 맥락에서 바라보고 이를 종합적으로 혹은 객관적으로 생각하기에는, 학창 시절과 엄마에 대한 기억은 지나치게 압도적인 선체험인 셈이었다. 그들에게 〈4등〉은 "잡아주고, 때려주는 선생이 진짜다. 내가 겪어보니 그렇더라"면서, 전혀 성찰의 여지 없이 퇴행적 사고를 내비치는 김 코치의 후안무치 같은 건 안중에 없이 그저 엄마의 매섭던 눈초리, 매몰차게 눈 감던 모습만 남는 영화였던 것이다.

"그냥, 엄마가 제일 미워!"

폭력적 체벌의 문제점을 고발하는 인권/공익 영화이자 스포츠 영화로서 〈4등〉의 첫 번째 남다름은 무려 30분의 시간 동안 흑백으로 펼쳐지는 젊은 김광수(정가람)의 이야기에 있다. 밤새 소주를 글라스로 퍼마셔도 거뜬히 새벽 훈련을 소화하는 건 물론 기록마저 경신하는 타고난 천재. 김광수는 자신의 재능에 취해 오만방자한 태도로 임하다가 결국 국가대표에서 탈락한다.

하지만 갈등의 진원지로서 나중에 가해자의 위치에 배치되는 인물에 대한 영화의 재현은 아주 신중하면서도 모험적이다. 젊은 김광수는 원칙을 어겼고, 훈련에 태만했고, 최선을 다하지 않았다. 그런데도 '폭력의 시원始原'의 구조 속에 위치한 김광수는 정가람이라는 신인의 낯설지만 인상적인 매력이 더해져, 명백한 잘못에도 불구하고 상당한 정도 동일시의 여지를 남긴다. 그럼으로써 즉각적인 질책과 응징을 유발하지 않고 인물의 행위와 그로 인한 영향을 사유하도록 하는 복합적인 캐릭터로 만들어졌다.

만약 젊은 김광수가 고결한 품성의 소유자로서 부당한 폭력으로 인해 나락으로 떨어졌다면, 순수한 피해자의 불운에 공감하고 연민하는 과정에서 관객인 우리는 폭력 자체를 망각했을 것이다. 혹은 그가 의문의 여지 없는 악당이어서 극악무도한 품성이 폭력이라는 결과의 원인으로 제시된다면, 폭력의 구조를 회의하고 문제시하기보다 폭력의 효능에 공감할 수도 있다.

〈4등〉은 많은 다른 영화들처럼 문제를 개인의 것으로 축소하고 폭력을 개인으로 환원하는 어리석음을 피해간다. 흑백의 화면에서 박 감독(유재명)이 젊은 광수를 가혹하게 체벌하고, 컬러 화면에서 코치가 된 광수가 어린 준호에게 매를 들며, 겨우 초등학교 4학년생인 준호가 "맞을 짓을 했다"며 동생 기호에게 손을 대는 끔찍한 이미지의 연쇄를 통해 구조로서의 폭력, 그 세습의 메커니즘을 사유하도록 제안하는 것이다. 그런데 '맞을 짓'이란 말 자체의 성립을 문제시하고 해체시키는 이러한 전략은 영화를 차별화하는 미덕이 되지만, 역설적으로 영화의 구조에 균열을 가하는 장애가 되기도 한다.

젊은 시절 혈기왕성한 데다 워낙 유별나게 뛰어났던 만큼, 어쩌면 이해할 수도 있었을 광수의 판단 오류와 무책임한 행동은 흑백에서 컬러로 바뀐 현재의 시점에서도 변함이 없다. 그는 실수/실패로부터 배우지 못한 사람이다. 남루한 현재의 기원을 자신의 잘못으로부터 사유하고 반성할 능력이 없는 것이다. 폭력 피해자로 구제받지 못한 자기 삶의 전락을 폭력의 효능에 대한 확고한 신념으로 대체한 그는 폭력 피해자로 자처하면서도 재빠르게 가해자의 위치에 선다.

하지만 여전히 오만하고 뻔뻔한 광수 캐릭터에 대한 형상화의 기조는 그대로 유지된다. 정가람에게 바통을 이어받은 배우 박해준 또한 미워할 수만은 없도록 인간적 연민을 유발하는 묘한 질감을 더해 루저 김광수를 입체적으로 형상화한다. 문제는 그가 과거처럼 스스로의 미래만 망가뜨리고 자멸하지 않는다는 데 있다. 그의 폭력으로 고통받는 명백한 피해자가 발생하는 것이다. 그럼에도 어린 준호를 억압하는 명백한 가해자이자, 존중받아야 할 사회적 가치를 훼손하고 조롱하는 부정적 인물로서 김광수 캐릭터가 입체성과 인간미를 확보하는 대신 어린 준호가 감당하고 있는 폭력의 피해를 누구에게 물어야 할 것인가, 답이 묘연해지는 치명적인 문제가 발생한다.

엄마는 바로 이 지점에서 소환된다. 문제적 인물인 김광수를 어린 피해자 준호와 연결시켜주는 실제의 역할 이전에 이미 엄마는 준호의 삶에 억압의 존재로 배치된 바 있고, 광수의 악행을 외면하며 침묵함으로써 폭력의 지속 및 세습화에 공모하고 기여하는 주된 행위자로 부각된다. 폭력적 체벌과 관련된 영화적 질책과 응징을 가장 많이 감당해야 하는 위치에 놓이는 것이다.

"극중 인물 가운데 누구의 행동에 합당한 벌이 주어지고 있나를 보면 엄마만이 정당하게 대가를 짊어졌다는 인상도 있다."[7] 폭력의 지속에 대한 성찰을 제안하면서도 정작 문제의 원인을 모성에 돌리고 있다는 지적에 대한 정지우의 답은 다소 모호하면서 부정확하다. '엄마를 제외한 인물들이 정당하게 대가를 짊어지지 않았다'는 의미를 담은 것으로 보이나, 이 정도 표현은 엄마 캐릭터에게 주어지는 과도한 처분을 제대로 짚어내지 못한다. '엄마만이 부당하게 대가를 짊어졌다'가 정확한 진술이 될 것이다.

〈4등〉의 모든 배우들이 다 훌륭하지만, 특히 엄마 역의 이항나 배우는 더욱 생생해서 그의 말 한마디, 행동 하나하나가 다 정말 엄마 같다. 충실한 사전 리서치의 결과이기는 하겠지만 일상의 디테일들에 스민 리얼리티적 질감이야말로 정말 탁월하고, 그럴 때 이항나 배우의 존재감은 빛난다. 가령 한 대의 컴퓨터를 갖고 고만고만한 형제들이 다투다가 엄마가 들어오자 잽싸게 딴청을 부리지만, 엄마는 대뜸 컴퓨터 본체부터 만져본다. 분명 모니터는 꺼져 있지만 뜨끈뜨끈한 열기는 말한다. 바로 전까지 형제들이 컴퓨터에 매달려 있었다는 것을. 몇 차례 사람들과 영화를 함께 볼 때마다 어김없이 가벼운 폭소가 터졌던 장면이었다.

하지만 이항나 배우에게 요구된 '실제처럼 생생한' 엄마 역할의 대부분은 아이들을 재촉하거나 꾸짖는 것이어서, 배우의 연기가 보여주는 생생함의 미덕은 억압의 트라우마를 환기하는 불쾌한 것으로 변질된다. 짜증과 독촉, 은근하거나 명백한 억압의 표면이 갖는 실감이 너무 생생해서 다른 것을 생각할 여지가 거의 없어진다. 낭떠러지에서 떨어졌을 때 두 번째 기회가 주어지지 않는 살벌한 성과 우선주의 시대를 살아가는

---

7 김혜리, "맞을 짓", 『씨네21』, http://www.cine21.com/news/view/?mag_id=83897.

엄마로서, 돌봄과 교육 모두를 책임지고 있는 중차대한 입장에서 나 몰라라 할 수 없는 불안과 두려움이라는 구조는 그렇게 가려진다.

구조는 보이지 않고, 악당은 가깝다

> 아버지는 어둡고 음침한 존재인 계모와 마녀에게 사회의 악한 역할을 떠맡기는 지배 권력의 얼굴에 다름 아니다. 아버지는 동화 속에서 계모나 마녀에게 적극적인 대항을 하지 못하는 고운 마음씨를 지닌 다소 무기력한 인물로 보이지만, 실제로 그는 이들의 행동을 방임하거나 조장하며 그 결과에서 파생되는 어떤 부작용도 모두 마녀와 계모에게 돌리는 기만적인 지배 권력인 것이다./ 이수진[8]

〈4등〉의 엄마 정애가 악역으로서 부당하게 대가를 감당하는 이유 중 하나는, 책임의 공동 주체로서 대가를 함께 나누어야 할 아버지 영훈(최무성)의 자리가 교묘하게 비어 있기 때문이다. 미리 말하자면 이 또한 최무성이라는 뛰어난 배우의 연기 때문이기도 하다. 그가 분하는 영화 속 아버지는 늘 목소리를 높이고, 독촉하며, 상황을 고려해주지 않는 엄마 정애에 비해 훨씬 합리적이고 관대하며 관용적인 인물로 그려진다.

아버지의 경고에도 불구하고 김 코치가 체벌을 멈추지 않자 물 뚝뚝 떨어지는 수영복 차림으로 달려 나간 맨발의 준호는 아버지 회사를 찾아간다. 끝내 수영을 포기하겠다는 생각을 상의하고 결심을 털어놓는

---

8 이수진, 『판타지, 매혹적 상상의 세계』, 전남대 출판부, 2013, 123쪽.

사진 1〉 체벌을 피해 맨발로 달려 나가 아버지에게 안기는 준호. 듬직하고 관대하며 믿음직한 아버지의 이미지는 그러나 허위이며 왜곡된 것이다.

대상도 아버지이다. 듬직하고 후덕한 인상의 최무성 배우가 아직 젖어 있는 수영복에 어른 겉옷만 걸친 준호를 꼭 안아주는 모습은, 가혹한 채찍질의 이미지로 굳어진 엄마 정애와 대조적으로 아버지의 이미지를 우호적이며 긍정적으로 각인시킨다(사진 1).

하지만 이러한 이미지는 모두 허구이며 영화에 의해 왜곡된 것이다. 영훈은 성취라는 과실은 마다하지 않으면서도 그에 따르는 현실적 노력과 부담은 외면한다. '손 안 대고 코 푸는' 스타일이라고 할까. 모든 경기를 쫓아다니며 목이 터져라 응원하지만 원하는 성적이 나오지 않아 속상해하는 정애의 전화를 사무실에서 받고도 "그러니까 취미로 하라고 했잖아" 같은, 하나마나 한 말로 힘만 빼놓을 뿐이다. 그러면서도 정작 준호가 은메달을 목에 걸자, 벙글거리며 케이크를 사 들고 일찍 퇴근한다.

아이들에 관한 다소 가혹한 미래 설계를 아내/엄마들이 주도적으로 구상할 때 이를 흔쾌히 승인하지도 못하고, 그렇다고 완전히 무효화하지도 못하는 어정쩡한 현실의 아버지를 환기한다지만 무책임하다는 비판을 피할 수 없다. 수영을 포기하겠다는 준호의 의사를 최종 확인하고 이를 정애에게 통고만 하는 건 무책임할 뿐만 아니라 짧지 않은 시간 헌신했던 정애의 정성과 노력을 무시하는 것이기도 하다.

"때리지도 않고 맞지도 않으면서 메달 따는 것이 진짜 잘하는 거고 과정이 중요하다"는 그럴 듯한 말은, 그 말을 실천에 옮길 책임감 있고 성실한 행동이 뒤따를 때 신뢰를 얻을 수 있을 것이다. 하지만 그는 아들의 미래를 놓고 아내와 함께, 혹은 준호와 다 같이 문제를 상의하고 결정하는 어떠한 노력도 하지 않는다. 장르를 불문하고 가족에 관한 문제를 다루는 많은 한국 영화에서 아버지의 빈자리는 기본 값으로 전제되곤 한다. 아버지를 책임에서 배제시키는 부재 장치를 통해 아이의 희생과 고통이 모성의 불완전성 때문으로 치부되는 젠더적 불균형의 역학은 〈4등〉에서도 작동된다.

그런데 여기서 〈4등〉은 더 나쁜 쪽으로 나아간다. 아버지는 '있으나 마나 한' 존재로 비가시화되기 때문에 문제가 아니라, 오히려 폭력이 구조화되고 세습되는 과정을 추동하고 가속화하는 사람이기 때문이다. 시간을 되돌려서 처음의 장면으로 돌아간다면, 김광수가 잘못된 선택으로 나락에 떨어짐으로써 이후 준호까지 이어지는 악연을 단절할 수 있는 첫 번째 기회가 젊은 신문기자 영훈에게 주어졌던 것을 기억해야 한다.

천재적 재능을 타고난 젊은 수영 선수 김광수를 눈여겨보았던 신문기자 영훈은 광수가 자신에게 제보한 국가대표 감독의 폭력적 체벌 사안에 결코 현명하게 대처하지 못했다. 광수의 잘못된 개인 행동과, 없애야 할 구조적 폐단으로서의 폭력적 체벌을 분리하지 못하는 우를 범하고 광수의 행동을 '맞을 짓'이라고 경솔하게 치부했던 것이다. 그 지점으로부터 문제는 나쁜 방향으로 돌이킬 수 없이, 빠르게 진전된다.

최소한 〈4등〉의 플롯 내에서 발생한 갈등과 피해의 결정적 책임을 피할 수 없는 영훈의 잘못된 판단은 반복된다. 폭력 코치가 다름 아닌 김광수임을 알게 되자 그는 어두운 밤 봉투를 내미는 것으로 문제를 사소화하고 개인적으로 해결하려 한다. 아버지로서의 비겁함은 물론이거니와, 공적인 사안을 다루고 사회적 의제의 환기를 통한 문제 해결의 책임을 가진 중견 언론인으로서 그의 처신은 이번에도 옳지 못했다. 하지만 자신의 지위를 이용해 아들만 곤경으로부터 구해내려던 그의 치졸하고 비겁한 태도는 영화적으로 초점화되지 않는다.

이처럼 폭력이라는 구조의 문제에 연루된 여러 인물들에 대한 재현의 지점에서 영화가 드러내는 불균형은 그 인물들 중 유독 엄마라는 개인에게 막중한 책무가 부여되고 영화적 대가가 강요된다는 문제점으로 귀결된다. 정교한 가해자 서사의 뒷받침으로 명백한 가해자는 인간적 연민의 대상이 되고, 무책임하고 비열한 공모자는 너그러운 품으로 기억되지만 그러한 관대함과 넉넉함의 혜택으로부터 유독 엄마는 제외된다. 모두에게 참작할 만한 사유와 변명의 여지가 있지만 엄마만은 예외다. 그래서 "나는 우리 애가 맞는 것보다 1등 못할까 봐 더 무서워" 같은 대사는 모성이 홀로 감당하고 있는 공포와 두려움의 반영이기보다는 가혹한 억압자로서의 면모를 설명하는 것으로 오해된다.

더욱 심각한 것은 엄마 캐릭터에 관해 더욱 교묘한 재현의 불공정/불공평이 김광수 캐릭터와 관련돼 작동한다는 점이다. 김 코치는 부도덕하고 각성하지 못하는 인물임에도, 적반하장 격으로, 서사 내부에서 엄마 정애의 행위가 갖는 억압성을 환기하고 이를 명시적으로 질책하는 유일한 인물로 그려진다. 이는 작품의 궁극적 메시지를 대변하기도 하거니와 곤경에 빠진 준호와 동일시된 관객들의 염원을 대리해 수행하는 것이기도 하다는 점에서 그 의미가 중차대하다.

이에 따르면 자발적으로 연습한 준호가 결국 금메달을 따는 플롯은, 코치의 '체벌'과 엄마의 '극성'이 준호를 곤경에 빠뜨리고 스포츠 인권을 훼손하는 문제의 두 원인이었음을 확정 짓는다. 이로써 "니 없으면 딴다"며 정애를 힐난한 김 코치의 행위는 정당화되고 합리화되며, 나아가 '체벌'보다는 '극성'의 심각함과 시급함이 부각된다. 결국 최종적 가해자의 자리가 엄마에게 배당되는 것이다. 과연 이는 책임의 경중과 선후를 온당하게 반영한 것이었을까.

어두운 밤길을 지키고 있다가 느닷없이 길을 막고는 "아이를 책임지라"며 협박하다가, 또 울며 간청하는 모성을 누군가는 못마땅해하고 혹은 조롱할 수도 있다. 짧지 않은 시간 정성을 기울였으나 그 모든 것이 수포로 돌아갔다고 해서 돌봄의 의무를 거부하고 아이를 차갑게 외면하는 미성숙한 모성에게는 질책이 쏟아질 수도 있을 것이다. 그렇다면 그것이 "지랄을 해싸갖고, 에이 씨"라는 천박한 말이라도 감당할밖에. 하지만 영화의 서사 안에서 정애를 모욕하거나 질책할 자격이 없는 단한 사람을 꼽자면 그는 김 코치여야 한다.

오만했던 과거의 선택으로 자초한 실패를 단 한 번도 성숙하게 성찰하지 않은 그는 잘못된 가치관과 훈련 원칙을 시정하지 않은 채 공공의 합의를 바탕으로 한 사회적 가치를 훼손하며, 간절한 모성을 모욕하고 비난한다. 그는 제 발로 찾아와 마지막 기회를 간청하는 어린 준호의 성숙함 앞에서도 뻔뻔하게 외상값을 떠넘기는 치졸한 인성을 드러낸다. 낮부터 마셔댄 술로 불콰해진 얼굴의 그가 "욕심은 니 엄마가 다 부리지. 느그 엄마가 수영하면 잘할끼데이"라고 이죽거리며 아이 앞에서 엄마를 모욕하는 장면은 불쾌했고, 부당한 노출이나 폭력 장면 못지 않게 비윤리적이었다.

어둠 속 눈물, 그 새벽의 박카스 박스

앞에서도 잠깐 언급했지만 〈4등〉은 시의적절하고 시급한 메시지의 측면에서뿐만 아니라 다른 영화들에서 쉽게 볼 수 없는 디테일의 리얼리티가 빛나는, 정지우의 장기가 유감없이 과시되는 영화이다. 특히 정애를 재현하는 다양한 디테일들은 엄마인 관객이 보기에 하나같이 공감되거나 가슴을 울리는 것이었다. 가령 아이가 체벌을 당한다는 충격적 사실을 알게 되는 장면이 그렇다. 동생 기호의 말실수로 우연히 그 사실을 알게 되지만 정애도 준호도 그냥 어물쩍 넘어간다. 그리고 한밤중, 잠든 준호의 방으로 들어온 정애는 조심스레 준호의 옷을 들어 올리며 어둠 속에서도 분명하게 드러나는 멍 자국을 확인한다. 자, 이제 어떻게 해야 하나, 과연 정애는 어떤 선택을 할까.

잠시 마음 졸이는 시간이 지나고, 새벽녘 도시락을 준비하는 정애의 동작이 유난히 부산스러워 보인다. 엄마로서는 냉장고에서 이것저것 반찬통을 꺼내놓고, 무엇을 더 싸줘야 할까 고민하는 것 말고 달리 무엇을 해야 할지 모른다. 그리고 새벽잠에서 깬 준호를 차마 돌아보지도 못한 채 욕실로 향하는 그 발걸음에만 귀를 쫑긋 세울 뿐이다. 침묵의 어수선함이 전해주는 마음 깊은 곳의 막막함과 두려움이 고스란히 느껴지는 장면이었다(사진 2).

혹은 새벽녘 느닷없는 연락을 받고 수영장으로 쫓아가 준호를 인계받던 장면에서 나는 그녀가 들고 가 관리 직원에게 억지로 안기던 박카스 상자가 눈에 박혔다. 그게 잘못을 행한 아들을 용서해달라는 뇌물이기야 하겠는가. 하지만 그 새벽녘 경황없이 집을 나서면서도 박카스 박스를 챙기는 엄마의 마음이 안쓰럽기만 했다. 저 새벽에 어디서 박카스를 살 수 있었을까, 혹시 자식이나 남편을 위해 아쉬운 소리를 해야 할

사진 2〉 냉장고에서 이것저것 반찬통을 다 꺼내놓고도 한참을 망설인다. 그리고 잠에서 깨 욕실로 향하는 아이를 차마 돌아보지도 못한다. 엄마도 아들도 아무 말이 없다.

때를 대비해서 집에 몇 박스씩 쌓아놓고 있는 걸까, 같은 쓸데없는 생각을 잠시 하기도 했다.

하지만 그런 미세한 디테일들, 어둠 속에 어렴풋이 드러나는 동작으로부터 혹은 엄마 손에 들린 박카스 박스로부터 엄마 관객인 내가 받은 것과 유사한 느낌을 다양한 연령과 계층의 관객들이 공유했을 것이라고 보기는 아무래도 힘들다. 엄마 정애의 감정은 몇 겹으로 복합적인 것이어서 표면을 몇 겹 들춰내고서야 비로소 어렴풋이 보이는 것들이기 때문이다.

그런 점에서 수영을 포기하겠다는 준호의 말에 사정없이 어깻죽지를 내리치면서 "네가 무슨 권리로 수영을 그만두냐"며 소리치는 장면은 특히 안타까웠다. '수영맘', '피겨맘' 등의 이름으로 불리는 특정 예체능 부문 자녀를 둔 엄마들의 속내를 실감 나게 드러내는 현실감 높은 장면이었지만, 그 리얼리티의 실감으로 인해 오히려 정애에 대한 관객의 심리적 거리감이 강화되지 않을까 우려스러웠기 때문이다. 과연 얼마나 많은 사람들이 연약한 아이의 등줄기를 매섭게 내려치는 엄마의 절망적인 심경을 짐작이나 할 수 있었을까.

어린 준호는 아마 모를 것이다. 새벽잠을 설치고 눈 비비며 물속으로 들어가 힘든 자맥질을 한 것도 자신이고, 몸에 시퍼런 멍 새겨가며 노력했던 것도 자신인데 왜 엄마는 그런 말을 할까. 그저 어깨와 등으로 내리꽂히는 매서운 손길이 무정하고, 자신의 손길을 외면하며 눈 감는 냉담함에 마음을 다치기도 했을 것이다. 컴컴한 새벽 도시락을 준비하고, 아이를 실어가고 실어오고, 낯선 이들에게 거짓 웃음을 지은 채 비루하게 머리를 조아리고, 많은 시간을 도로 위에서, 차 속에서 보내는 대기 혹은 유예 인생의 시간과 땀이 오롯이 엄마의 삶이기도 했다는 것을 이해할 나이가 아니니까.

죄 없는 아이에게 손을 댄 건 물론 잘못이지만 원래 엄마라는 사람들은 숱하게 잘못을 범하고 입술을 깨물며 후회하는 사람들이라는 걸 어찌 알겠는가. 좋아서 자처했건 불가피했기에 감당했건 간에 오로지 아이들의 삶의 기획에 자신의 삶을 일치시키고 합체시켜야만 했던 딜레마의 모성을 아마 남편도 끝내 공감하긴 어려울 것이다. 최소한 내 강의 시간에 영화를 본 학생 중 많은 이들은 정애의 행동들을 '어떠한 명분으로도 용서되지 않을 폭력'으로 단죄하는 단호함을 보였다.

이러한 점에서 〈4등〉은 엄마의 모성이 갖는 억압의 측면은 또렷하게, 잘 보이게, 직관적으로 받아들이기 쉽게 보여주는 대신 모성의 딜레마에 관한 재현에서는 유난히—불필요하게 느껴질 만큼—조심스럽고, 은근하며, 복합적인 영화이다. 새벽에 불려가 '도둑 수영'을 하던 아들을 인계받는 장면에서 "내가 맞아서라도 1등만 했으면 좋겠어?" 묻는 준호의 말에 정애는 대답하지 못한다.

하지만 "아니야"라고 선뜻 말하지 못하는 엄마의 주저는 명시적으로 드러나면서도, 뚝 떨어지는 눈물 한 방울은 어둠 속에 잘 보이지 않는

식이다. 사찰을 찾아 큰아들 준호의 금메달을 간절하게 빌고, 둘째 기호의 좋은 성적과 남편의 건승을 기원하지만 정작 자신을 위해서는 아무것도 빌지 않는/못하는 모성의 이야기는 인물이 까마득하게 보이는(사실 안 보이는) 롱숏에는 잘 담기지 않는 것이다.

그처럼 여성 재현에 관한 한, 관객들로 하여금 그 인물의 내면에 다가가는 경로를 너무 복잡하게 설계하거나 혹은 미세한 차이로 경로를 잘못 안내하는 이러한 양상은 사실 정지우의 전작들에서 이미 경험한 것이기도 하다. 〈해피엔드〉는 IMF라는 변화하는 현실지형에 놓인 젠더 관계의 동요를 다루었다는 점에서, 그리고 성적 욕망의 주체임을 선언하고 이를 능동적으로 수행하는 여성 캐릭터의 창조라는 점에서 주목됐다. 그러나 전도연이 분한 보라는 그러한 지지를 압도하는 적대적 배척 속에서 '아이를 방기한 나쁜 엄마'였고 그래서 '죽어 마땅한 여자'로 사라져갔다.

혹은 자신의 욕망을 자각하고 발화하며 능동적으로 실천하는 여성 인물을 종전과 달리 밝고 경쾌한 리듬과 활력으로 소개하는 영화 〈사랑니〉 또한 평단의 절대적인 지지에도 불구하고 관객들에게 이해되지 못한 채 차가운 시장 반응 속에서 냉정하게 내쳐졌던 바 있다. 안타깝게도, 자신의 실수나 결함에 비해 과도한 응징과 질책을 감당하는 캐릭터라는 점에서 〈4등〉의 정애는 〈해피엔드〉의 보라, 〈사랑니〉의 인영을 잇는다.

부질없지만, 그래서 나는 이 영화에 없는 단 하나의 숏이 아쉽다. 영화의 마지막, 준호 혼자 대회에 나서는 날의 시퀀스는 새벽에 일어나는 준호의 모습으로 시작된다. 방을 나서기 전 잠시 고민하던 준호는 광수 코치가 준 수경 대신 자신의 수경을 집어 든다. 좋은 성적을 가져다줄 수 있다 해도 폭력의 악습을 세습할 수는 없다는 단호한 각성과 의지의 표명을 담은 이 핵심적 장면에 이어 김광수 코치와 엄마의 모습이 이어진다.

이 장면에서 김 코치는 나이 지긋한 중년의 여성들을 대상으로 하는

사진 3〉 준호는 혼자 대회에 나가고, 빨래를 개던 엄마는 잠이 든다. 이 장면은 혹시 틀어진 모자 관계에 대한 불행한 미래의 암시일까 싶어 아쉽다.

수영 강습을 하고 있다. 밝은 햇살이 비치는 수영장에서 동작을 가르치는 그의 모습은 앞서 본 것처럼 뻔뻔하지도 비열하지도 않으며 젊은 시절처럼 자신감에 차 있지도 않다. 그저 일상을 살아가는 평범한 생활인으로서의 무심한 표정이다. 반면 엄마는 컴퓨터 게임을 하는 기호 옆에서 빨래를 개던 도중이었는지 소파에서 잠깐 잠이 들어 있다. 그게 정애의 마지막 모습이었다(사진 3).

어떤 인물도 마지막에 준호 혼자 이루어낸 도전과 성취를 알지 못하지만, 엄마인 정애는 눈마저 감고 있던 것이 영화가 끝나고도 마음에 걸렸다. 영화가 끝나도록 틀어진 엄마와 아들의 관계는 해소되지 않았고, 마음을 다친 혹은 마음을 닫은 모성은 아들의 노력과 성취를 인지하지 못한다. 눈 감고 있는 엄마의 마지막 모습은 혹시 어린 아들이 도달한 깨달음의 경지, 물장구치며 자유롭게 회전하는 즐거움과 '우주의 에너지'인 햇살을 찾아 헤매는 물속에서의 고요한 행복 같은 것을 영영 모른 채 그 관계가 유지된다는 불행한 미래의 암시가 아닐까, 괜한 근심도 됐다.

그래서 유난히 영화가 편애했던 것 같은 김 코치의 마지막 평범한 일상의 숏과 같은 하나의 장면, 혹은 준호의 방을 무심하게 돌아보든가 정리하는 그 단 하나의 숏이 아쉬웠다. 정애에게도 그 숏의 기회가 주어졌더라면, 엄마와 아들은 언젠가 좀 더 서로를 신뢰하는 성숙한 관계가 될 수 있으리라는 기대로 영화를 마무리할 수 있었을 텐데. 기회가 있어 〈4등〉을 다시 볼 때마다 그런 부질없는 아쉬움을 지우기 힘들다.

혁신, 혹은 고색창연함
〈서치〉, 〈그래비티〉

　"이 영화가 모든 것을 바꾸어놓을 것이다"(〈First Showing〉). 아니시 차간티의 영화 〈서치〉(2017)에 대한 이 한 줄 평은 야심차고 원대하다. 과연 〈서치〉는 페이스북, 유튜브, 인스타그램 등 소셜 네트워크와 곳곳에 포진한 CCTV, 현대인의 눈과 귀를 대변하는 다양한 방송 카메라 등 디지털 디바이스 스크린을 영화 프레임으로 차용하는 기발한 상상력으로 승부를 본다. 정말 〈서치〉로 인해 '모든 것'이 바뀔지는 알 수 없으나, "이게 정말 가능하다고?", 되묻게 하는 도전적 시도의 성공으로 인해 앞으로 '많은 것'이 바뀌리라고 짐작할 수는 있겠다.

　무엇보다도 타자 치는 속도와 깜박이는 커서 움직임의 지속, 혹은 "엄마도 좋아할 거야"라는 말을 썼다가 삭제 키로 지우는 동작만으로 인물들의 속내를 드러내고 관객들의 감정을 몰입시키는 방식은 특히 인상적이었다. 휴지통에 들어가 있는 동영상 아이콘, 스케줄러에 적힌 무심한 문자 몇 개가 그토록 깊은 감정의 동요를 일으킬 줄이야. 전화로 직접 접속하기보다 문자로 소통하고, 함께 마주 보고 앉아서도 스마트폰으로 대화하는 디지털 인류의 정서를 어떻게 영화화할 것인가에 관한 쓸모 있는 팁이 〈서치〉에는 담겨 있다.

"이게 가능하다고?"

현대의 커뮤니케이션 패러다임을 묘사할 수 있는 새로운 영화 문법으로 제작진이 '스크린-라이프screen-life'라 이름 붙인 〈서치〉는 한국계 배우들을 캐스팅해 한인 가족의 이야기를 들려준다. 기술적 혁신에 이어 주목해야 할 또 다른 혁신의 지점인바, 아시아계 미국인 배우가 주역을 맡은 최초의 메인스트림 스릴러로서 〈서치〉는 '아시안-아메리칸 무비'로 불리기도 한다. 이러한 점에서 영화는 같은 해 개봉된 〈크레이지 리치 아시안〉(존 추, 2018)과 더불어 아시아계 영화인들의 힘을 상징적으로 보여준 현상으로 주목되기도 했다.

특히 존 조가 연기한 주인공 데이빗은 아시아계 미국 배우에 대한 스테레오타입을 확실하게 깬다. 그의 말처럼 "나와 비슷한 사람들을 얕잡아보게 하는 역할"[1]로부터 멀리 벗어나는 것이다. 드라마를 이끌고 가는 핵심적 미스터리로서 딸의 실종에 얽힌 진실을 파헤치는 성실한 탐정이자, 취약해진 딸과의 연대를 복구하고자 하는 절박한 부정의 소유자로서 관객들의 전면적인 지지를 얻게 되는 인물이 백인 남성이 아닌 건 분명 예사롭지 않은 변화이다.

지극히 도구적인 캐릭터나 희화화 대상으로 소모되던 종전까지의 인종적 재현 관습을 생각해보면 〈서치〉가 보여주는 이러한 혁신은 분

---

1 장영엽, "〈서치〉로 한국 찾은 배우 존 조 – 아시아계 배우 '최초'의 책임감", 『씨네21』, http://www.cine21.com/news/view/?mag_id=91495.

명 주목할 만한 성취라 할 것이다. 내한 인터뷰에서 존 조 또한 '아시아
계 관객 커뮤니티의 조성'을 긍정적으로 평가하면서 "이러한 행동력과
구매력을 통해 아시아계 관객들의 발언권이 강화되고, 이에 힘입어 아
시아계 영화인들의 좀 더 능동적인 흐름으로 이어지기를 기대한다"고
밝힌 바 있다.

데이빗은 디지털 영상 및 사진 자료, 유캐스트, 페이스북 메시지 등
을 추적하면서 비로소 딸 마고(미셸 라)의 두려움과 기쁨, 소망 등을 알
게 된다. 한 사람의 내면을 기록하고 사회적 관계를 가늠할 수 있는 일
종의 아카이브로 작동하는 소셜 네트워크의 동시대적 의미를 포착해내
는 것이다. "두려움, 사랑, 우정, 배신, 행복했던 순간과 가장 바보 같았
던 실수까지. 이 모든 것들이 드러나는 통로인 스크린 없이는 오늘날의
세계와 인간 군상을 설명할 길이 없다고 생각했다"는 프로듀서 티무르
베크맘베토프의 말은 〈서치〉의 기획이 소셜 네트워크 시대에 도래한
질문에 대한 유효한 대답이었음을 대변한다.[2]

장영엽의 표현대로 이 '트렌디한 테크 스릴러'는 그렇게 '적시에 당
도'했고, 기존의 스릴러 장르와 차별화되는 많은 요소들도 이러한 맥락
에서 가능했다. 김혜리의 지적처럼 데이빗은 비슷한 상황에 처한 영화
속 아버지들처럼 복수심에 휘둘리는 마초가 아니라 애정 깊은 아버지
로서 자책과 분노를 다스리며 경찰과 협력해 딸을 위한 최선을 찾아내
려는 '상식적 남자'[3]다.

덕분에 잔혹한 장면이나 여성 혐오적 표현 때문에 눈살을 찌푸리거

---

2 장영엽, "〈서치〉가 서스펜스를 연출하는 방식", 『씨네21』, http://www.cine21.com/news/view/?mag_id=91049.

3 김혜리, "크레이지 서칭 아시안", 『씨네21』, http://www.cine21.com/news/view/?mag_id=91119.

나 불편해하지 않으면서도 서스펜스의 쾌감을 즐길 수 있다. 아버지는 살인마가 아니었고, 딸도 가출한 게 아니었으며, 삼촌이 변태가 아니었고, 딸이 살아나는 선택들 덕분에 불필요한 감정의 소모 없이도 미스터리 해소라는 핵심적 쾌락에 집중할 수 있게 한다.

그러나 주목할 만한 형식상의 신선함, 차별성으로 내용의 익숙함 혹은 진부함이 다 가려지는 건 아니다. 가상공간의 메커니즘에 대한 예리한 스케치와는 대조적으로 실제 세계에서의 현상과 대상을 바라보는 고정관념의 강고함이 두드러지는 것이다. 가령 한국계 아버지 데이빗은 실리콘밸리에서 일하는 유능한 테크니션이다. 각종 디지털 기기를 능숙하게 다루고, 비공개 계정의 비밀번호를 어렵지 않게 알아내는 한국계 테크 엔지니어의 모습은 IT 강국을 모국으로 하는 한국계 엔지니어들에 대한 감독의 경험과 인상에 기반하고 있다.

하지만 데이빗은 가정에 관한 한 결코 유능하지 못해서, 공부 잘하고 피아노도 잘 치고 상냥한 딸 마고가 학교에서 따돌림당하는 시간을 버텨내고 있던 것을 몰랐다. 세상을 떠난 엄마 파밀라(사라 손)에 대한 그리움을 말하지 못하는 고통으로 자주 낯빛이 어두워지던 것도 알 수 없었다. 영화를 통해 숱하게 접했던 미국 내 아시아인종, 특히 상당히 뛰어나지만 일에 몰입하고 가정을 등한시하는 한국계에 대한 일종의 고정관념을 바탕으로 인물과 서사가 구축됐음을 알 수 있는 대목이다. 그렇다면 참신한 형식으로 만들어진 강력한 드라마의 성공, 기술과 스토리텔링의 효과적인 결합으로 이야기되는 〈서치〉의 성공은 바로 이 혁신과 진부함의 묘한 균형으로 정리될 수 있을 것이다.

새로움과 진부함의 균형

"우리가 이 이야기에 들어가는 방식이 스크린에서 펼쳐졌던 예전의 모든 영화들과 다르고 나을 뿐 아니라 감정을 자극하고, 영화적이고, 관객을 끌어들인다고 생각했다."[4] 차간티 감독의 말에서 '감정을 자극하고 영화적이고, 관객을 끌어들'이는 요소로서 선택된 가장 핵심적인 것은 모성애, 좀 더 구체적으로 적자면 '광기의 모성'이다. 〈서치〉는 아내와 엄마를 잃은 상실의 고통을 각자 감당하고 있는 가족, 아버지와 딸의 감정을 집중적으로 탐구한다. 그러나 가족 심리극이 아닌 스릴러 장르로서 서사 내부의 극적 긴장과 갈등을 조성하고 이를 클라이맥스 지점으로 이끌고 가는 인물은 데브라 메싱이 연기하는 로즈마리 빅 형사이며, 아들을 구하려는 간절한 모성애라는 감정 구조를 동력으로 한다.

사회적 교류에 원활하지 않고, 정서적으로 불안정한 아들을 늘 노심초사하던 모성의 비윤리적 판단으로 사건이 파국을 향해 나아가게 된다는 점은 〈서치〉가 갖는 독보적 차별성과 혁신적 성취를 퇴색시키는 지점이 된다. 가깝게는 봉준호의 〈마더〉를 비롯해, 비뚤어진 모성애 모티브를 공유하는 일련의 영화들을 어렵지 않게 환기할 수 있기 때문이다. 이러한 점에서 〈서치〉는 '부성애'와 '모성애'라는 밀도 높은 감정 구조의 대결과 충돌의 플롯으로 진행되며, 극진한 부성애가 비뚤어진 모성애를 압도하는 서사가 된다. 중반 이후 로즈마리 형사가 용의자임이 밝혀지는 장면은 극적 반전의 효과를 발휘하지만, 진작부터 이를 짐작했다는 관객들도 적지 않은 건 바로 이러한 익숙한 대결 구도 때문으로

---

4 Marina Fang, "'서치'는 어떻게 라이브 액션 필름 제작의 룰을 새로 썼나", 〈허프포스트코리아〉, https://www.huffingtonpost.kr/entry/story_kr_5b9a0b2fe4b041978dbfd5b2?utm_id=naver.

보인다.

그런데 이러한 전개는 모처럼 스릴러 장르에서 관찰할 수 있었던 남녀 인물들 간의 비성애적 연대의 구도가 무산된 데 따른 아쉬움을 남긴다. 〈서치〉에서 마고 실종 사건을 전담하는 로즈마리 형사는 실리콘밸리 우수 경찰상을 수상했으며, 전과자들과 재활 센터를 짓는 등 사회적 활동에도 열심인 인물이다. 그는 자식을 찾는 탐정-아빠 데이빗과 헐거운 짝패 체제를 이룸으로써 중반까지 스릴러 장르의 문제 해결 플롯에 기능적으로 기여한다. 노련한 전문가로서의 안정감에 더해 절박한 부정父情에 공감하고 연대하는 양상을 통해 참혹한 사건을 도구적으로 활용하는 스릴러 장르의 관음적 시선을 차단하는 역할도 담당했었다. 무엇보다도 아들과 딸을 혼자 키우는 싱글 맘과 싱글 대디로서 급변하는 환경 속에 자라나는 디지털 신인류에 대한 고민 등을 공유할 수 있다는 점에서 주목할 만한 파트너십을 구현할 수 있었을 것이다.

실제로 다양한 디지털 자료들을 통해 데이빗이 추적하게 된 딸 마고의 내면은 엄마의 부재에 따른 상실의 고통이라는 실존의 한 축과, 유캐스트, 페이스북 등 실제 세계를 벗어난 가상의 공간 속에서 사회적 소통과 교류를 이어가는 새로운 세대에 대한 발견이라는 두 가지 측면을 갖는다. 그럴 때 유사한 세대적 정체성을 공유하는 로즈마리 형사와 데이빗은 디지털 세대와 화해하는 부모-되기의 과제를 함께 수행해가는 일종의 동지적 관계로 나아갈 수도 있었을 것이다. 이러한 점에서 용의자 신분이 채 노출되기 전 데이빗과 로즈마리 형사가 나누는 대화는 영화 전반의 메시지를 함의하는 의미심장한 내용들이 적지 않다.

"내 딸은 내가 알아요. 가출은 아니에요"라며 반박하는 데이빗과, "내 아들을 알거든요. 그렇게 키우지 않았으니까요"라고 말하는 로즈마리는 둘 다 자식을 안다는 일에서 실패했다. 그럴 때 "내 자식이라고 다 알 순 없어요. 그건 아버님의 잘못이 아니에요"라는 로즈마리의 대사는 현대 가족 구조의 균열 양상을 사유하는 중요한 핵심을 담아낸다. "지금은 이것만 기억하세요. 아버님과 상관없이 벌어진 일이에요." 자살한 전과자의 독백 영상으로 마고의 죽음이 기정사실화됐을 때 했던 로즈마리 형사의 말은 일부 무책임한 사람들에 의해 가해자 혐의를 받고 있는 데이빗을 위로한 것이기도 하지만, 각종 강력 사건을 소재로 하는 스릴러 장르에서 오도된 피해-가해 관계를 바탕으로 피해자나 주변인에게 죄책감을 강요하는 잘못된 재현 관습에 대한 제어의 의미로도 경청돼야 한다.

일그러진 엄마의 얼굴

하지만 신중하고 능력 있는 전문가라는 신뢰할 만한 극적 위상을 토대로 로즈마리 형사가 수행했던 행위와 발언의 의미들은 모두 취소되고 무효화된다. 짧지 않은 시간을 통해 구축했던 전문가로서의 사회적·직업적 정체성이 모성성이라는 단일 요소와 충돌하면서 부정되는 것이다. "아무한테도 전화하지 마. 엄마가 알아서 할게." '자식을 위한 모정'이라는 특권적 요소 앞에 로즈마리 형사가 구축했던 다양한 정체성들은 힘을 잃는다.

탁월한 문제 해결 능력을 과시했던 경찰로서의 전문성이나, 경찰 업무에 매진하면서 구축했을 도덕적·윤리적 판단 기준에 따른 헌신이라는 개인적 덕목, 절벽에서 떨어진 10대 청소년을 걱정하고 그의 생사를 책임지고자 하는 윤리적 태도 등을 이유로 여성 형사에 부여했던 관

사진 1/2〉 성실하고 유능한 경찰로 경력을 쌓아온 전문가-여성의 정체성은 엄마-여성이라는 단일한 요소 앞에 무효화된다. 확신에 찬 단정함으로부터 광기로 일그러지는 로즈마리 빅 형사의 얼굴.

객의 동의는 단박에 철회되고 적대적으로 돌변한다. "도움이 필요하실 땐 주저 말고 전화하세요." 불안과 공포에 떠는 피해자 가족의 아픔에 공감하고 격려하는 지극히 인간적인 연대의 발화가 완전범죄를 목표로 한 의도된 말로 판명 날 때 캐릭터에 대한 관객의 분노와 적대는 정점에 달한다. 이러한 감정의 분출을 에너지원으로 〈서치〉는 대단원의 지점으로 달려간다.

딸 마고의 실종을 인지한 데이빗은 마고를 찾기 위해 집 밖으로 뛰어나가는 대신, 컴퓨터 모니터 앞에 앉는다. 〈서치〉를 기존의 스릴러 장르들과 차별화하는 바로 이러한 점은 실재 세계를 위협할 만큼 막강한 디지털 네트워크의 위용을 포착해낸다. 그럼에도 혁신의 새로움을 내세운 영화에서도 고정관념은 변함이 없어서, '좋은 엄마 대 나쁜 엄마'의 대립적 도식은 여전히 유용하게 쓰인다.

데이빗 집안의 역사와 슬픔을 더없이 효과적이면서도 인상적으로 요약한 〈서치〉의 오프닝은 데이빗의 아내이자 마고의 엄마인 파밀라의 부재에 대한 서글픔의 감정을 인상적으로 각인시키고 관객에게 전이시킨다. 그럴 때 그녀는 숭고의 영역인 어머니-여성의 위치에, 그러니까 일그러진 모성의 소유자인 로즈마리 형사의 맞은편에 안전하게 배치된다. 마고와 마고의 엄마가 함께 등장할 때 햇빛을 연상시키는 노란색 계열을 사용하고 로즈마리 형사에 대해서는 푸른 톤을 유지했다는 촬영의 선택 또한 이러한 배치를 뒷받침한다.

그렇다면 〈서치〉가 "포맷의 이색異色에 의존하지 않고 형식을 납득하게 만드는 스토리와 감정을 만들어내는 데 성공"[5]한 공은 지극히 익숙한 스토리에 돌려야 할 것이다. "내 결정이었어요. 개가 아니라", "내 아들이잖아요, 그런 애가 감옥을 감당할 수 있겠어요?" 모성에 대한 이토록 단호하고도 익숙한 상상력은 이미 충분할 만큼 많이 접한 바 있다.

"아무도 믿지 마, 엄마가 구해줄게"(〈마더〉)의 반복인 로즈마리 빅 형사의 비뚤어진 모성은 '영화사에 한 획을 그은 혁신적인 작품'이 되고자 하는 제작진의 야심찬 의도를 훼손한다. 엄마가 없는 집은 고통에

---

5 김혜리, "톰", 『씨네21』, http://www.cine21.com/news/view/?mag_id=90989.

사진 3〉 다정하고, 헌신적이던 엄마, 사랑스럽던 아내는 '나쁜 엄마'가 될 수 있을 기회조차 박탈당했기에 영원히 '좋은 엄마'의 전당에 봉헌된다.

휩싸이고, 엄마의 비뚤어진 애정으로 인해 누군가는 위험에 처한다. 홀로 아이를 키우며 사회적 정체성을 구축해가는 부정의 딜레마는 공감과 연민의 대상이 되며 결국 "세계 최고의 아빠" 자리를 찾아가지만, 결코 쉽지 않은 싱글 맘의 위치에서 분투하는 간절한 모성은 응징을 자초한다.

〈서치〉 같은 영화에서조차 유구한 '성녀 대 창녀' 혹은 '좋은 엄마 대 나쁜 엄마'의 디지털 버전을 만나는 것은 채 감지하지 못할 정도로 변화하는 세상의 속도감과 충돌하는 기이한 시간의 감각을 안겨준다. 차간티 감독은 "제작 과정 중 라이브 액션 영화와 조금이라도 비슷해 보이는 건 없었다"면서 모든 사람들이 "영화를 만들기 위해 자기 일을 다시 배우다시피 해야 했다"고 말한다. 하지만 무에서 유를 만들어내는 그 창조적이고 지난한 작업에 모성에 대한 새로운 상상력의 항목은 들어 있지 않다.

영화산업의 지평에 평지돌출하다시피 나타난 〈서치〉의 상상력이 이제 91년생인 20대의 것이라는 점에서 아쉬움은 더욱 크다. 그러니 대체 우리가 살아가고 있는 이 세상은 빠르게 변화하고 있는가, 혹은 여전히 그 자리 그대로인가. 여성, 특히 모성의 담지자로서 여성에 관한 재현에서만큼은 놀랍거나 상상력 뛰어난 영화들의 시간성마저 과거로 되돌린다. 특히 '형식의 새로움'과 '진부한 서사'가 충돌하는 SF 영화라면 그러한 시간 감각의 혼돈은 더욱 극심해진다.

"또 그 얘기야?", 낯선 영화의 익숙함

알폰소 쿠아론의 SF 영화 〈그래비티〉(2013)는 놀랍도록 아름다우며 환상적이다. 알폰소 쿠아론 감독이 에마누엘 루베스키 촬영감독과 함께 당시 영화산업이 구현해낼 수 있는 최첨단의 기술과 3D 스크린으로 시각화한 시공간은 영화 매체가 만들어낼 수 있는 거의 극한의 매혹을 선사하는 것이었다. 그런데 이 거부할 수 없는 압도적 매혹으로 구축되는 것이 아이를 잃은 상실로부터 벗어나는 모성 서사임이 드러나는 순간부터, 영화는 믿을 수 없을 만큼 평평해지고 뻔해진다.

〈그래비티〉에서 라이언 박사(산드라 블록)의 "지구의 복권이라는 기획은 그녀의 개인적 애도의 기획과 정확히 겹"치고, "실낱같은 생존의 가능성을 가까스로 찾았을 때 그녀는 딸을 비로소 떠나보냈고 애도는 완수된다"는 허문영의 진술은 우주에서의 생존이라는 간결한 테마를 지닌 영화의 플롯을 효과적으로 설명한다.[6] 더없이 광활한, 닫힘 없는 무

---

6 허문영, "무중력의 카메라, 외설적 카메라", 『씨네21』, http://www.cine21.com/news/view/?mag_id=75047.

한 개방의 공간 속에서 가장 폐쇄된 자기만의 공간, 마음의 감옥에 스스로를 유폐시켰던 아이 잃은 엄마는 우주적 곤경 속에서 비로소 삶의 의지를 각성하고, 지구의 질척한 땅에 비틀거리는 발걸음을 내딛는다. 마치 처음 직립을 시작하는 어린아이처럼.

그러니 여기에서도 어김없이 확인된다. 〈서치〉처럼 '데스크탑 필름', '파운드 푸티지 장르', 혹은 '스크린-라이프' 영화 등등 낯선 이름으로 불리거나, 영화적 프레임 혹은 영화적 사유의 경계를 흔드는 혁신적 형식 실험으로 강력한 지지를 받는 영화들에서도 모성-여성에 관한 상상력만큼은 여전히 어떤 갇힌 공간에서 순환되고 반복되고 있음을.

"끝없는 운전은 아이의 머리를 바닥으로 끌어당긴 지구의 중력에 대한 소극적 저항이었을 것이다. 우주비행사가 된 것도 그 때문이었을 것이다." 영화에 대한 이러한 서술은 여성 우주비행사를 주인공으로 내세웠다는 점에서 더욱 첨단을 과시했으나 익숙한 멜로 서사로 상투화된 SF 장르적 기획으로서 〈그래비티〉를 효율적으로 설명한다. 그래서 허문영이 '우주의 초월성을 시청각적으로 제시하고 주인공의 사적 서사로 회수하는 기획'으로 정리한 이 영화에 대해 남다은은 적고 있다. "어느 여인의 고독하고 치열한 우주 탈출기로 읽을 때, 이 영화는 지루해진다"[7]고.

엄마로서의 죄책감 혹은 트라우마라는 라이언 박사의 개인사가 드러나던 장면으로부터, 그러니까 "이런, 또 그 얘기야?"라는 볼멘소리가 부지불식간에 터져 나오던 그 순간부터, 더없이 신선하던 〈그래비티〉의 우주는 너무나 익숙해서 지루하기까지 한 전형적 이야기의 우물로

---

7 남다은, "카메라여, 당신은 어디까지 갈 수 있습니까?", 『씨네21』, http://www.cine21.com/news/view/?mag_id=75105.

곤두박질친다. 〈2001 스페이스 오딧세이〉(스탠리 큐브릭, 1968)의 인장과도 같던 장면, 유인원의 뼈로부터 우주선으로 이어지던 그 장면의 필름을 거꾸로 돌린 것 같다고나 할까. 그래서 남다은의 언급처럼 "그녀의 사적인 서사가 이 영화에서 가장 덜 흥미로운 요소이며 종종 이 영화의 활기를 억압한다는 건 어쩌면 당연한 일"이 된다.

그 상상력이 지루한 이유

관람의 시간 내내 압도적인 스펙터클을 체험함으로써 전혀 다른 시공간으로의 여행을 다녀온 듯한 느낌이었던 〈그래비티〉는 가부장적인 상징 질서 내부에서 항상 남성과 관련되어서만 정의돼온 여성에 관한 진부한 상상력의 우주에 갇혀 있다. 어머니나 아내, 누군가의 연인이 아닌 그 자신으로서의 개인-여성을 상상하는 능력의 부재와 결핍을 드러내는 것이다. 미지의 우주에 대한 상상은 영화 기술적으로 혁신될지언정 여성 캐릭터에 관한 한 상상력의 자리는 좁기만 하다. 모성에 대한 상상은 그렇게 제자리에서 뱅뱅 돌 뿐이다.

다소 길지만 에이드리언 리치의 탁견을 인용해보자. "다른 사람들에 대하여 권력을 소유한다는 것은 그 권력을 가진 자들이 복잡한 인간성을 관통하는 일종의 지름길을 가지고 있다는 것을 의미한다. 그는 직관을 통하여 무력한 사람들의 영혼으로 들어갈 필요가 없으며, 무력한 자들이 침묵의 언어를 포함하여 다양한 언어로 말하는 내용을 들을 필요도 없다. 식민주의는 바로 이러한 지름길 때문에 존재하는 것이다. 그렇지 않고서야 어떻게 극소수의 사람들이 그렇게 많은 사람들 사이에 살면서, 어쩌면 그다지도 아는 것이 없단 말인가."[8] 가상과 우주적 공간의 무한함과 상상력의 유한함의 충돌을 그려내는 〈서치〉와 〈그래비티〉를 위해 미리 준비된 것처럼 느껴지는 말이다.

〈서치〉로 돌아가보면, "내 자식이라고 다 알 순 없어요", "아버님과 상관없이 벌어진 일이에요"라는 로즈마리 빅 형사의 말은 피해자 아버지를 위로한 사려 깊은 발언이면서 동시에 '자신의 아이를 알 수 없었'고, '자신과 상관없이 벌어진 일'을 어쩔 수 없이 수습해야 했던 모성의 딜레마에 대한 변명이자 스스로를 위로하는 말이기도 했을 것이다. 하지만 영화도, 관객도 이 발언의 맥락과 거기 숨은 의미를 찾아내는 데는 관심이 없다. 윤리적 선택을 사유하지 못하는 불구의, 무조건적인 모정은 특히 스릴러 장르의 마르지 않는 화수분이니까!

탁월한 문제 해결 능력과 직업에 관한 헌신적 책임감을 지닌 어떤 전문가라도 그 모든 것을 단번에 무효화시킬 수 있는 장치로서의 '모정'은 컴퓨터 모니터, CCTV 등이 영화 카메라를 완벽히 대체하는 시대에도 여전히 힘이 세다. 그가 '엄마'라는 이유만으로, 특히 '비뚤어진 모정'이라는 설명만으로 서사의 공백과 균열이 모두 수긍되는 마법. 그러니 대체 언제까지 모성에 관한 이 고색창연하고 진부한 상상력과, 눈이 휘둥그레질 만큼 비약하는 놀라운 기술적 성취의 충돌에서 오는 어지럼증과 시간 감각의 교란을 방치할 것인가. 우리를 찾아오는 놀랍거나 흥미롭지만 견디기 힘들 만큼 진부하기도 한 영화들은 '모성을 어떻게 상상할 것인가'를 긴급한 영화적 의제로 제기해야 함을 역설적으로 일깨운다.

---

8 아드리엔느 리치, 『더이상 어머니는 없다』, 김인성 옮김, 평민사, 2002, 77쪽.

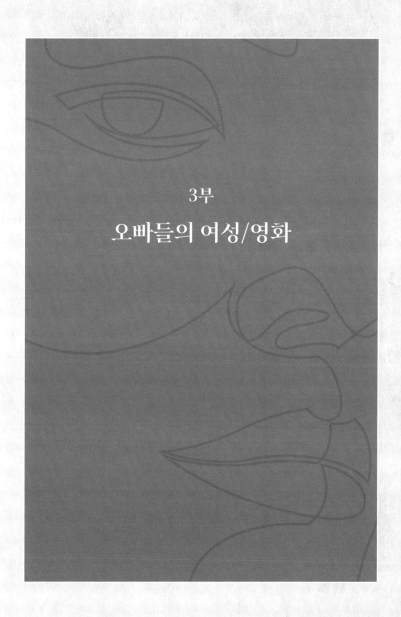

3부

오빠들의 여성/영화

〈더 포스트〉와 '가부장제의 유령'

스티븐 스필버그 감독의 〈더 포스트〉(2017)는 민주주의 국가에서 언론의 중차대한 가치와 위상을 되새긴다는 점에서 〈모두가 대통령의 사람들〉(앨런 J. 파큘라, 1976)을 대표적인 텍스트로 최근의 〈스포트라이트〉(톰 매카시, 2016)까지 이어진 언론 영화의 맥을 잇는다. 하지만 관객과 평단이 이 영화의 성취를 반긴 또 하나의(혹은 더욱 중요한) 다른 맥락이 있다. 〈더 포스트〉는 하비 와인스타인의 성추문으로부터 확산된 '미투' 운동의 전개 속에서 할리우드가 본격적으로 고민하기 시작한 젠더 정치학적 이슈를 담아낸다. 미국의 영화산업을 견인해온 거장 스티븐 스필버그의 인장이 뚜렷한 〈더 포스트〉는 젠더 감수성을 바탕으로 미국 현대 정치사의 중요 순간을 되짚어본다는 점에서 향후 할리우드가 가야 할 방향을 지시하는 텍스트로 지지받았다.

"힘없는 여성 발행인에서 언론 역사에서 가장 중대한 결정을 내렸던 여성 지도자로 성장하는 캐서린의 모습을 표현하는 것이 작품에서 중요한 의미였다"는 스필버그 감독의 말이나, "여성으로서 더 많은 난관에 부딪히고 반대 세력에 맞서야 하는 상황에서 캐서린은 성의 굴레를 벗어나 동료들과 함께 위험을 무릅쓰고 사건에 달려들었고, 이것이야 말로 영화가 전하고자 하는 메시지"라는 메릴 스트립의 발언은 이러한 맥락을 잘 설명한다.[1] 트럼프 통치시대 위기의 미국이라는 동시대적 정치성을 바탕으로 한 〈더 포스트〉는 여성 리더십에 관한 흥미롭거나 교훈적인 발굴 서사로서도 탁월한 성취를 보인다.

'투명인간'에서 '영웅'으로

〈더 포스트〉는 1971년 미국, 베트남전쟁의 흐름을 바꾸고 향후 닉슨 대통령의 하야로 이어질 거대한 정치적 물결이 일렁이는 시공간에서 시작된다. 국방부 내부에서 비밀리에 작성된 펜타곤 페이퍼의 보도를 둘러싼 급박한 상황을 다루는 영화는 워터게이트 사건(1972~74)에 대한 〈워싱턴 포스트〉의 보도 과정을 다룬 〈모두가 대통령의 사람들〉처럼 편집국 기자들을 주인공으로 내세우는 대신, 가족 신문사인 〈워싱턴 포스트〉의 회장이자 발행인인 캐서린(메릴 스트립)을 중심으로 진행된다. 이에 따라 〈더 포스트〉는 언론사 CEO라는 사회적 지위에도 불구하고 일종의 투명인간, 혹은 유령으로 정체화됐던 여주인공 캐서린 그레이엄(1917~2001)이 당대 언론 및 정치 지형의 판도를 바꾸는 중대한 결정을 내리기까지의 과정에 집중한다.

이처럼 남성 중심의 서사, 특히 역사의 전위에 서서 흐름을 주도하거나 바꾼 남성 영웅들의 서사 속에서 찾기 어려웠던 여성의 선택에 역사

---

1 박수선, "'더 포스트', 언론사주의 사명", 〈PD저널〉, https://www.pdjournal.com/news/articleView.html?idxno=61641.

적 의미를 부여함으로써 〈더 포스트〉는 여성 서사 혹은 여성 성장 서사의 자격을 갖춘다. 이에 따르면 백인 남성 위주로 쓰인 미국 언론의 역사를 새로운 판본으로 서술하는 〈더 포스트〉의 성취는 가부장제의 역사와 현실 속에서 '전통과 역사의 음화이자 유령'[2]으로 존재했던 여성이 전격적으로 비가시성과 탈초점화를 해소하는 데서 찾을 수 있을 것이다.

캐서린 그레이엄은 〈워싱턴 포스트〉라는 언론기업 가문의 딸로 태어나 결혼 전 잠시 기자 생활을 했지만, 남편이 신문사를 맡아 운영하는 것을 '당연한 순리'로 받아들였고 '자랑스럽게' 생각했다고 한다. 실제 자서전에 나와 있는 이 내용은 영화 속에서 캐서린 역을 맡은 메릴 스트립이 딸에게 하는 대사로 처리된다. 두 아이를 키우는 삶에 '만족'하던 그는 자신 대신 신문사를 맡았던 남편 필(펫 힐리)의 돌연한 자살로 인해 갑작스럽게 〈워싱턴 포스트〉의 경영을 책임지게 된다. 정치, 경제 등 공적 영역에서 배제된 채 양육·돌봄 등 사적 친밀성 영역의 주 담지자로 호명됐던 여성의 지위로부터 전격적으로 벗어나게 된 상황이었으나, 비자발적이고 강제적으로 이루어진 존재 이전이었던 셈이다. 이처럼 사적 영역에서 공적 영역으로의 '이동/이전'이라는 캐서린의 탈장소(displacement)[3]의 경험을 〈더 포스트〉는 인상적으로 서사화한다.

미국 최초의 여성 발행인인 캐서린 그레이엄은 〈더 포스트〉에서 한밤

---

2 여성문화이론연구소 정신분석세미나팀 엮음, 『다락방에서 타자를 만나다』, 여성문화이론연구소, 2005, 23쪽.

3 인문지리학에서 장소(place)는 인간적 경험과 의미의 원천으로 정의된다는 점에서 단순한 지리적 범주를 넘어선다. 이에 따르면 탈장소(displacement)라는 용어 또한 대개 이주(migration)라는 현상을 가리키는 개념이기보다는 '장소'로부터 벗어나는 현상 및 그러한 힘을 가리키는 데 사용된다. 유인혁, 「박완서의 『나목』에 나타난 여성의 탈장소와 이동성의 주체」, 『여성문학연구』 no. 47, 한국여성문학학회, 2019, 345쪽.

중 짧은 비명소리와 함께 깨어나는 장면으로 처음 등장한다. 그리고 편집국장인 벤(톰 행크스)의 집에서 펜타곤 페이퍼 분석과 기사 작성 작업이 한창인 영화 중반에도 사무실 책상에 엎드려 잠들어 있다가 일어나는 장면이 반복된다. 첫 등장 장면에서 수많은 서류 더미들에 포위된 것처럼 보이는 캐서린은 어둠 속에 잠겨 있다.

그렇게 어둠과 미망迷妄의 상태에서 '비자발적으로' 출발한 캐서린은 침묵과 부재를 경유해 결국 역사에 선명하게 자신의 존재를 각인시킨다. 보지 못하고, 말하지 못하던 무능력과 결핍, 결여의 존재로부터 새로운 정체성으로의 변화는 전형적이면서도 모범적인 여성 성장 서사를 구성하는데, 그 양상은 심지어 영웅적이기까지 하다.

그렇다면 좋은 환경에서 태어나, 보통의 인물들이 갖지 못한 중요한 기회를 잡을 수 있었던 개인의 성공 서사이기도 한 〈더 포스트〉에서 여성 성장 서사를 충족시키는 젠더적 각성과 정체성의 협상 및 재구축은 어떻게 이루어졌는가. 이 질문에 답하기 위해서는 '여성 성장에 대한 남성적 발화'로서 〈더 포스트〉의 젠더 정치학을 면밀히 검토해야 할 것이다. '무엇이 가치 있는 작품인가'에 대한 질문을 '누구의 관점에서 왜, 어떻게'라는 맥락적 논쟁의 장으로 이동시켜온 페미니즘 미학의 관점[4]에서 '정치政治하고도 정치精緻하게' 뜯어볼 필요가 있는 것이다.

'아버지의 딸', 지난한 인정 투쟁

여성이 남성과 같은 인간 주체가 되어 "계획, 목적에 따라 직선적 그리고

---

4 김영옥, 『이미지 페미니즘』, 미디어일다, 2018, 217쪽.

미래지향적으로 전개"되는 용감한 여성의 이야기를 만들어나간다고 해도, 그러한 이야기에는 여성의 이야기 혹은 여성적인 것이 존재하지 않는다./ 이현재[5]

〈워싱턴 포스트〉 건물에서 캐서린이 일하는 회장실로 향하는 복도에는 전임 경영진이기도 했던 아버지와 남편의 사진이 나란히 걸려 있다(사진 1). 캐서린의 회장실 책장에는 남편 필의 사진이 놓여 있으며(사진 2), 편집국 벽에는 신문을 읽고 있는 남편 필의 모습을 생생하게 포착한 커다란 사진이 걸려 있다(사진 3). 이 사진들은 '죽은 자들의 귀환'[6] 혹은 '방문'으로서, 부재하되 현존하는 가부장제의 '유령들의 시선'을 담아낸다. 캐서린은 그 시선에 포위돼 있다.

아버지와 남편의 사진이 걸린 복도를 지나 회장실에 도착한 캐서린의 귀에는 자신의 경영 능력을 의심하는 이사들의 이야기가 화면 밖에서 들려온다. "기자 열몇이 왜 더 필요해?", "캐서린이 일을 망치지 않는다는 보장을 원하는 거라고." 자신의 업무 역량과 결정 능력을 불신하는 소리의 침입을 묵묵히 감내할 때, 화면은 죽은 남편 필의 사진(사진 2)을 비추고 이어 물기 어린 눈으로 그 사진을 바라보는 캐서린의 모습을 담는다.

이러한 장면의 연결은 캐서린이 현재 점하고 있는 언론사주로서의 위상에 대한 사회적 승인을 그녀의 주도적 행보와 능동적 정책 결정에 따른 평가가 아닌 가부장-유령에게서 구하고 있음을 보여준다. 〈워싱턴 포스트〉의 CEO직을 맡은 지 이미 몇 년이 지났는데도, 여전히 캐서

---

5 이현재, 『여성의 정체성 - 어떤 여성이 될 것인가』, 책세상, 2007, 37쪽.
6 롤랑 바르트, 『밝은 방』, 김웅권 옮김, 동문선, 2006, 22쪽.

사진 1/2/3〉 신문사 회장실로 향하는 복도에 아버지와 남편 사진, 사장실에 남편 필 사진, 편집실 기둥에
도 필의 사진이 걸려 있다. CEO로서 캐서린의 행보는 이들 시선의 감시하에 이루어진다.

린은 아버지와 남편이라는 가부장-유령의 시선 아래 있으며 그 강력한 호명에 답하고 있는 중이다.

〈더 포스트〉의 미장센은 〈워싱턴 포스트〉의 원칙에 따른 경영과 편집의 분리를 공간화한다. 경영의 최고 책임자인 캐서린의 공간으로는 편집국을 제외한 신문사 회장실 및 회의실, 그녀의 집, 외부의 레스토랑 등이 배치된다. 편집국 진입이 배제됐던 캐서린이 처음으로 〈워싱턴 포스트〉의 편집국을 방문하는 것은 주식 시장 상장 후 펼쳐진 축하 파티 장면으로, 러닝타임 50분이 지나서이다.

하지만 이 장면에서도 정작 많은 직원들의 주목을 받으며 인사말을 하고 건배를 외치는 것은 CEO인 캐서린이 아니라 이사 프리츠(트레이시 레츠)이다. 그리고 편집국 벽에 걸린 남편 필의 사진(사진 3) 앞에서 두 명의 이사들은 "자기가 아는 사람 중 필이 제일 똑똑하다고 케네디가 말했지"라는 말을 나눈다. 여전히 이 공간의 실질적 주인은 죽은 남편 필이다.

이 장면에서 〈뉴욕 타임스〉의 펜타곤 페이퍼 보도에 대한 법원의 중지 명령이 보도되자 파티는 곧장 중지되고, 직원들은 분주하게 각자의 자리로 돌아간다. 캐서린도 사안의 위중함을 신중하게 고민한다. 그러나 공간에서 홀로 고립된 듯한 캐서린의 모습에서 느껴지는 것이 최종 결정권자로서 갖는 고민의 진중함과 무게라고만 말하기는 어렵다. '능력 있는 신문쟁이'로서 여전히 편집국을 장악하고 있는 남편 필의 절대적 권력 앞에서 분명 캐서린은 위축되고 고립된 모습으로 보이는 것이다.

죽은 아버지와 남편이라는 가부장의 유령들에게 장악된 공간에서 왠지 불편해 보이고 이질적인 존재처럼 느껴지는 캐서린의 이러한 모습은 두 번째로 편집국을 방문하는 장면에서 다시 한 번, 더욱 두드러지게 묘사된다. 법원 모독죄로 구속될 위험을 감수하고 보도 결정을 고수한 두 번째 결정 이후 캐서린은 편집국장실에서 벤, 프리츠와 함께 법무부의 전화를 통해 최후통첩을 받는다. 그 다음 장면에서 편집국장 실을 나온 캐서린은 취재와 기사 작성에 여념이 없는 편집국 직원들의 곁을 지나간다. 이 장면은 움직이는 캐서린을 트래킹 촬영으로 포착하는데, 죽은 남편 필의 사진이 걸린 벽을 지나는 캐서린은 생각도 깊지만 어딘가 불안해 보인다. 기사 작성에 바쁜 직원들 누구도 캐서린을 신경 쓰지 않는 듯한 이 장면에서 캐서린은 마치 길을 잃은 어린아이처럼 위축되고 고립돼 보인다.

〈더 포스트〉의 미장센이 구축하는 공간과 인물의 관계에 따르면 캐서린은 진실을 보도함으로써 역사의 물줄기를 바꾸는 역사적 과업의 수행 능력에 관한 지속적인 신문의 대상으로 재현된다. 신문사 회장실에서는 죽은 아버지와 남편의 시선에 포획되며, 편집국에서는 이방인, 타자의 정체성을 드러낸 채 불안하게 배회한다. 캐서린의 중후한 관록과 대인 관계에서 발휘되는 사교적 능력이 드러나는 공간은 홈드레스와 잠옷을 입거나 평상복 차림으로 생활하는 그녀의 집 등 여전히 사적 영역에 국한된다.

그 '카메라-시선'의 함의

자신과 회사에 끼칠 치명적 위협에도 불구하고 펜타곤 페이퍼를 보도할 것인가와, 그 보도 결정을 고수할 것인가라는 두 개의 선택은 캐서린이 언론사주로서의 자격을 획득함으로써 탈장소의 존재 이전을 확정 짓는 테스트로서 〈더 포스트〉의 클라이맥스를 구성한다. 그런데 이 시퀀스는 언뜻 이해되기 어려운 카메라-시선의 등장으로 더욱 주목된다. 캐서린이 주최한 파티가 한창 진행 중일 때 프리츠와 벤, 아서(브래

사진 4〉 캐서린의 첫 번째 결정은 허공에서 그녀를 내려다보는 듯한 부감 숏으로 찍힌다. 비상한 집중을 이끌어내는 이 앵글은 카메라-시선을 통한 가부장-유령의 현존을 환기시킨다.

들리 휫퍼드) 등 사람들이 집으로 찾아오는 이 시퀀스에서 첫 번째 결정 장면은 사람들을 모두 물린 채 혼자 남은 캐서린이 전화를 통해 여러 사람과 연쇄적으로 의견을 나누는 숏들로 구성된다.

이때 카메라는 종전까지 관찰되지 않았던 위치, 즉 허공에서 캐서린을 내려다보는 듯한 부감 숏, 하이 앵글로 찍힌다(사진 4). 그리고 혼돈 속의 캐서린을 360도 트래킹을 통해 포착한다. 영화 전체에서 가장 집중도 높은 결정적 장면에서 사용된 이러한 앵글과 카메라 운동은 불가피하게 두드러지고 단연 시선을 끈다. 그럼으로써 카메라-시선을 통해 현존하는 아버지 유진 메이어 그레이엄과 남편 필의 유령적 존재를 환기한다. 이 장면이 공적 영역에 진입한 캐서린을 가부장제의 계승자로서 승인할 것인가를 결정할 테스트임을 명시적으로 드러내는 것이다.

이러한 카메라-시선의 함의가 자명해지는 것은 인쇄 결정 후 다시 불거진, 좀 더 심각한 위험 속에서 이루어진 두 번째이자 최종적인 결정의

사진 5/6〉 두 번째로 등장하는 '가부장제-유령'의 시선. 결정을 내린 캐서린이 먼저 빠져나가고 남자들만 남아 있다.

국면에서 반복될 때이다. 아버지/남편이라는 가부장제의 유령의 시선을 담지하는 것으로 보이는 하이 앵글은 이 장면에서 두 차례 사용된다. 자신의 선택이 갖는 의미를 벤에게 질문("기사를 내보내도 미군 병사들에게 해가 되지 않는다고 장담할 수 있겠어요?")하는 장면(사진 5)과, 보도 결정을 재확인한 캐서린이 "자러 가야겠다"면서 회의 공간을 먼저 빠져나가는 장면(사진 6)이 그것이다. 두 번째 장면에서 캐서린의 결정을 평각 상태로 지켜보던 카메라는 성큼성큼 걸어가는 캐서린의 뒷모습을 바라보며 점점 허공으로 올라가서, 혼자 통화하며 첫 번째 결정을 내리는 캐서린을 지켜보던 동일한 위치(사진 4)에 다다른다. 이러한 카메라 움직임에서 느껴지는 것은 아버지/남편의 인정 테스트를 끝내 통과한 딸/아내를 '배웅'하거나 그 출가出家를 '승인'하는 가부장의 페이소스이다.

이처럼 캐서린을 관찰하는 가부장제 유령의 시선이 사진 및 카메라의 움직임을 통해 작동된다면 내러티브 내부에서는 특정 인물이 유령성을 담보하고 그 명령을 대리 수행하는 역할을 맡는다. 실질적으로 죽은 아버지와 남편을 대리함으로써 '가부장제의 유령'의 대리자라는 핵심적 지위를 갖는 것은 캐서린을 헌신적으로 돕는 이사 프리츠이다. 영웅 서사의 주인공으로서 캐서린이 문제 해결자의 지위를 획득하는 주요 장면에 배치됐던 다소 이해하기 어려운 몇몇 숏의 개입은 이로써 설명될 수 있다. 이러한 숏들은 캐서린의 지위를 위협하는 이사 아서와 정반대 입장에서 '시종일관 가장 충직하고 진실 되게 어떤 이해관계에서도 항상 캐서린 그레이엄의 편에 섰던 사람', '좋은 킹메이커'[7]인 그가 실질적으로 편집국장인 벤보다 중요한 극적 위상을 지니고 있음을 강조한다.

캐서린과 사무실에서 상의하는 모습의 투 숏으로 처음 등장한 이래 프리츠는 캐서린에게 '회사를 지켜야 한다'는 가장 핵심적인 지침을 환기시킨다. 이를 위한 구체적인 항목들을 주지시키는 교육자이자, 그레이엄 가문의 유지遺志로부터 캐서린이 이탈하지 않도록 하는 감시자로서 프리츠는 회의 석상에서도 캐서린을 대신해서 발화한다. "절대 안 돼요." 주식 상장 여부를 논의하는 이사회 참석 전 장면에서도 가족 경

---

7   정성일, "유령과 그림자, 혹은 한 번 더, 라는 행위에 관하여", 『FILO』 No. 2, 2018, 81쪽.

영권 일부 포기 여부를 묻는 캐서린의 질문에 대한 프리츠의 대답은 단호하다. 그 말의 무게와 권위 앞에 캐서린은 순종할 뿐이다. 또한 "이대로 둘 건가? 캐서린이 이럴 순 없어", 문제를 제기하는 아서를 제지하며 "아니, 아서, 캐서린은 할 수 있어요… 결정은 그녀가 해요"라며 캐서린의 지위를 대외에 공인하는 역할까지, 프리츠가 맡은 역할은 압도적이다. "거기 있어요?", "내가 어떻게 할까요?", 펜타곤 페이퍼 보도 여부를 둘러싼 최초의 결정을 위한 긴박한 릴레이 통화에서 캐서린이 최종적으로 승인을 요청하는 인물도 당연히 프리츠이다.

그러나 프리츠에게 부여된 유령의 대리자로서의 역할은 더 근본적이고 핵심적인 지점까지 나아간다. 아버지와 남편의 사진, 그리고 가부장제의 시선을 담지한 카메라를 보조하고 그 기능을 강화하는 프리츠의 인서트 숏은 결정적인 순간 두 차례 제시된다. 캐서린 저택에서 전화를 통해 펜타곤 페이퍼 보도가 처음 결정됐을 때 화면은 전화기를 내려놓은 캐서린의 부감 숏(사진 4)에서 벤의 집에 모여 보도 내용을 검토하는 벤과 편집국 직원들의 모습으로 연결된다. 그리고 벤의 모습을 지켜보던 프리츠가 넥타이를 풀면서 살짝 미소를 짓는 원 숏으로 이어진다(사진 7). 전화 통화에서 보도 여부를 묻는 캐서린의 질문에 "나라면 안 내겠다"고는 답했지만, 캐서린이 자신의 충고를 거슬러 독자적 결정을 내린 상태에 그는 내심 만족스러워하는 것처럼 보인다.

"순식간에 지나가지만 놓칠 수 없는 타이밍에 등장한 미소"[8]의 프리츠를 단독으로 포착하는 또 한 번의 인서트 숏(사진 8)은 펜타곤 페이퍼 보도가 갖는 법률적 곤경의 의미를 재검토하는 두 번째 결정이 이루어지는 결정적 장면에 배치된다. 벤과 이사들이 모여 있는 공간에서 캐서

---

8 같은 글, 81쪽.

사진 7/8〉 두 차례 캐서린이 중요한 결정을 내릴 때마다 그 결정에 대한 프리츠의 반응은 원 숏으로 부각된다. 이러한 반복은 가부장제의 대행자로서 프리츠가 갖는 특권적 위상을 반영한다.

린이 퇴장하는 부감 숏(사진 6) 이후 벤은 윤전실에 전화해서 "돌려!"라고 말하며 화면은 윤전기가 굉음을 내며 돌아가는 신문사 윤전실로 이어진다. 그런데 캐서린의 결정에 벤이 즉각 응답하는 이 긴박하고도 중요한 장면 사이에 다시 한 번 프리츠의 인서트 숏이 끼어든다. 의자에 앉아 있는 그는 한 고비를 넘었다는 듯, 넥타이를 풀던 첫 번째(사진 7)

사진 9〉 캐서린의 최종 결정을 기다리며 프리츠가 전경에 거대한 형상으로 자리 잡은 숏 또한 그의 특권적 위상을 재차 강조한다.

보다 더욱 분명하게 만족의 의사를 표현하는 미소와 어깻짓을 하며, 작게나마 또렷하게 들리는 웃음소리 또한 낸다.

　　이를 "위대한 숏"이라고 한 정성일의 의견에는 동의하지 않지만 "이 장면이 아무것도 아니라고 생각하면 안 된다"[9]는 진술만큼은 정확하게 핵심을 짚는다. '가부장제(의 유령)의 대리자'로서 캐서린의 결정을 추인함으로써 "프리츠는 케이가 워싱턴 포스트의 진정한 사주로 다시 태어난 이 순간을 진심으로 축하하는 유일한 사람"(정성일)이 된다. 그럴 수 있는 권능을 부여받은 인물로는 그가 '유일'하기 때문이다.

　　문제적 숏들은 더 있다. 이사들이 캐서린의 집에 모여 최종 결정을 다그치는 장면에 이르기 전, "결정은 캐서린이 한다"고 답한 후 아서를 지나 의자에 앉는 프리츠를 로우 앵글로 잡은 장면(사진 9)도 두 개의 인서트 숏만큼이나 두드러진다. 의자에 앉는 프리츠를 따라 낮아지

---

9 같은 곳.

사진 10〉 정부와 대척점에 선 운명 공동체적 연대를 이미지화하는 미장센에서도 프리츠는 캐서린과 벤의 중심에 위치한다.

는 카메라로 인해 화면에는 깊이의 공간이 만들어지는데 이는 카메라 앞의 프리츠를 '과장되고 공격적인 전경前景'[10]으로 부각시킨다. 이러한 장면 구성으로 캐서린에 대한 인정 테스트를 대리해서 관할하는 초월적 존재로서 프리츠의 극적 위상은 효과적으로 강조된다.

　이처럼 프리츠의 내러티브 위상이 갖는 함의를 정교하게 추적하다 보면, 앞서 지나간 장면의 중요성이 뒤늦게 환기된다. 펜타곤 페이퍼 보도에 항의하고 위협하는 법무부의 전화 통고를 받던 장면(사진 10)은 캐서린, 벤, 프리츠 3인이 자본과 젠더의 경계를 넘어 구축하게 된 운명 공동체적 연대의 미장센으로 제시된 바 있다. 이 장면에서 중심이 되는 인물은 통화하는 벤도, 이를 경청하는 캐서린도 아닌 프리츠이다.

　프리츠를 중심으로 벤으로부터 캐서린으로 수평 이동하는 카메라로 찍힌 이 장면에서 프리츠는 둘을 중재하거나 관찰하는 가운데 자리에

---

10 데이비드 보드웰, 『영화 스타일의 역사』, 김숙 외 옮김, 한울, 2010, 301쪽.

배치되고, 벤과 캐서린을 단독으로 포착할 때조차 프레임에서 배제되지 않는다. 프리츠는 아버지의 딸이자 남편의 아내로서 사적 영역에 속했던 캐서린이 혹독한 통과의례를 무사히 거쳐 비로소 남성적/공적 영역에 진입했음을 승인하고 격려, 축하한다. 그럴 때 이 장면들은 '좋은 사람이 훌륭한 인간에게 보내는 찬사의 숏' 혹은 "위대한 숏"[11]이라기보다는 '(좋은) 가부장이 훌륭한 가부장의 딸/아내에게 보내는 찬사 혹은 승인의 숏'이라는 '문제적 숏'이 된다.

…거기 여자들은 없었다

"죽은 남편이 뉴스를 뭐라고 한 줄 알아요? 역사의 초고라고 불렀어요. 근사한 말이죠? 우리가 항상 옳을 수는 없고 항상 완벽한 것도 아니지만 계속 써나가는 거죠. 그게 우리 일이니까, 그렇죠?"〈더 포스트〉의 엔딩을 장식하는 캐서린의 말은 정치·언론 영화로서의 지향을 분명히 드러내는 동시에 최초의 여성 언론사주로서 캐서린의 위상을 최종적으로 확정하는 효과를 발휘한다. 편집권의 독립에 관한 한 일체의 타협을 불허하는 완강한 태도를 보였으며, 사주인 캐서린에게 언론의 의미와 가치를 훈계하기까지 했던 벤은 이 장면에서 윤전실에 먼저 내려와 자신을 반기는 캐서린의 말에 "맞아요"라며 동의를 표한다. 이로써 경영과 편집이라는 언론 관련 의제 설정을 각기 분담했던 두 인물 간의 역학은 엔딩에 이르러 새롭게 조정된다.

그러나 중요한 언론 영화이자 각성한 여성 언론인에 관한 영웅적 서

---

11 정성일, 앞의 글.

사로서 텍스트의 비전을 함의하는 이 중차대한 어젠다는 캐서린 스스로의 목소리-발화로 제시되지 않는다. 아버지의 유훈을 성실하게 수행한 아버지의 딸 캐서린이 가부장-남편의 유훈을 대리 발화하는 것이기 때문이다. 이는 앞서 이사 아서를 제압하기 위해 캐서린이 했던 말, "여긴 더는 내 아버지의 회사도, 내 남편의 회사도 아니에요. 내 회사죠"라고 받아쳤던 발화와도 정면으로 충돌한다.

그렇다면 이사 아서의 반대를 최종적으로 묵살했던 저 발화에서의 '나'란 과연 누구를 의미하는 것인가 묻게 된다. 많은 관객들이 엔딩 장면에서 최종적으로 주목하는 대사가 "우리가 항상 옳을 수는 없고 항상 완벽한 것도 아니지만 계속 써나가는 거죠"라는 캐서린의 말이 아니라, "뉴스는 역사의 초고"라던 죽은 남편 필의 말이라는 점은 이러한 양상을 뒷받침한다. 영화 초반 아들에게 했던 말, "네 할아버지도 우리가 경영권을 양보하는 건 바라시지 않을 거야"처럼 캐서린은 가족 경영권을 유지하라는 아버지와 남편의 유지를 저버리지 않기 위해 딸로서 아내로서 필사적으로 분투했던 것이다.

영화 시작 당시 닉슨 대통령 딸 결혼식 관련 보도에서 백악관의 의견을 들어주면서 마찰을 피하기 원했던 캐서린은 자신의 전 생애를 통틀어 우호적으로 유지했던 맥나마라 전 국방장관 및 백악관과의 관계에 단절을 고하는 선택을 한 바 있다. 하지만 이 또한 "아무것도 모른 채 미국이 아들을 계속 사지로 보내는 것을 그냥 방치할 수 없다"는 '엄마'의 심정이 결단의 결정적 배경으로 제시된다.

이쯤에서 이런 질문을 떠올릴 수 있을 것이다. 만일 펜타곤 페이퍼 보도를 결정해야 하는 인물이 남성이었다면 영화에서 최종 결정을 내리기 위해 "자식을 사지로 보낼 수 없다"는 '아버지의 심정'만으로 충분하다고 생각할까. 그렇게 제작된 영화를 시장이 반길까. 여성이 주인공인 〈더 포스트〉는 그것으로도 충분하다고 말한다.

〈더 포스트〉에서 캐서린이 등장하는 거의 모든 장면은 남성들이 먼저 선점해 있는 공간이 제시된 뒤 뒤늦게 등장/진입하는 캐서린을 잡음으로써 캐서린의 고립과 주변부성을 강조하는 식으로 구성된 바 있다. 하지만 영화를 마무리하는 윤전실 장면에서 공간을 먼저 장악한 것은 캐서린이다. 윤전기 작동하는 소음이 심장박동처럼 느껴지는 그곳에 먼저 와있던 캐서린은 편집국장 벤을—주인이자 '친구'로서—당당하게 맞는다. 아버지/남편-가부장이 남긴 과제를 성공적으로 수행해내고 신문사라는 자기 가문의 공간을 실질적으로 장악한 그녀의 몸짓과 태도는 위축되고 자신 없어 하던 종전 모습과 완전히 달라 보인다.

캐서린은 〈워싱턴 포스트〉를 정치적·경제적 위기로부터 구해냄으로써 본질적으로 가부장제(의 유령)가 명하는 '전통'의 수호에 성공한다. 사적 영역에서 공적 영역으로 존재를 이전한 캐서린은 가부장의 딸이자 아내로서 선험적으로 할당됐던 장소를 확정적으로 재/점유하는데 성공하고, 남자-가부장들의 친구로서 재승인되는 것이다. 이처럼 캐서린이 가부장제가 명령하고 승인한 자신의 배치에서 결정적으로 탈구되지 않는다는 점은 캐서린의 승리를 여성 성장 서사로서 전적으로 승인하거나, 극중 벤이 말한 것과 같은 '그런 시대'와의 결별로 의미 부여하기 어렵게 만든다.

그래서—어쩌면 당연하게도—캐서린의 고난의 여정과 여정의 끝에 도착한 바로 그 장소에는 그와 동일한 젠더 정체성을 공유한 여성들이 없다. 맥나마라와의 오래된 우정을 결국 정리하고, 벤과 새로운 친구가 되기 위해 캐서린은 부단히 노력하지만 여성들과 대화하지도, 친구가 되기 위해 노력하지도 않는다. 캐서린의 주변에는 이름을 가진 여성들을 찾기 어려우며, 따라서 캐서린의 젠더 정체성 재구축을 지원할 어떠한 여성적 연대의 자원도 절대적으로 부족하다. 부부 동반 모임에 참가하거나 함께 식사하는 여성들은 모두 사회적 지위를 갖는 남성의 배우자 자격으로 캐서린과 대화하며, 캐서린에게 질문을 던지거나 정보를 제공하는 이는 캐서린에게 고용된 이름 없는 여성들이다.

캐서린이 놓인 교착 상황과 캐서린에게 주어진 과제의 중요성을 인지한 상태에서 이루어지는 여성과의 대화로는 대법원에서 만난 이름 모

사진 11/12〉 매우 특별하게 좋은 환경에서 자라나 남들과 다른 기회를 잡을 수 있었던 캐서린의 성공 서사 주변에는 이름 없는 유령 같은 여성들이 있다. 그들은 한 공간에 존재하지만 서로 '부재하는 타자'가 된다.

를 법무차관실 여직원을 제외하면 딸(이름도 극중에서 밝혀지지 않는다)과의 두 차례에 걸친 대화만이 있을 뿐이다. 이들과의 대화 또한 아빠, 남편, 남동생 등에 관한 것으로 채워진다. 그렇다면 '영화에서 이름을 가진 두 명의 여성이 남성에 관한 것이 아닌 대화를 하는가' 여부를 묻는 벡델 테스트를 적용할 때 〈더 포스트〉는 간신히 통과하거나 통과 불가의 판정을 받게 될 것이다. 이러한 점은 젠더 정체성을 공유하는 일체의 여성적 네트워크가 배제된 가운데 이루어진 캐서린 개인의 성취 서사를 젠더 정치학의 관점에서 더욱 회의할 수밖에 없는 이유가 된다.

대법원 판결로 언론은 불의한 권력에 대해 승리하며, 캐서린 또한 인정 투쟁의 성공을 최종 확정 짓는다. 판결 직후 혼자 대법원 건물을 빠져나온 캐서린의 앞에는 수많은 이름 없는 여성들이 도열해 있다. 이들과 캐서린이 침묵 속에 뜨거운 지지와 연대의 시선을 교환하는 장면(사진 12)은 영화적 메시지를 응축하는 인상적인 것이지만, 도저한 낭만성과 감상성을 부인하기 어렵다. 여전히 역사의 타자이자 유령적 존재로 비가시화되는 여성 현실과 부재라는 구조를, 거의 인지하지 못할 만큼 교묘하게 은폐하는 것이기 때문이다.

P.S.: 지나치게 사소한(?) 파스타 이야기

여성으로서의 삶의 감각과 경험치를 토대로 영화를 보는 과정에서 종종 겪는 딜레마가 있다. 내 눈에는 분명 보이는데 다른 이들의 눈에는 보이지 않는 것 같은 사소하고 하찮은(?) 어떤 장면, 혹은 내게는 중차대한 것으로 와 닿지만 누구도 개의치 않는 듯한 설정 등이 마음에 걸리는 경우이다. 〈더 포스트〉에서는 파스타가 그랬다. 펜타곤 페이퍼를 가까스로 입수했다는 전화를 받은 벤은 곧장 몇몇 핵심적인 편집국 직원들을 자신의 집으로 오도록 한다.

아마 예전에도 몇 차례 있었던 일인 듯 어린 딸은 아침부터 익숙하게 레모네이드 장사 준비를 시작하지만, 갑작스런 남편의 결정에 아내인 토니(사라 폴슨)는 당황해한다. 언제 사람들이 올 건지, 얼마나 들이닥칠 건지 답해주지 않은 벤은 "따로 준비해야 하느냐"는 질문에 "알아서 하겠다"고 말한다. 하지만 '알아서 하겠다'던 사람들 대신 결국 토니 혼자 파스타와 샌드위치 등을 준비하고 부지런히 나른다.

그리고 많은 이들이 〈더 포스트〉를 상찬하는 동안, 누구도 이것에 대해 말하지 않았고, 나는 내내 마음에 걸렸다. 아니, 왜 "알아서 하겠다"면서 알아서 하지 않았는지, "알아서 하겠다"고 해놓고 알아서 하지 않는 게 그 말을 한 당사자에게는 어쩌면 이렇게 자연스러운 것인지. 대체 "알아서 하겠다"고 해놓고는 알아서 하지 않은 사람에 대해서 왜 이토록 디테일 강하고 완성도 높은 영화가 전혀 관심을 두지 않는 것인지…. 지하실에서 한창 작품 제작을 진행하고 있던 것으로 보이는 토니가 자신의 동의도 구하지 않고 남편이 혼자 벌인 갑작스런 판 때문에 작업 계획이 지연되고 시간이 틀어진 것에 대해 토니 자신도 벤도, 감독도, 또한 관객도 관심이 없는 것은 아마도 이 작은 에피소드가 정말 사소하고 전체 플롯에 큰―혹은 아무런―영향을 끼치지 않는다고 생각했기 때문일 것이다.

그러나 누군가에게, 혹은 많은 다수에게 너무나 사소해서 언급할 필요조차 없는 것들이라고 해도 모두에게 다 그런 건 아니다. 일상생활에서 필수 불가결한 어떤 것이나 생략 불가능한 행위도 영화에서는 별 것 아니라는 듯이 빠뜨리고 지나가는 경우가 꽤 있다. 사실 그렇지 않으면 영화 만들기가 불가능하기도 하니 영화를 학습하는 과정에서 우리는 영화가

사진 13〉 집으로 편집국 핵심 직원들을 부르며 "알아서 하겠다"고 한 벤과 직원들은 토니가 부지런히 만들어서 나르는 샌드위치며 파스타를 먹으며 긴박하게 작업한다. 넥타이를 맨 양복 차림의 남성들이 주도했던 역사적 사건의 뒤에는 주방 수건을 손에 쥔 채 화면 후경에 보일 듯 말 듯 서 있던 여성의 노동이 있었음은 주목되지 않는다.

세세하게 밝히지 않는 생략과 틈을 자연스러운 것으로 여긴다. 하지만 그렇게 이야기하지 않는 것들 중 많은 것들은 대개 여성이 담당하거나 여성의 것이었거나, 여성에게만 절박했던 것들이었다. 가령 이런 말, 많은 사람들이 한 공간에서 짧지 않은 시간 동안 중요한 일에 집중해야 할 때 반드시 물어야 할 "식사는 어떻게 하나요?" 같은 질문들이 그렇다.

'훌륭한 영화'라는 상찬이 부족하지 않은 〈더 포스트〉는 캐서린의 각성이 얼마나 굉장한 것이었는지, 그 정치적이고 역사적인 영향이 얼마나 압도적이었는지를 말한다. 하지만 뜻하지 않게 자신의 시간을 빼내어 음식을 만들고 뒤치다꺼리를 해준 다른 여성이 있어 결국 펜타곤 페이퍼와 관련된 보도는 작성될 수 있었고, 신문은 발행될 수 있었다는 걸 굳이 말하지는 않는다. 그런데 이건 정말 아무것도 아닌 것일까. 굳이 신경 쓸 필요도 없는 하찮은 일일까.

그렇지 않다는 목소리는 이미 있었다. "나는 언제나 왜 시인들이 이야기 속에 가사와 요리를 넣지 않는지 의아했다. 모든 위대한 전쟁과 전투는 결국 그걸 위한 게 아닌가? 영웅들은 산에서 도시로 돌아갔을 때 잔치로 환영받았다. 나는 도대체 그 잔치 음식이 무엇이었으며 여자들이 어떻게 그런 일을 해낼 수 있었는지 알고 싶었다."(어슐러 르 귄의 『보이스』 중에서 메메르의 말)[12]

이러한 점에서 〈더 포스트〉는 쿠아론의 〈로마〉와 반대 방향으로 나아가는 영화라고 할 수 있겠다. 그리하여, 역사상 중요한 업적을 남긴 문제적 여성을 주인공으로 내세우고, 그 여성의 의미심장한 성장을 초점화함으로써 '여성 영화' 혹은 '페미니즘 영화'로 평가받는 영화에서 관찰되는 이러한 문제점은 좀 더 근본적인 질문으로 이어진다. '여성의 이야기 혹은 여성적인 것이란 무엇을 말하는가', 혹은 '여성의 눈으로 영화를 본다는 것은 어떤 의미인가'. 그리고 당연히 이어져야 하는, '어떤 여성 서사를 상상하고 응원할 것인가'의 질문이 그것이다. "대체, 그 중요하지도 않은 파스타와 샌드위치가 무슨 문제라는 건가?", 어리둥절하거나 짜증벅벅일 질문에 맞서 고집스레 '그 파스타는 누가 만들었는가'를 물어야 할 이유라고 나는 생각한다.

---

12 김소민, "로마의 세계에서 아모르의 세계로", 『한겨레21』, http://h21.hani.co.kr/arti/culture/culture_general/46553.html.

〈로마〉의 자매애, 무모순적인 판타지?

슬하에 2남 2녀를 두었던 할머니는 청주와 대전에 살고 있는 자식들의 집을 오가며 사셨다. 주요 거처는 할아버지가 계시는 큰집이었지만, 거의 균형을 맞추다시피 아들네 집, 딸네 집을 적절하게, 부지런히 오가셨다. 하지만 '할머니는 우리 집에서 함께 사셨다'는 내 기억에 따르면, 그래도 둘째 아들 집인 우리 집에서 꽤 오래, 자주 지내셨던 것 같다. 그래서 어릴 적 내 기억은 할머니에 관한 것이 많다. 지금은 사라져버린 유물인 요강을 밤마다 깨끗이 닦아 방에 들여놓고, 새벽이면 밖으로 가져가 깨끗이 닦아놓으셨다거나, 쪽 찐 머리를 풀어 정성껏 빗은 뒤 잠자리에 드셨던 거며, 아침이면 다시 거울 앞에서 머리를 정성껏 빗어 깔끔하게 쪽 찌고 은비녀를 꽂으시던 모습을 잠이 덜 깬 눈으로 이불에 누운 채 올려다보던 기억이 생생하다. 방학을 맞으면 쌈짓돈을 꺼내서 "만화 보는 것도 공부"라며 우리들을 만화 가게로 달려가게 했던 기억이 제일 신나는 것이었다. 그렇게 나와 우리 형제들은, 그리고 다른 사촌 형제들 모두 할머니를 좋아했다. 고루고루 손주들을 챙기고 아끼시고 예뻐하셨으니 거의 모든 형제들이 "내가 할머니랑 제일 특별하게 친했다"고 착각(?)할 만했다.

그렇게 우리들을 돌보고 사랑하고 품어주셨던, 누구보다도 깔끔하셨던 할머니에 대해서 어쩌다 엄마랑 이야기를 나눌 때가 있다. 그럴 때마다, 아 참, 할머니가 엄마에게 시어머니였구나라는 너무나 당연한 사실을 뒤늦게 깨닫는다. 그저 사랑과 헌신으로 기억되던 할머니와 엄마라는 두 명의 여성이 한 공간에서 그토록 오래 지내왔을 때 그 시간들이 품고 있을 구구절절한 사연 같은 건, 어린 시절 나의 눈에는, 그리고 여전히 할머니와 함께했던 시간을 그리워하는 할머니 손녀의 머릿속에는 들어 있지 않은 것이었다. 어린 시절 나의 눈에 두 사람은 '보기 좋은' 사이 같았고, 집은 대체로 평온했었다. 그래서, 당연한 것이지만, 가끔 놀란다. 엄마의 기억 속 할머니가, 아들자식과 손주들은 살뜰하게 챙기면서 며느리에겐 무심한 천생 시어머니였다는 사실을, 몇십 년을 함께 살면서 쌓였던 마음 한편의 아쉬움이랄까 서운함을 머리 희끗해진 지금까지도 엄마가 채 삭이지 못하고 있다는 사실을 깨닫게 되는 것이다.

그러고 보니 또 생각나는 것이 있다. 어린 시절 우리가 살았던 방 세 칸의 집은 '엄마 아빠 방', '우리 방', '고모 방'으로 나뉘었었다. 고모가 결혼해서 떠난 뒤에도 '고모 방'이라는 이름이 한동안 입에 붙어 있었으니 고모가 우리와 함께 살았던 것이 아주 짧은 시간만은 아니었을 것이다. 성실하지만 집안일에는 무심했던 남편과 아이 다섯, 그래도 시어머니였던 할머니, 젊은 시누이와 함께 살았던 엄마의 시간은 엄마에게서만 흐르고 있었다. 먹을 것 입을 것 모두 여유 없었던 시절이었지만 큰 어려움을 몰랐던 우리 형제들은 고모 방에 들어가 이것저것 뒤지고 노는 걸 즐겼다. 예쁘고 늘씬한 고모가 자랑스러웠으며, 우리들을 아껴주었던 고모에 대한 좋은 기억을 지금까지도 갖고 있는 나의 시간은, 그러니 엄마의 시간과 다르게 흘렀던 셈이다. 그래서 엄마가 할머니와 사소하게 부딪쳤거나 상처받았던 이야기들을 하소연하듯 풀어놓다가 고모 때문에 속상했던 기억들을 덧붙일 때마다 나는 분열된다. 엄마의 상처를 공감하고 위로하는 엄마의 딸과, 할머니와의 좋았던 시간을 떠올리며 아직도 종종 할머니를 그리워하는 할머니의 손녀라는 두 개의 나로.

그 '인간 탑' 장면에서 마음이 멈춰선 이유

알폰소 쿠아론의 〈로마〉(2018)에서 가장 핵심적일 장면, 포스터에도 쓰였던 문제의 바닷가 장면(사진 1)에서 '사람으로 쌓은 탑'의 이미지 앞에서 마음이 덜컥 멈춰 섰던 건 바로 그 때문이었다. 화면의 오른쪽에서 왼쪽으로, 또다시 오른쪽으로 갔다가 왼쪽으로 오기를 두 번 반복하는 카메라의 횡단 운동 끝에 아이들을 구해낸 뒤 클레오(얄리차 아파리시오)는 모래사장에 쓰러진다. 그 몸 위로 클레오가 구해낸 아이들과, 뒤

사진 1〉 알폰소 쿠아론, 2018.

늦게 달려와 사태를 파악하고 감사를 표하는 엄마 소피아(마리나 데 타비라), 어린 페페(마르코 그라프)의 몸으로 덮인 '인간 탑'의 형상이 만들어지면서 시퀀스는 절정에 달한다.

그리고 뜨거운 감동의 순간에 "우리는 널 사랑해"라는 소피아의 말이 반복될 때, 숭고하게 느껴지기까지 했던 영화적 진경 앞에서 흠뻑 몰입됐던 나는 금세 할머니의 손녀와 엄마의 딸로 분열되던 그때처럼, 감동과 회의懷疑의 다른 감정선을 타는 분열된 관객이 되었다. "사랑해"라는 저 발화의 감흥으로부터 과연 얼마만큼을 관객인 나는 수긍해야 하는가, 여전히 흔들리는 와중에도 하나만은 분명했다. 고통받는 여인들의 연대라는 뭉클함을 담은 이 장면을 누군가 '자매애의 미장센'으로 받아들인다면, 그것만큼은 결코 동의할 수 없다는 것.

멕시코시티 로마에서 살았던 알폰소 쿠아론 감독의 어린 시절, 9~10살 무렵의 시간을 그려내는 〈로마〉는 일각에서 '남성 혐오'라는 말이 등장할 만큼, '나쁜 가부장'의 폐해를 조목조목 단호하게 짚어낸다. 그러나 여성 서사의 지점에서 이 영화를 주목해야 하는 한 이유는 여성적 삶의 일상이 갖는 실제의 결과 리듬, 그 감각을 영화적으로 형상화하는 진경을 선보였다는 점이다.

쿠아론이 앞서 〈칠드런 오브 맨〉(2006)과 〈그래비티〉(2013)에서 정교하게 가다듬은 롱테이크와 트래킹 숏이 필요했던 건, 2층에서 내려와 1층의 모든 전등을 하나씩 끄고, 또 어떤 전등은 켠 후 자신의 숙소로 돌아가는 클레오의 움직임을 포착하기 위해서다(사진 2). '차곡차곡 쌓이는 클레오의 시간을 존중하기 위한 영화적 태도'[1]로서 롱테이크 외의

---

1 안시환, "〈로마〉, 알폰소 쿠아론의 시선", 『씨네21』, http://www.cine21.com/news/view/?mag_id=92118.

사진 2〉 2층에서 내려와 1층을 한 바퀴 돌며 모든 불을 다 끄고 자신의 공간으로 돌아가는 클레오. 〈로마〉의 롱테이크는 클레오의 일상을 숨죽이고 지켜보며 클레오의 시간의 감각을 각인시킨다.

별다른 선택이 있을 수 없음을 〈로마〉는 웅변한다. 이전까지 영화가 주목하지 않았던 인간-여성의 일, 먹고 먹이고 씻고 씻기고 치우는 그 모든 일상의 노동들을 온전히 주목하고 전경화시키는 〈로마〉의 카메라가 갖는 미학적 당위성이야말로 젠더 정치적으로 올바른 것이다.

개인적으로 가장 인상적이었던 것은 감독의 성숙한 젠더 감성을 확인했던 옥상 빨래 장면이었다. 선주민/비주류/피고용인/여성/노동의 현장에 개입한 남자아이와의 편안한 연대 이후, 다양한 빨래들이 널린 하늘을 보여주던 카메라는 천천히 오른쪽으로 이동하면서, 그 많은 집의 옥상에서 대부분 선주민일 여성/피고용인/노동자들이 노동하고 있으며 그 결과물로서의 빨래들이 하늘을 다 가릴 정도임을 보여준다. 클레오와 페페가 화면 아래쪽으로 사라진 뒤에도 끝내 남아 있던 카메라의 용처가 밝혀지는 순간이었다(사진 3).

개인적으로, 하얗게 빛나는 빨래들이 바람을 맞는 장면을 '빛나는 일상성' 따위의 게으른 표상으로 쓰곤 했던 숱한 영화들에서 쌓였던 울분이 다 녹는 기분이었다. 그 모든 일상성이 누군가의 끊이지 않는, 중단할 수 없는 노동의 결과였음을 비로소 인식하고 재현하는 남자 감독을

사진 3〉 함께 누워 하늘을 올려다보던 클레오와 페페가 화면 하단으로 사라진 뒤에도 카메라는 옥상에 머문다. 거기 빨래를 하고 빨래를 너는 다른 '클레오들'이 있다. 그들의 노동이 있어 모든 오물을 씻어낸 빨래들이 바람을 맞으며 널려 있다.

만나는 느낌이 남다를 수밖에 없었다.

쿠아론은 "사랑으로 키워준 여성들에 관한 친밀한 초상화"로 〈로마〉를 만든 것이 '뒤늦은 죄책감' 때문이었다고 말한다.[2] 백인의 중년 남성으로 하여금 '아낌없이 주는 나무'였던 유색인 노동자 여성의 존재를 비로소 인지하고 새롭게 각성토록 한 감성은 분명 계급적이고 인종적인 것이면서 동시에 젠더적인 것이다. 〈로마〉는 분명한 자전적 작품임에도 제작자 자신/백인 남성이 아닌, 리보 로드리게스라는 보모/유색인종 여성을 주인공으로 내세웠다. 이 점에서 "감독은 사회적 약자인, 그래서 자신의 언어를 갖지 못한 그녀를 대신해 영화에 그녀의 서사를 풀어냈다. 그리고 영화 속 카메라는 애정이 듬뿍 담긴 시선으로 그녀를 바라본다"[3]는 평은 〈로마〉가 갖춘 것과 결여한 것을 정확하게 짚는다.

분명 〈로마〉는 '좋은/굉장한/새로운 여성 영화'로 지지받을 자격을

2 민용준, "알폰소 쿠아론의 '로마'는 연대의 우주와 생의 중력에 관한 송가다", 〈허프포스트코리아〉, https://www.huffingtonpost.kr/entry/moviekr_5c24bd0fe4b076d289f96f04?utm_id=naver.

3 정지혜, "'로마', 비극이 있은 후 시간은 어떻게 흐르나", 〈한국경제신문〉, http://plus.hankyung.com/apps/newsinside.view?aid=2019010538334&category=starPlus.

갖추었지만, '애정이 듬뿍 담긴 시선'으로 클레오를 바라볼 때 그 애정은 젠더와 계급, 인종 등의 교차적 경계를 인지하기에 너무나 어린 미취학 연령대 소년의 시선에 고정돼 있다. 그리고 이러한 지점에서 테이트 테일러의 2011년 작품 〈헬프〉는 참고의 텍스트로 유용할 것 같다.

1963년 미국 남부 미시시피 잭슨을 배경으로 한 〈헬프〉는 어린 시절의 돌봄 노동에 대한 백인 여성의 '뒤늦은 헌사'를 통해 인종 문제를 사유한다는 점에서 〈로마〉와 유사성을 갖는다. 〈헬프〉에서 영화적 시선을 담지하는 극중 인물로 주인공 스키터(엠마 스톤)는 성인으로서 '기록하는 자/발화자'의 정체성을 갖지만 이는 '인터뷰이/듣는 자'의 위치로부터 비롯된다. 이 때문에 제대로 듣지 못하거나 해석 및 재구성 과정에서 왜곡될 가능성에도 불구하고, 〈헬프〉의 영화적 서사는 분명 침묵을 강요당했던 사회적 소수자로서 흑인 여성으로부터 발원한다. 그러나 〈로마〉의 어린 소년의 시선 속에서 여성은 발화자의 자격을 갖지 못한다.

'자매애'라는 그 무엇

자매애는 남성 중심의 서사가 배제하고 배척했던 여성적 삶을 상상하고 재현하는 여성 서사의 모색에 중요하고도 핵심적인 요소이다. 여전히 여성 서사의 전범으로 꼽히는 많은 영화들, 가령 〈안토니아스 라인〉(마를렌 고리스, 1995), 〈후라이드 그린 토마토〉(존 애브넷, 1992), 〈델마와 루이스〉(리들리 스콧, 1991) 등에서 자매애는 현실을 타개하는 전략이자, 여성주의를 지향하는 영화 서사가 최종적으로 도달해야 할 가치이기도 했다. 하지만 "우린 혼자야. 누가 뭐라고 해도 우리 여자들은 늘 혼자야"라는 소피아의 고통스러운 발화나, "우리는 정말 너를 사랑해"라는 절절한 애정 고백에도 불구하고 이를 '고통받는 타자들의 자매애적 연대'로 선뜻 승인하기는 쉽지 않다.

클레오의 고용주인 소피아는 대체로 친절하며 클레오가 곤경에 빠질 때 머뭇거리지 않고 나서서 도움을 주지만, 공통의 억압 앞에서 연대하는 자로서의 각성이나 자기 존재의 혁신을 도모하는 인물로 그려지지 않는다. 클레오가 죽은 아이를 낳은 육체적 고통이 여전할 무렵임에도 소피아는 가족여행에 동참할 것을 반복해서 요구한다. 수차례 출산의 과정을 경험했던 여성으로서, 클레오가 감당하고 있을 고통에 대한 공감의 부재를 여실히 드러내면서 돌봄의 의무를 채근하는 고용주의 단호함을 보여주는 것이다. 그럴 때 소피아의 친절과 교양 있는 태도는 '억압함으로써 이득을 취하는 자들이 소통하는 시늉'[4]에 더 가까워 보인다.

클레오에게 '우리 가족'이라는 좁디좁은 경계 내부로의 진입은 인종, 계급이 복잡하게 뒤엉킨 현실에서 좀처럼 실현하기 어려운 과제였다. 그럼에도 클레오의 진입을 허락하는 일종의 최종적 인정 테스트처럼 주어졌던 이 장면에서 문제의 '인간 탑' 이미지와 절묘하게 겹쳐지는 영화가 있다. 루벤 외스틀룬드의 2014년 작 〈포스 마쥬어: 화이트 베케이션〉에서 아빠/남성의 취약한 정체성이 폭로된 후 아버지를 위로하는 아이들과 엄마/아내가 오열하는 장면이 그것이다.

고급 리조트에서의 즐거웠던 스키 여행은 하루 만에 재앙이 됐다. 느닷없는 눈사태의 위협 앞에서 아빠/남편은 아내와 아이들을 내팽개친 채 혼자 도망쳤다. 부인할 수 없게 폭로된 가부장의 취약함과 곧 무너질 것처럼 흔들리는 가족 공동체의 운명을 거듭 고민하던 아내 에바(리사 로벤 콩슬리)의 머릿속은 한없이 복잡하다. 사과는커녕 "도망치지

---

4 오드리 로드, 『시스터 아웃사이더』, 주해연·박미선 옮김, 후마니타스, 2018, 191쪽.

사진 4〉 남편이 정말 반성하는 건지 반성을 연기하는지 확신하지 못해 주저하는 엄마의 손을 끌고 온 아이들이 아빠의 몸 위로 쓰러지고, 에바도 그 위로 몸을 포갠다. 에바는 처음 시늉만으로 그렇게 하는 것처럼 보였으나, 잠시 후 진짜로 오열한다. 오열하는 것만이 가족과 함께할 수 있는 유일한 길임을 깨달은 사람처럼.

않았다"며 강하게 부정하던 단계를 거쳐 비겁하게 회피하려던 토마스(요하네스 쿤게)가 결국 자신의 부끄러운 모습을 인정하고 아이들 앞에서 대성통곡할 때조차 그 진정성은 의심스럽기 때문이다. 그렇게 주저하며 관망하던 엄마의 손을, 엄마 아빠가 이혼할까 봐 내내 두려워하던 아이들이 잡아끈다.

어린아이처럼 엉엉 우는 아빠의 몸 위로 어린 몸을 덮쳐 함께 대성통곡하던 아이들의 손에 이끌려 결국 에바 또한 '인간의 몸으로 쌓은 탑'이 된다. 처음 그녀는 그저 우는 시늉뿐이었던 것처럼 보이는데, 잠시 시간이 지나면서 정말로 한마음이 돼서 울고 있는 것처럼 느껴진다(사진 4). 그리고 다음 날 설원에서 토마스와 에바는 '위기 앞에서 훌륭하게 복원된 가족'의 유치하고도 속 보이는 퍼포먼스를, 아이들에게는 드러나지 않을 만큼 훌륭하게 해치운다.

〈로마〉의 해변에서 쌓은 것과 〈포스 마쥬어〉의 호텔 방에서 쌓았던 인간 탑의 이미지는 표면상으로 상당히 유사하지만 분명한 차이가 있다. 〈포스 마쥬어〉는 이 연대의 포즈가 사실은 가족 붕괴라는 결정적 장면에 도달하지 않으려는 가족 구성원 각자의 전략적 사고에 따른 결과임을 굳이 감추려 하지 않는 인상이다. 그리고 위기로부터 가족을 구원하는 인간 탑의 이미지로부터, 그것이 상징하는 가족 공동체의 연대와 단합, 화합 등이 얼마나 취약한 것인가를 묻는다. 부부 공통으로 펼쳤던 설원에서의 퍼포먼스와 함께 연대의 단단한 표면은 어떻게든 연출될 수 있을지라도 그 내부의 붕괴 조짐을 끝내 감출 수 없음을 말하는 것이다.

이와 달리 〈로마〉의 유사-가족의 연대는 끝까지 그 진정성을 회의하지 않는다는 점에서 차이를 보인다. 그럴 때 이 유사-가족의 연대는 감동적인 미장센만큼 진실된 것일까. 클레오는 분명 백인처럼 하얗지 않은 얼굴색을 가졌을 자신의 아이를 사산하고 나서, 거센 파도와 맞서 싸우며 백인의 아이들을 구해낸다. 아이를 잃고도 제대로 드러내지 않았던/못했던 클레오의 깊은 슬픔, 자신의 아이를 지키지 못한 모성의 슬픔과 자책은 백인 아이들을 구해내는 구원의 제의祭儀 속에서 아리게 분출된다.

"저는 원하지 않았어요"(클레오), "뭐라고?"(소피아), "그 애를 원치 않았어요"(클레오), "애들은 이제 괜찮아"(소피아), "전 아기가 태어나길 원치 않았어요."(클레오) 클레오는 아이를 원치 않았던 자신을 질책하고 고통을 토로하지만 소피아는 아이들이 무사한 것에 대해 클레오에게 감사를 표시한다. 서로의 슬픔과 기쁨에 각자 무심한 채 둘의 대화는 어긋난다. "우린 널 사랑한단다, 클레오." 소피아는 클레오의 이마에 입 맞추지만 "가여운 아가"라는 클레오의 깊은 탄식을 흘려든는다. 혹은 외면한 채 다시 반복한다. "우리는 널 정말 사랑해."

원하지 않았던 아이를 어이없게 떠나보낸 클레오의 깊은 상실감과 슬픔에 대해 소피아는 공감하지 못한다. 클레오에 대한 소피아의 '사랑' 표현은 자신 또한 하마터면 아이들을 잃을 수도 있었다는 공포스러운 자각과 이를 모면한 데 따른 깊은 감사의 표명일 뿐이다. 혹은 피고 용인의 충실한 직무 수행에 대해 고용인이 할 수 있었던 가장 관대하고 인간적인 최상의 발화였는지도 모른다. 그러니 저 깊은 감흥의 '인간 탑' 미장센 앞에서 질문하지 않을 수 없다.

도대체 왜 자신의 아이를 잃고, 믿었던 이들에게 배반당하며, 노동의 혹사를 견디어내는 클레오에게 저런 시련이 주어져야만 하는가. 그 모든 이유와 동기에도 불구하고, 왜 〈괴물〉에서 현서가 죽어야 하고 〈기생충〉에서 기정이 죽어야 했는가 납득하지 못하는 나는, 왜 유색인종의 아이는 죽어가는데 백인 아이들은 반드시 살려야 하는지, 수영도 못하면서 거친 파도 속에서 소피아의 아이들을 구해내는 그 '기적'은 가혹한 현실에서도 자신의 아이를 따뜻하게 품어 안는 클레오의 '기적'이 돼서는 안 되는 것인지, 이어지는 질문에 대한 답을 영화에서 끝내 찾지 못했다. 손에 땀을 쥐게 하는 롱테이크로 찍힌 장렬한 도전의 스펙터클이 야속하고 가혹하여, 보기 민망했던 이유이다.

"자매애는 힘이 세다"

『여성의 우정에 관하여 – 자매애에서 동성애까지 그 친밀한 관계의 역사』에서 메릴린 옐롬은 1960년대 페미니스트 의식화 그룹들이 탄생시킨 새로운 형태의 우정으로서의 '자매애'의 힘을 주목하면서도 "자매 같은 관계가 존재할지도 모르지만, 그것이 인종과 계급의 장벽을 뛰어넘는 경우는 거의 없다"는 Chafe의 진술을 인용한다.[5] 그리고 그들이

---

5 메릴린 옐롬·테리사 도너번 브라운, 『여성의 우정에 관하여 – 자매애에서 동성애까지 그 친밀한

'자매'가 될 수 있기 위해 필요했던 것이 "여자 친구들은 모든 사람을 위해 더 좋은 세상을 만들어 줄 수 있다는 것을, 거기에는 인종도 종교도, 민족적 배경도, 성적 지향도, 사회경제적 지위도 문제가 되지 않음을 믿어야 했"던 것이라고 덧붙인다.

한국 산업화의 시간 속 여성 노동자에 관해 서술한 『여공, 1970: 그녀들의 反역사』에서 김원도 여공의 문화를 자매애로 해석하는 것에 대해 조심스러운 태도를 보인다. 여공들의 문화가 지니는 불연속성, 더 나아가 여성 노동자들 사이의 '차이'를 인식하지 못하게 될 위험이 존재하기 때문이며, 여성 내부의 차이를 없애버리고, 복잡한 문화적 결을 획일화하기 때문이다. 그에 따르면 "산업화 시기 여공을 둘러싼 '남성주의적 담론'에 대한 비판의 결론이 '자매애'로 귀결될 수는 없"[6]는 것이다.

록산 게이의 책 『헝거』와 『나쁜 페미니스트』는 어려운 페미니즘 담론을 풀어낸 이론서가 아니었음에도 내게는 결코 쉽게 읽히지 않았다. 흑인으로서, '정상 체중'이라는 사회적 통념을 현저히 넘어서는 몸무게의 레즈비언 여성으로서, 오랜 시간 고통받았던 성폭력 피해 여성으로서의 체험으로부터 발원한 그녀의 시선은 종종 감당하기 어려운 주장으로 다가왔음을 인정해야겠다. 페미니스트로서의 나의 시선이 여전히 백인 중산층 이성애자 여성의 비전에 고착돼 있음을 뼈저리게 반성하는 계기였다.

특히 『나쁜 페미니스트』에서 가장 나를 당혹스럽게 했던 것은 영화 〈헬프〉에 대한 단호하고도 가열한 비판이었다. 인종차별이라는 당대의 모순을 함께 해소했던 흑백의 연대 및 자매애적 성취에 감화됐던 관람

관계의 역사』, 정지인 역, 책과함께, 2016, 246쪽.

6 김원, 『여공, 1970: 그녀들의 反역사』, 이매진, 2006 참고.

객 중 한 사람으로서 "다른 우주를 그리고 있는 공상과학영화"[7]라는 그녀의 주장에 얼굴이 화끈거렸다. 록산 게이의 말에 따르면 나는 "1960년대의 흑인에 대한 편협하고 오만하고 인종주의적인 묘사만 보면 가슴이 뭉클해지는 사람"이었다.

미국의 흑인 페미니스트 오드리 로드 또한 여성 서사를 구축하는 요소로서 '자매애' 등 여성적 연대에 대한 좀 더 냉정한 시선을 갖게끔 자극한다. 그녀는 단호하다. "그들(백인 중산층 이성애자 여성)이 자매애라는 말로 아우를 수 있는 동질적 경험이 있다고 믿는 척하는데, 사실 이런 동질성은 존재하지 않는다"면서 "여성들 사이의 차이를 단순히 관용하겠다는 것은 가장 역겨운 개량주의"라고 못 박는다.[8] 그는 "많은 백인 여성들이 실제 차이를 보고도 못 본 척하려고만 하는 까닭은 여성들 사이의 어떤 차이가 어느 한쪽이 열등함을 의미하는 한, 차이에 대한 인식은 백인 여성들에게 죄책감을 남길 수밖에 없기 때문"[9]이라고 덧붙인다.

〈로마〉를 만들게 한 동력으로 쿠아론 감독이 들었던 일종의 '죄책감'이 이와 다르지 않은 것이라고 생각하는 내가 〈로마〉의 '여성적/자매애적 연대'를 백인 성인 남성의 관점에서 외삽된 것으로 회의하는 또 다른 이유가 있다. '나를 사랑으로 키워준 여성들에 대한 친밀한 초상화'(알폰소 쿠아론)에서 보모-유사 모성인 클레오의 돌봄에 대한 압도적 사랑과 헌사에 비해, 서툴고 불성실하며 미성숙했던 생모-생물학적 모성에 대한 영화적 균형이 다소 허물어졌다는 느낌 때문이었다. 클레오

---

7 록산 게이, 『나쁜 페미니스트』, 노지양 역, 사이행성, 2016, 294쪽.
8 오드리 로드, 앞의 책, 196쪽.
9 같은 책, 200쪽.

에 대한 헌사를 담아낸 〈로마〉의 시선은 고용주와 피고용인이라는 사회경제적 층위의 배치는 탈초점화시키되, 헌신적 돌봄의 수행자로서의 유사 모성과 그렇지 못했던 모성이라는 일종의 착한 엄마-나쁜 엄마의 대립 구도로 보모와 생모를 배치한다.

클레오와 소피아는 누구였는가

〈로마〉를 보는 내내 나는 모든 아이들이 다 학교에 간 뒤에나 침실에서 나오던 소피아가 마음에 걸렸다. 모든 것을 의지하는 클레오를 때로는 친자매 이상으로 아끼면서도 불현듯 고용인 특유의 냉담한 태도를 드러내곤 하던 소피아는 노동으로 연명하는 일상의 생존에서도, 남편과의 관계에서도 두루두루 서툴고 불안해 보였다. 〈로마〉는 '자신을 기른 여성들에 대한 헌사'임을 표명하고 있지만 헌사의 대상인 '여성들'에서 배제된 이는 없었을까. 혹시 서툴고 성숙하지 못했던 모성은 오랜 시간이 지난 뒤, 헌신적 돌봄을 타인에게 의탁해 키웠던 아들에게 일종의 '영화적 응징'을 당한 게 아니었을까, 조심스럽게 생각하게도 된다.

생모 소피아에 대한 이러한 시선의 차가움은 클레오와 소피아에게 억압적 현실로 작동했던 모든 남성 캐릭터들에 대한 재현의 일관됨과도 연관돼 보인다. '반성하는 백인 성인 남성'의 비전 속에서 돌봄의 주체였던 여성들은 피해자이거나 약자가 되고, 커다란 차 혹은 무술로 상징되는 폭력의 가부장들은 철저한 도피와 무책임의 존재로 명료하게 배치된다. 버림받은 클레오와 소피아를 울게 했다면 그는 일말의 여지 없이 '나쁜 남자'일 것이라는 전제야말로 인간의 복합성이나 현실의 모호한 지점을 알 수 없을 어린아이의 시선을 고스란히 반영하는 것일 테다.

사진 5〉 클레오와 페페가 함께했던 옥상-빨래 장면은 엔딩에서 반복된다. 이번에는 빨래를 안고 옥상으로 올라간 클레오가 사라진 이후에도 카메라의 시선은 고정된다. 이 엔딩은 클레오의 삶을 숭고한 모성으로 환원하며 '마리아'로 호명한다.

  옥상으로 올라가는 엔딩이 문제적인 건 바로 이 대목에서이다. 빨래를 안은 클레오가 옥상으로 올라가 사라진 한참 뒤까지 카메라는 빈 하늘을 응시하지만 클레오는 나타나지 않는다(사진 5). 바닥의 더러운 오물로부터 시작된 오프닝의 수미상관으로서 이 엔딩은 일종의 '승천'의 이미지로 다가온다. 그럴 때 엔딩의 하늘은 클레오와 다른 '클레오들'의 노동의 현장이었던 앞의 옥상 장면의 하늘과 같지 않다. 그리고 클레오는 숭고한 모성의 담지자에게 부여되는 가장 숭고하고도 지고한 찬사, '마리아'로 호명된다.

  그런데, 그녀는 진정 누구였던가. 가난한 선주민으로 태어나 고용주의 가족에 헌신적 노동을 제공했으며, 몰인정한 남자 때문에 버림받고 아이도 잃어버린 연속된 불행에 노출된 여인과 '마리아'. 내게 그 거리는 아득할 만큼 멀게만 느껴진다.

    누군가를 무언가로 호명할 수 있는 것은 권력이다. 누군가를 향한 놀림을 '가벼운' 농담으로 할 수 있다는 사실 자체가 그 사람의 사회적 위치와 권력을 알려준다. 반대로 원하지 않는 기표가 자신에게 부착되는 경험은 소수자로서 사회적 위치와 무력한 상태를 확인시켜준다. 당신은 스스로 원하는 방식으로 호명되고 있는가?

김지혜[10]

〈로마〉는 고용주와 피고용인이라는 사회경제적 위상과, 백인 이주민과 혼혈 선주민이라는 인종적 위상, 고학력 여성과 배움이 부족한 여성 등의 차이를 오드리 로드의 표현대로 '관용'한다. 그 결과 얼핏 견고하고도 숭고하게 그려진 '자매애'에 대한 나의 감정은, 할머니와의 추억과, 평생 돌봄 노동에 헌신한 엄마에 대한 경의라는 두 가지 감정으로 인해 종종 분열되던 양상과 비슷해진다. 록산 게이와 오드리 로드처럼, 스스로 말하는 자가 된 여성으로서 클레오가 "나는 그렇게 생각하지 않는다" 혹은 "나는 다른 시간을 살았다"고 말하는 환청이 자꾸만 들리는 것 같기 때문이다.

---

10 김지혜, 『선량한 차별주의자』, 창비, 2019, 95~96쪽.

그 풍경이 나를 울리네, 〈위로공단〉

　나를 포함해 관객은 달랑 두 명이었다. 한 여성이 두 줄 앞, 오른쪽으로 두세 칸쯤 옆의 좌석에 앉아 있었다. 그렇게 임홍순의 〈위로공단〉(2014)을 보았다. 내가 사는 곳에는 상영 극장이 없어 부러 찾은 대전 복합터미널에 위치한 멀티플렉스 극장에서였다. 원래도 영화 보면서 울기 잘하는 사람이니 미리 각오는 했다. 역시나 중반쯤 지나면서부터 수시로 눈물이 흘렀다. 흐르는 눈물을 닦으며 이야기하는 화면 속 인물을 따라 울기도 하고, 말간 얼굴로 씩씩하게 이야기하는 화면 속 인물들을 보며 손수건으로 눈물을 찍어내기도 했다.

　내 앞에 앉은 여성은 내내 어깨가 들썩이는 게 보일 만큼 나보다 훨씬 더 격렬하게 울고 있었다. 거의 흐느낀다고 느껴질 정도였다. 혹시 영화 속 인물들과 어떤 삶의 접점이 있는 사람일지도 모를 일이었다. 그 여성 관객 덕분에 나도 덩달아 더 많이 운 것 같은 느낌이었다. 그렇게 오열 잔치 속에서 영화 관람이 끝났다. 그리고 영화 〈위로공단〉은 숱한 찬사와 지지의 수사들 속에서도 풀리지 않는 수수께끼처럼 하나의 질문으로 내게 남았다. 그 영화가, 그렇게 슬펐나? 그 여성 관객과, 그를 따라서 나 또한 더욱 많이 울게 만든 건 대체 무엇이었을까. 그 여성 관객은 대체 왜 그렇게 내내 눈물을 쏟아야 했을까.

그들의 목소리를, 듣다

이 영화에 대한 많은 평가들은 대체로 "한국 현대 여성 노동사의 기념비적 작품"[1]이라는, 간결하지만 핵심을 요약하는 진술 주변을 진동한다. 무엇보다도 가장 인상적이고 강력한 것은, "인터뷰를 하신 분들의 말과 표정들이 가장 큰 힘이 됐던 거 같아요. 어려운 현실 속에서도 묵묵히 살아오신 삶이 말과 표정으로 잘 전달된 거죠"[2]라는 임홍순 감독의 말처럼, 자신의 역사를 증언하는 여성 노동자들의 목소리가 갖는 힘이다. 종전까지 들리지 않았거나, 웅얼거리고 흩어지는 소음으로만 우리 귓결을 스쳐 갔던 목소리들이 또렷하게 형상을 드러냄으로써 비로소 한국 여성 노동자들의 삶과 역사가 복원되는 순간의 감흥은 온전히 〈위로공단〉의 미덕이었다.

하지만 〈위로공단〉에 대한 핵심적인 평가와 가치 부여는 사실의 영역에 대한 존중이라는 다큐멘터리적 미덕 밖에서 주어졌다. 베니스 비엔날레 은사자상 수상이라는 명예는 주관적 해석과 추정, 예술가적 창의에 대한 존중을 바탕으로 한 회화적 재현에 대한 지지를 반영하기 때문이다. 임홍순 감독이 밝힌 연출의 변, "봉제공장 시다로 살아온 어머

---

1 이윤종, 「여성 노동자의 목소리 - 2010년대 한국영화 속 여성 프레카리아트 재현」, 『석당논총』 69집, 동아대학교 석당학술원, 2017, 360쪽.
2 배혜정, 《[〈위로공단〉 감독 임홍순과 역사학자 유경순의 만남] "여성노동자 삶 제대로 평가받아야 노동운동사 풍성해져"》, 〈매일노동뉴스〉, http://www.labortoday.co.kr/news/articleView.html?idxno=134392.

니와, 백화점 의류 매장, 냉동식품 매장에서 판매원으로 일한 여동생의 삶에서 영감을 받았다"[3]는 말은 이 영화가 객관적 서술을 지향하거나 엄정한 해석의 산물로 만들어지는 다큐멘터리적 서사로부터 적잖이 벗어나 일종의 사적 서사의 계열에 진입하게 되는 까닭을 알려준다.

그리고 이러한 상이한 두 개 층위의 접합, 전혀 다른 목표 지점을 향하는 미학적 지향의 혼재로 인해 영화는 자칫 위태로워진다. 역사적 사실 및 현실에 대한 기록에 충실하고자 하는 다큐멘터리스트로서의 태도와, 현실/현상에 대한 주관적 해석 및 상상의 주체로서의 창작자적 태도의 충돌로 인한 불균질의 흔적을 여실히 드러내는 것이다. 〈위로공단〉에서 이러한 양상은 목소리와 이미지의 충돌로 구체화된다.

『여공 1970: 그녀들의 反역사』를 쓴 김원은 종전까지 여성 노동, 혹은 여성 노동운동사에 관한 서술들이 여성 노동자 고유의 주체성과 역동성을 은폐하거나 배제하는 남성 중심적 담론임을 비판한다. 이에 따른다면 〈위로공단〉 또한 '여성 노동자들을 보호의 대상으로 여김으로써 결국 가정으로 유폐'시키며, 누군가의 힘에 의해 '보호되어야 할' 대상으로 전제한다는 '여공 보호론'의 그늘[4]에서 벗어나지 못한다.

마치 〈살인의 추억〉에서 1980년대 형사들이 비록 부당하고 폭력적인 방식이나마 자신들이 행사할 수 있었던 남성적 권위와 자원을 바탕으로 '보호했어야 할' 여성들을 보호하지 못했다는 회한을 서사화하는 것처럼, 〈위로공단〉에서 여성 노동자인 어머니/누이의 아들이자 동생으로서 남성 창작자의 사적 시선은 취소되지도, 가려지지도 않는다. 이처럼 여성 노동자를 누군가의 어머니/딸/누이 혹은 동생으로 호명하는

---

3 이주현, "삶과 노동의 조각 모음", 〈씨네21〉, http://www.cine21.com/news/view/?mag_id=80934.

4 김원, 『여공 1970: 그녀들의 反역사』, 이매진, 2006.

300   여성, 영화에 묻다

가부장제적 지식 체계는 〈위로공단〉을 '산업화 시기 여공을 둘러싼 지배적 담론'의 범주에 머무르게 하며, 그러한 담론이 은폐하고 있는 것들 또한 내포한다는 비판을 자초한다.

'여공 보호론'의 그림자

1976년 동일방직 누드 시위, 1978년 동일방직 오물 투척 사건, 1979년 YH무역 사건, 1985년 구로동맹파업, 2005년 기륭전자 사태, 2007년 삼성반도체 백혈병 논란, 2011년 한진중공업 사태, 2014년 캄보디아 유혈 사태 등을 경유해서 현재에 이르기까지 〈위로공단〉은 한국의 여성 노동사를 연대기적으로 서술한다. 감독 자신도 언급했던 것처럼 〈위로공단〉의 다큐멘터리적 성실함과 힘은 카메라 앞에서 자신의 삶의 시간을 정리하는 인터뷰이 22명의 목소리가 갖는 강렬한 감흥에서 비롯된다. 특히 엔딩 시퀀스에서 화자의 경계가 불분명한 목소리들이 목소리로 연결되는 확산 및 공명의 장면은 연대의 가치에 대한 헌사로서 '위로'의 메시지에 부응하는 감동을 전한다.

하지만 통상적인 다큐멘터리와 다른 〈위로공단〉 고유의 결과 미학적 감흥을 만들어내는 것은 회화적 재현 영역의 다양한 형상화 작업들이다. 감독의 주관적 개입과 적극적 해석을 바탕으로 한 이미지의 적극적 삽입 및 퍼포먼스, 몽타주 등 인상적인 작업들은 실재했던 사실에 대한 충실한 기록과 수집이라는 다큐멘터리적 가치를 강화하는 상승효과를 통해 여성 노동 현실과 노동자 여성에 대한 관객의 몰입과 사유를 이끌어낸다.

이처럼 〈위로공단〉이 선택한 '역사를 소환하는 시적인 방식'[5]을 따를 때, 여성 노동자는 감독 개인의 사적 경험과 해석의 범주 내에서 포착된 '엄마이자 누이'로서의 표상으로 재현된다. 이러한 방식은 결과적으로 연약성과 수동성, 취약성이라는 여성의 은유를 수행함으로써 '여성 노동자 계급의 확신에 찬 목소리'[6]가 갖는 힘 혹은 권위와 정면으로 충돌하며 이를 훼손한다는 점에서 문제적이다. 창작자의 적극적 개입으로 제시되는 다양한 이미지들이 여성이자 노동자로서의 정체성을 서술하는 발화의 힘에 맞선 타자화의 장치로 작동하는 것이다.

〈위로공단〉에서 당대의 역사적 사건으로서 제시되는 다큐멘터리 사진들이나 인터뷰 영상과의 교차를 통해 삽입되는 이미지들은 다양한 모습의 소녀/여성들이거나, 하늘, 새 떼, 개미, 숲 등 자연의 이미지들로 구성된다. 이 중 영화에 대한 가장 압도적인 인상을 결정짓는 것은 흰 천으로 눈이나 얼굴을 가린 '보지 못하는 자'의 표상으로서의 소녀/여성 이미지들이다.

포스터에서 인상적으로 각인되거나, 르네 마그리트의 그림 〈연인〉(1928)을 연상시키는 클로즈업 숏(사진 2), 흰 천으로 눈이 가려지거나 자신의 눈을 가리는 동작(사진 1, 3) 등은 근대적 주체로서 '보는 자'의 표상과 대척점에 여성 노동자들을 위치시킨다. 이에 대해 임흥순 감독은 "시각적인 감각이 아니라 다른 감각들로 구로공단을 느끼면 어떨까 하는 생각이 있었다. 두 번째는 열악한 노동환경을 조금이나마 가려주고 싶다는 생각도 들었다. 또 얼굴을 가림으로써 노동자들에 대한 인식

---

5 이선주, 「삶과 노동의 가치를 복원하는 미적 실험: 〈위로공단〉」, 『현대영화연구』 vol. 12, no. 1, 통권 23호, 한양대학교 현대영화연구소, 2016, 170쪽.

6 루스 배러클러프, 『여공문학 - 섹슈얼리티, 폭력 그리고 재현의 문제』, 김원·노지승 옮김, 후마니타스, 2017, 21쪽.

사진 1/2/3〉 '보지 못하는 자'를 표상하는 다양한 여성 이미지들.

사진 4〉 어둠 속의 여성 노동자들-'알지 못하는 자'의 표상.

을 새롭게 할 수 있지 않을까, 라는 생각도 했다"[7]고 말한다.

하지만 이러한 숏들은 "여공은 이름이 부재한 '무명의 신체'로 담론화된다"[8]는 서술을 이미지화한다는 점에서 연출 의도와는 다른 결과를 야기한다. 또한 뒷모습, 어둠 속의 실루엣이거나 발 등 파편화된 신체의 클로즈업들은 능동성과 주도성을 결여하는 '알지 못하는 자'의 이미지를 강조한다. 여기에 더해지는 마네킹의 클로즈업이나 움직임이 제거된 정지의 포즈들 또한 여성 노동자들의 부차화, 주변화, 비주체화 및 사물화라는 상징적 함의를 강화한다. 이처럼 비활동성과 정지의 시간성을 토대로 한 일련의 퍼포먼스적 전략은 특히 비언어적 커뮤니케이션으로서 여성 노동을 형상화하는 지점에서 논란을 야기한다.

김원은 남성 노동운동사가들의 해석적 서사가 1970년대 한국의 여성 노동운동을 비정치성과 비전략성 등 주변부적인 것으로 배치했다고 비판한다. 연대의 메시지를 직접 발화하고 공유하며 행위하지 못한 채 정지의 포즈로 멈춰 선 영화 속 퍼포먼스들은 이러한 관점을 환기시킨

---

7 박지훈, 《〈위로공단〉 임흥순 감독, "육체노동자들이 감정노동까지 하고 있다"》, 〈씨네21〉, http://www.cine21.com/news/view/?mag_id=93417.

8 김원, 앞의 책, 259쪽.

다. 직관적이고 감성적, 정서적인 대응으로서 여성 노동운동을 해석하고 주류 운동사적 맥락에서 배제하는 젠더적 편향을 함의하는 것이다.

〈위로공단〉에서 풍경의 인서트 숏들은 좀 더 적극적으로 대상들에 대한 직관적 반응으로 정서적 동일시와 몰입을 유도하는 역할을 한다. 텅 빈 하늘을 날아가거나 어두워지기 시작하는 하늘을 까맣게 메우는 새 떼, 텅 빈 바닷가 등 풍경의 이미지들은 여성 노동자들의 고통스러운 삶에 대한 서술에 강력한 정서적 파장을 기입한다. 극한의 신체적 고통을 감수해야 했거나, 견디기 어려운 정서적 상처를 감내했어야만 하는 가혹하고도 엄혹한 역사의 시간을 회상하는 작업에서 인터뷰이들의 감정이 급격한 높낮이의 너울을 탈 때 이러한 양상은 더욱 강화된다.

사진 5/6〉 정서적 동일시와 몰입을 유도함으로써 과도한 감상성과 비역사성을 기입하는 인서트 숏들.

촉촉이 물기가 어려 있는 그들의 증언에 수시로 개입되는 인서트 숏과 교차편집의 이미지들은 쓸쓸함과 황량함, 서글픔과 먹먹함, 혹은 절망의 상념을 강조한다. 이로써 눈물 흘리는 신체 반응에는 과도한 감상성과 비역사성이 기입된다. 비록 패배와 좌절의 너울을 힘겹게 헤쳐 나왔을지라도, 자신들의 선택과 삶의 역사를 떳떳하게 생각하고 당당하게 밝히는 목소리의 발화가 갖는 능동성과 주체성의 역동과 맞서며 이를 결정적으로 훼손함으로써 '희생적인 누이'의 표상 구축에 기여하는 것이다.

〈위로공단〉에서 이러한 측면이 가장 결정적이자 문제적으로 드러나는 것은 몽타주를 활용한 인터뷰 장면들이다. 열악한 공장 환경으로 인해 폐결핵에 걸렸던 '언니들'을 회상하는 김영미(구로공단 효성물산, 1983

사진 7/8〉 '언니들'이 견뎌냈던 모순적 현실의 고통은 '짓이겨진 열매', '떨어진 꽃잎'으로 형상화된다.

년 입사, 1985년 구속, 해고)의 인터뷰는 가장 전형적이고 진부한 '여성=꽃'의 가부장제적 은유를 바탕으로 구성된다. 무책임한 회사의 외면으로 길거리로 내쫓겼다가 결국 성매매 산업에 몸 담그게 된 이들의 고통은 '바람에 떨어지는 벚꽃 잎'의 허무함, 폐결핵의 고통을 즉자적으로 형상화하는 바닥에 짓이겨진 버찌 등의 이미지로 대체되고 환원된다(사진 7, 8). "술집으로 간 예쁜 언니들"이란 말에 이어지는 바닥에 떨어진 ('예쁜') 벚꽃과, 어둠 속 바람에 흩날리는 벚꽃 잎의 이미지 등은 특히 문제적이다. '떨어진/꺾인 꽃'이 갖는 여성 주체성의 부정 및 박탈의 상징이 농후하며, 쓸쓸한 정조를 부여하는 피아노 선율과 함께 제시되는 '(바닥에) 떨어지는' 꽃잎의 이미지는 윤락淪落의 뜻 그대로 '타락'의 함의를 노골화하기 때문이다.

한진중공업 노조 김진숙(1981년 입사, 1986년 해고)의 고통스러운 투쟁을 서술하는 인터뷰 장면에 쓰인 몽타주 또한 여성 노동자의 주체화라는 맥락에 역행한다. 세르게이 예이젠시테인이 〈파업〉(1925)에서 선보인 견인 몽타주를 인용한 듯한 이 인터뷰에서 붉은색 조명 아래 난도질당하는 동물 사체들의 육체성, 물질성은 견디기 어려웠던 체포 및 수형 생활의 참담함과 죽음에 이르는 공포의 소회를 강화한다.

하지만 "사방이 빨간 방"이라는 서술—붉은색 도축장의 이미지, "죽는다"는 말—공중에 매달린 빨간 고깃덩어리(사진 9), "살점이 묻어난다"는 말—살점이 묻은 신발 신은 작업자의 모습(사진 10)과 쌓여 있는 도축된 고기들의 모습(사진 11) 등 발화된 메시지와 일대일로 대응하는 즉자적인 이미지 번역은 지극히 일차적이며 환원적일 뿐이다. 이러한 재현 전략은 김진숙의 인터뷰를 통해 관객에게 전달하고자 했던 것이 인간으로서 감당하기 어려운 육체적, 정신적 공포의 깊이를 대리 체험케 하는 일종의 스펙터클 효과였을 뿐인가를 묻게 한다. 고통의 수렁에

사진 9/10/11〉 죽음의 공포를 즉자적인 이미지들로 번역하는 몽타주 커트들의 스펙터클 효과.

사진 12〉 '자매애적 연대'의 이미지조차 '보지 못함'과 '알 수 없음'의 수동성, 취약성을 표상한다.

서 '살아 나와' 노동운동가로 현재진행형의 역사를 쓰고 있는 인물-인터뷰이의 삶이 갖는 역동성과 능동적 주체성에 초점이 맞춰졌어야 한다는 아쉬움을 갖게 하는 것이다.

영화의 제목이기도 한 '위로'의 메시지 발화와 관련해서도 논쟁의 지점이 존재한다. 이윤종은 논문에서 〈위로공단〉이 택하고 있는 '여러 개 병렬구조들이 겹겹이 쌓인 중층의 평행구조'를 바탕으로 '위로'의 가능성을 여성들의 연대를 통해 찾을 수 있다고 평가한다.[9] 두 명의 소녀 혹은 여성 노동자들이 함께하는 장면, 엔딩에서 업고 업히는 관계로 제시되는 노년 여성들의 이미지는 이러한 평가의 근거가 될 것이다. 가혹한 노동 환경과 엄혹한 정치적 억압 속에서도 끊이지 않았던 연대의 시간을 복원하고 그 기억을 형상화함으로써 궁극적인 위로의 메시지가 발송된다는 맥락에서이다.

하지만 앞서 연약함과 수동성, 희생양적 지위로서의 이미지를 통해 각인된 '홀로 주체일 수 없는' 여성 노동자들의 주체화 작업은 이러한

---

9 이윤종, 앞의 논문, 375쪽.

연대의 이미지들이 갖는 에너지를 적잖이 훼손한다. 무엇보다도 '자매애'의 근거로 제시될 만한 일련의 이미지들 또한 앞서 지적한 '보지 못함'과 '알 수 없음'의 비주체성, '행위하지 못함'의 수동성, 취약성 등의 함의를 바탕으로 하기 때문이다.

실제로 동일방직 노조의 가열한 투쟁의 순간을 담은 기록사진(사진 13)은 생존을 위협하는 극렬한 억압 속에서도 서로를 버티게 했던 힘의 원천으로서 자매애의 소재를 적확하게 지시한다. 하지만 〈위로공단〉에서 자매애를 인상적으로 형상화하는 정지 및 부동不動의 이미지들은 한 치 앞을 알 수 없는 짙은 어둠과 볼 수 없음에서 오는 무력감의 정조에 압도된다(사진 14). 정교한 영상미로 형상화한 자매애적 이미지들마저 여성 노동자 홀로 살아갈 수 없는 힘든 현실 속에서 주체가 될 수 없는 '여성의 한계'를 은유하는 것이다.

내가 보고 싶었던 영화

1970년대 대부분 반독재 투쟁 조직들이 모두 비합법적인 지하 운동 조직이었던 상황에서, 오직 여공들만이 고용주와 이들을 지원했던 정부와 중앙정보부 그리고 한국노총에 공공연하게 맞섰다. 그들의 선도적인 투쟁을 통해, 다른 민주 노조 운동과 학생운동, 저항운동들은 힘을 얻었다.

1980년대 민주주의를 향한 대중적 봉기의 도화선이 된 것은 유신의 억압 속에서 민주적 노동조합 운동을 주도한 섬유나 의류 분야의 여성 노동자였다./ 루스 배러클러프[10]

---

10 루스 배러클러프, 앞의 책, 212쪽.

김원과 루스 배러클러프 등 한국 여성 노동의 의미를 새롭게 탐구하는 연구자들은 젠더의 관점에서 기존 노동운동 및 노동운동사적 담론의 문제점을 비판한다. 여성 노동자들이 처했던 현실과 이를 타개하려는 운동적 양상들이 갖는 중층적이거나 모순적인 지점을 들여다보기보다 여성들의 역할을 낭만화하거나 희생자로 만드는 태도를 노동운동 내부 기록자들이 공유하고 있었다는 것이다.[11] 김원은 대부분 노동사 서술에서 정치적 계급의식의 소유자는 그 주체가 남성이든 여성이든 '남성적인 경험' 혹은 '무성화된 경험'으로 통일된 주체로 표상되거나 여성 노동자들의 전투적인 투쟁 역시 중성화된 주체로 묘사됐으며, 내러티브의 구성도 남성적 표상에 의해 독점돼왔다고 지적한다.[12]

여성 노동자들에 대한 〈위로공단〉의 영화적 재현은 종전까지 주류 노동사와 재현 매체에서 견지됐던 남성 중심적 서술 및 표상의 맥락에서 자유롭지 못한 채 '고통에 대한 낭만화'의 혐의를 자초한다. 굵직한 역사적 격동의 시기를 살아낸 노동하는 여성에 대한 존중과 헌사는 사적 경험에 토대를 둔, 진정성 넘치는 '어머니-누이에 대한 러브 레터'로 수렴된다.[13] 이에 따라 가족 관계/사적 영역으로부터 벗어나 자본-노동 관계/공적 영역 속에서 배치되고 온당하게 해석되지 못하는 여성 노동자들은 여전히 '한국의 구체적인 물질적 역사 공간에서 투쟁하고 일하고 느끼며 삶을 산 여성들과는 무관한 추상'[14]으로 남는다.

한편으로는 주류 남성 노동운동사 및 노동운동 담론이 취해왔던 여

---

11 김승경, 루스 배러클러프, 앞의 책, 213쪽에서 재인용.

12 김원, 앞의 책, 424쪽.

13 김정선, "'시다'로 산 어머니…희생한 여성노동자에 헌사 '위로공단'", 〈연합뉴스〉, https://www.yna.co.kr/view/AKR20150509045800005.

14 김영옥, 『이미지 페미니즘 - 젠더정치학으로 읽는 시각예술』, 미디어일다, 2018, 328쪽.

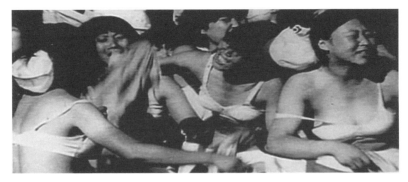

사진 13/14〉 생존을 위협하는 극렬한 억압 속에서도 서로를 버티게 했던 자매애적 연대의 현실은 정지와 부동을 형상화하는 무력감의 이미지로 환원된다.

성에 대한 배제/배척의 관점에 서 있는 동시에, 다른 한편으로는 그러한 비가시의 영역으로서 여성의 노동운동사를 복원하는 대안적 역사 서술의 자격을 얻는다는 점에서 〈위로공단〉은 명백한 모순을 품고 있다. "여성 노동자들이 투쟁으로 일궈온 노동운동의 역사보다 개인적인 힘겨움이 도드라져 보이는 것"에 일부에서 보내는 "불편한 시선"[15]이나 "남성 시선에 의해 '박제화된 여성성'",[16] "그 '미적 성취'가 오히려 역동적인 여성 노동운동의 역사를 박제해버렸"[17]다는 등의 비판적 관점이

---

15 배혜정, 앞의 글.

16 cyrus, "이런 식으로 영화를 만들면 안 돼!", https://blog.aladin.co.kr/haesung/popup/10018038.

17 손희정, "〈위로공단〉은 왜 '위험한 길'을 가지 못했을까?", 『가톨릭대학보』, http://www.

제기되는 이유이다.

또한 "여성 노동자들의 수난을 훑어내리는 데 급급", "여성노동자들의 투쟁 의식이 눈물에 의해 희석" 등 〈위로공단〉에 대해 여성 관객들이 드러내는 불편한 반응들은 여공들이 수행했던 모순적인 역할을 정치精緻하고도 복합적으로 탐구하기보다 여성들의 역할을 낭만화하거나 그들을 희생자로 만드는 데 집중하는 등 그들에게 동정적인 태도를 보였던 노동운동 내부 기록자들이 공유하고 있던 가치관 및 지식 체계로부터 영화가 벗어나지 못했음을 방증한다. 또한 여성 노동운동의 역사적 의미화를 역행한다는 점에서 '여공의 고통에 관한 미학적 집착을 보여주는 문학에서의 감상적 묘사'라는 한계를 고스란히 답습한다는 아쉬움도 남는다.[18]

그 눈물의 의미

공무원 아버지와 전업 주부 어머니의 딸이었던 내 삶의 영역에서 '여성 노동자'는 부재하거나 흐릿한 어떤 것이었다. 주변의 동료나 선후배들이 노동 현장에 '투신'하는 선택을 지켜보던 대학 생활을 마치고 스스로 '여성 노동자'가 되기 전까지 그러했다. 사실 김원의 지적대로 그때까지, 어쩌면 〈위로공단〉을 보기 전까지도 내게 노동자/노동 현실이란 남성의 얼굴로 대표되며, 남성적 담론을 바탕으로 한 서사 및 남성

---

cukjournal.com/news/articleView.html?idxno=1837.

18 루스 배러클러프, 앞의 책, 16쪽. 루스 배러클러프는 희생양 등으로 재현되었던 여성 노동자에 대한 감상주의적인 정치적 해석은 1920~1930년대, 그리고 1970~1980년대 내내 노동운동 내에서 여성 노동자들의 역할을 중요하면서도 부차적인 존재로 의미화했다고 덧붙인다.

적 표상의 영역이었다. 그래서 화면을 가득 채운 여성 노동자들의 얼굴을 보고, 생생한 목소리를 듣는 내내 말로 설명하기 어려운 감정의 일렁임이 계속됐다. 인터뷰이들의 연배는 나보다 상당히 혹은 조금 많거나, 대학 생활을 했다면 동기거나 가까운 선후배가 됨직했다.

거기 내 나이와 비슷한 출생 연도나 나이가 숫자로 나타날 때마다 일렁이던 복잡한 심사를 무어라 설명하기 어렵다. 나보다 몇 년 앞서 살았던 여자 선배들이 똥물을 맞고 맨몸으로 경찰 곤봉 앞으로 내달렸을 때 나는—비록 최루탄 냄새 가득하기는 했지만—캠퍼스 생활을 하던 학생이었다. 그리고 후배 여성들이 힘든 노동 환경 속에서 생존의 요구와 인간다운 삶을 외칠 때, 그 목소리를 듣지 못한, 혹은 들으려 하지 않았던, 책 속의 글로만 그들의 존재를 안다고 생각했던 직장인이었다.

그런 만큼, 혹독한 시대적 억압에 맞서 몸이 깨져가며 스스로의 존엄을 쟁취했던 그들의 역사에 대한 발화는 내게 웅장하고 숭고한 서사로 다가오는 것이었다. 누군가에게 '영웅'이란 호칭이 주어져야 한다면 자신의 삶의 존엄을 사수하기 위해 온몸을 던져 싸웠던 그들을 외면할 수는 없다. 한국 현대사의 비어 있는 페이지를 당당히 차지할 만하며, 남성 중심의 노동운동사를 능히 새롭게 교정할 만한 역사 서술이자 영웅 서사의 자격은 충분했고, 합당했다.

하지만 그들의 말에 귀 기울이는 동안 조금씩 흐르다가 급기야 그치지 않고 흘러내리는 눈물을 닦으며 점차 당혹스러운 마음이 들기 시작했다. 나는 대체 왜 울고 있는가. 고통으로 자신의 역사를 서술하는 그들의 목소리가 갖는 당당함과 주체성을 잠식해가는 풍경의 쓸쓸함과 이미지의 감성적 작용 앞에서 혹시 나는 그들의 고통을 연민하고, 그들의 눈에서 흐르는 눈물을 그저 취약성과 피해자/희생양의 것으로 접수하고 있는 것이 아닌가, 회의가 짙게 드는 순간이었다.

'난 이러려고 이 영화를 보러 오지 않았다', 용수철이 튀어 오르듯 마음 한쪽에서 '동의하지 않음'의 목소리가 들려왔다. 내게 그들은, 혹은 〈위로공단〉에서 발화되는 그들의 목소리는 결코 눈물 없이 볼 수 없는, '안타까운 누이'의 슬픈 이야기가 아니었어야 했다. 현실의 고난 앞에서 당당히 맞선 스스로의 삶의 주인으로, 능동적인 행위자로 그들의 삶은 영웅 서사의 웅장함으로 서술되는 것이 마땅했다. 그 서사 앞에서 충분한 만큼의 존중을 보낼 준비가 돼 있었다. 혹은 굳이 영웅이 아니어도 좋았지만, 최소한 '이제는 돌아와 거울 앞에 선 슬픈 누이'의 얼굴이어서는 안 되는 것이었다.

그래서 내가 흘리는 눈물이 불편했다. 그리고 여전히 궁금하다. 대체 내 앞자리의 여성은 무엇 때문에 그리도 서글프게 울었을까. 이 영화를 보며 울었다던 관람객들의 눈물의 성분은 과연 온당하게, 균형 있게 배분된 것이었을까. 그렇게 '연대의 목소리'의 발화와 '타자화된 이미지'의 충돌 지점에 위태롭게 선 〈위로공단〉의 '위로'의 진심은 결국 접수 불가의 통고를 받는다. 그렇다면 〈위로공단〉의 진정한 가치는 "기억하기로서의 역사 쓰기에서 '대필/대변'하는 사람의 위치는 어디인가를 새롭게 질문"하고 '이미 기록된 역사'들의 수집과 배치의 적합성'[19]을 깊게 사유하게 만드는 교훈의 텍스트라는 점에서 비로소 찾을 수 있을 것이다.

---

[19] 김영옥, 앞의 책, 275쪽.

〈스토커〉는 왜 〈인디아〉가 아닌가?[1]

18세 생일에 아버지의 장례식을 치르는 슬픈 운명의 소녀 인디아(미아 와시코브스카)는 엄마 이블린(니콜 키드먼)과 나란히 앉은 장례식장에서 자신의 이름을 부르는 소리를 듣는다. "인디아!" 남이 듣지 못하는 소리를 듣는 인디아의 유난히 민감한 청각에 포착된 그 소리는 형체를 분간하기 어려운 검은 실루엣의 한 남자, 찰리(매튜 구드)로부터 나온다. 자신을 부르는 그 낯선 소리에 고개를 돌리는 인디아의 '응답'으로 〈스토커〉는 시작된다.

예민한 지각과 창백한 낯빛의 소유자였던 18세 인디아의 충격적 성장을 담은 박찬욱 감독의 할리우드 진출작 〈스토커〉(2013)는 '아이는 어떻게 어른이 되는가'의 고전적 질문을 '부름과 돌아봄'의 서사로 풀어간다. 그리고 잔인한 킬러이자 냉혹한 사냥꾼, 제도적 질서를 교란하는 파괴자로서의 인디아가 내러티브를 이끌어가는 욕망의 주체로서 여성

---

1 이 글은 필자의 「영화 〈스토커〉의 성장서사 연구」, 『씨네포럼』 제20호, 동국대학교 영상미디어센터, 2015의 문제의식을 확장·보완한 것이다.

청소년이므로, 영화는 필연적으로 '인디아는 어떻게 소녀에서 여자가 되었나' 혹은 그리하여 '그 여자는 누구인가'의 질문을 품는다. "어디까지나 소녀의 성장에 초점이 있"으며 "정신적으로 취약하거나 아픈 소녀가 세상과 맞서는 이야기"[2]라는 감독의 연출 변은 명백한 여성주의적 지향을 조심스레 단속하고 있으나, 성장 서사이자 여성 서사로서 〈스토커〉를 주목하는 건 불가피하겠다. 〈친절한 금자씨〉(2003), 〈박쥐〉(2009)를 잇는 '박찬욱 여성 3부작'[3]으로 묶인다는 점에서 더욱 그렇다.

소녀에서 사냥꾼으로

어른/사냥꾼으로 존재를 이전하는 과정에서 겪게 되는 '십대 소녀의 감각적 충격을 영화적으로 복원하는 효과적이면서도 인상적인 답'[4]으로 제출된 〈스토커〉에서 문제의 장례식 장면은 '호명'(interpellation)의 미장센'이라 이름 붙일 수 있을 것이다. 자신을 부르는 '피의 목소리'에 인디아는 시선을 돌려 반응/응답한다. 이는 '우리를 정체화하는 데 있어, 개인의 군중으로부터 우리를 개인적으로 손짓해 부름'[5]과 함께, 불온한 가문의 피를 타고 났음을 알리는 '부름'에 '뒤돌아봄'을 통해 사냥꾼-괴물로 (다시) 태어남을 이미지화한다는 점에서 알튀세르의 호명을 적절하게 형상화한다.

---

2 김혜리의 박찬욱 인터뷰, "한편 더 찍어 소녀 3부작 만들겠다", 『씨네21』, http://www.cine21.com/news/view/?mag_id=72673.

3 〈싸이보그지만 괜찮아〉(2006)와 〈아가씨〉(2016)를 잇는 '소녀 3부작'으로 불리기도 한다.

4 신형철, 「호르몬그래피-〈스토커〉를 떠받치는 근본 은유를 찾아서」, 『정확한 사랑의 실험』, 마음산책, 2014, 285쪽.

5 테리 이글튼, 『이데올로기 개론』, 여홍상 역, 한신문화사, 1994, 194쪽.

사진 1/2〉 자신을 부르는 소리에 고개 돌려 응답하는 인디아. 〈스토커〉를 요약하는 '호명-응답'의 미장센.

　알튀세르는 사회가 이데올로기를 통해서 개인들을 '호칭'하거나 '소
환'하며, 독특하게 유용한 존재로서 개인을 선택하고 그 이름을 불러
서 말을 건다고 정리한다.[6] 〈스토커〉 도입부에 배치된 '호명의 미장센'
은 "거기 계시는 분!"의 부름을 받은 사람이 대답하며 돌아설 때 그/녀
는 질문을 당한 것이 되며, 이러한 행위에 의해 주체로 만들어진다는
알튀세르의 정의를 효과적으로 요약함으로써 영화의 핵심 주제를 함
의한다.

---

6 L. Althusser, *Lenin and Philosophy*, N.Y.: Monthly Review Press, 1971, 171쪽. 존 스토리,
　『문화연구와 문화이론』, 박모 옮김, 현실문화연구, 1999, 170쪽에서 재인용.

〈스토커〉가 스릴러의 장르적 외양을 취하면서도 정작 장르의 관습 충족에 주력하지 않는 이유, 특히 '누가 범인인가?'(whodunit)의 질문에는 관심이 없어 보이는 이유도 이로써 설명될 수 있다. 일반적인 스릴러 영화는 치명적 위협이나 악행의 발생적 기원이 관객이나 극중 인물들에게 인지되는 것을 적절히 유예하는 전략을 통해 영화적 긴장감을 쌓는다. 하지만 정작 〈스토커〉는 반대여서, 적당한 때 적절하게 노출되는 것에 집중한다. 그리고 이는 '부름'의 효과를 설득시킨다. 이 과정에서 정교하게 구축된 미장센은 궁극적으로 찰리와 인디아가 차별화된 주파수를 갖는 하나의 종류임을, 유사한 본능을 지닌 동일 계열임을 납득시킨다.

찰리와 인디아의 머리와 눈동자 색깔, 노란색의 상징, 새의 날갯짓 등은 둘을 거울상像으로 인지시키며 이들에게 깊이 새겨진 '근원적이고 잔혹한 본능이라는 운명적 결속력'[7]을 확정적으로 제시한다. 사운드 또한 효과적으로 기능하는데, 인디아에게 소외감과 우월감을 주는 탁월한 청각은 영화에서 찰리와 인디아를 호명의 메커니즘으로 연결하기 위한 매개로 활용된다. 영화 전반을 통해 사운드는 마치 퍼렇게 날 선 칼처럼 내내 진동함으로써 인디아의 예민하고 날카로운 감각을 관객에게 전이시키는 데 성공한다.

여기에 아빠 리처드에 의해 사전에 차단됐지만 끝내 인디아의 손에 들어가 읽히는 찰리의 많은 편지들도 인디아를 부르는 호명 행위를 담아낸다. 스토커stalker처럼 끈질기게 인디아를 뒤따르며 관찰하는 찰리의 응시하는 시선 또한 호명의 행위를 갈음한다. 찰리의 등장과 함께 나타

---

7 김경애, 「〈스토커〉에 나타난 미장센 요소들의 특성」, 『현대영화연구』 Vol. 19, 한양대학교 현대영화연구소, 2014, 304쪽.

나며, 인디아가 자신의 성적 욕망을 승인할 때 치마 속으로 들어가는 거미는 호명의 전령사로서 찰리를 대리하는 상징이다.

이와 함께 인디아의 정체성, 곧 주체로서 그녀가 속할 '자리'를 직접적으로 지시하는 것은 인디아에게 몰래 전화번호를 건넨 진 고모(재키 위버)가 모텔에서 보는 독수리 사냥에 관한 텔레비전 다큐멘터리이다. "먹이가 귀할 땐 형제간 경쟁이 치열해진다. 독수리는 자신의 새끼를 위해서 사냥감을 완벽히 낚아챌 수 있을 때까지 몇 시간이고 기다린다" 며 스토커 가의 동물적 본성을 환기하고 강조하는 다큐 속 내레이션은 리처드와 찰리, 인디아 등 피로 연결된 스토커 가문의 사람들을 '독수리/사냥꾼/포식자'의 위치에 배치시킨다. 그리고 교차되는 지하실 장면에서 아이스크림을 혓바닥으로 핥아 먹는 인디아의 클로즈업은 이러한 배치를 공고하게 한다.

이처럼 플롯 전반에 걸쳐 치밀하게 작동되는 '호명'의 결과, 인디아는 자신을 부르는 목소리에 180도 몸을 돌려 돌아봄으로써 응답한다. 인디아는 지하실 냉장고에서 죽은 맥게릭 부인(필리스 소머빌)의 시체를 발견하고도 침묵하고, 숲속에서 찰리가 윕(올던 에런라이크)을 살해하고 처리할 때도 적극적으로 가담한다. 찰리의 정체를 알아차렸을 때도 보안관실에 전화를 걸었다가 곧 끊어버린 인디아는 아버지의 죽음에 대한 진실을 발견하고도 찰리와의 뉴욕행을 공모한다. 그 과정에서 진 고모가 준 번호를 찾아 전화를 걸기는 했지만 이미 너무 늦어버린 뒤였으며, 직접 찾아온 보안관에게는 천연덕스럽게 거짓말을 한다. 자신을 냉철한 사냥꾼 혹은 괴물로 호명하는 모든 것에 대한 이러한 응답으로 인디아는 어른이 된다.

그 가위를 클로즈업한 이유

유사 아버지이기도 했던 멘토 찰리를 처치한 인디아가 집을 떠나는 엔딩은 논란의 보안관 살해 장면으로 구성된다. 당초 뉴욕으로 떠난 인디아의 단독자적 모습으로 엔딩을 계획했으나 여러 현실적 사정으로 촬영이 취소되면서 대체됐다는 이 장면 덕분에 〈스토커〉는 오프닝과 엔딩의 수미상관 형식을 갖춘다. 이로써 참혹한 피의 출사표로 종료되는 〈스토커〉의 성장 서사는 보안관 살해라는 결정적 지점을 통과하며 '집/정주/소녀'의 지점에서 '외부/유랑/성인 여성'으로의 전환을 완료한다.

하지만 엔딩의 선택은 "도대체 왜 보안관이 죽어야 했는가?", "보안관의 죽음이 무엇을 말하는가?"의 질문에 설득력 있는 설명을 찾기 어렵게 만든다. "이유 없는 살인을 그저 '소녀의 성장' 혹은 '자아의 실현'으로 치부해버리는 윤리학"[8]에 대한 부정적 반응 등은 추가적 시퀀스가 만들어내는 모호함을 주목한다. 보안관의 죽음은 단지 인디아로 하여금 다시 집으로 돌아오지 못하도록 하는 필요 때문이었을까.

이 점에서 길게 뻗은 도로에서 펼쳐진 참혹한 살인 장면은 그 앞에서 제시된 장면과의 연장선상에서 다시 복기돼야 한다. 엔딩 시퀀스는 인디아가 차고에서 아빠의 차를 타고 떠나는 장면으로 시작된다. 이때 언뜻 보아 중요하지 않은 것 같은 인서트 숏이 하나 끼어든다. 떠날 준비를 하는 인디아를 롱숏으로 보여주던 화면이 무엇인가를 주목하는 인디아를 앙각仰角으로 클로즈업한 뒤 그 시선의 대상이 되는 조수석의 가위를 클로즈업하는 것이다(사진 3). 다소 뜬금없어 보이는 이 가위의

---

8 황진미, "엄마-삼촌 사랑 보며 무엇을 느낄까", 『시사저널』, http://www.sisajournal.com/news/articleView.html?idxno=136846.

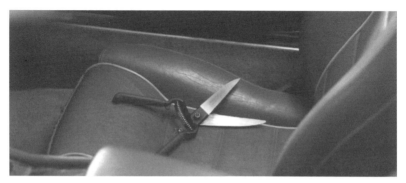

사진 3〉 인디아가 차고에서 아빠의 차를 타고 떠나는 장면에서 인서트되는 가위의 클로즈업. 이 가위가 놓여 있는 이유를 주목해야 한다.

클로즈업은 그러나 의미심장한 것이어서, 인디아의 성장이 갖는 함의를 추출하는 핵심적 모티브가 된다.

앞서 편지 봉투들에 똑같이 찍힌 주소를 통해 찰리의 거짓을 비로소 깨닫게 된 인디아는 바로 보안관실에 전화를 건다. 하지만 창문으로 가까이 다가온 웃음 띤 찰리를 보며 연결된 전화를 끊었었다(사진 4). 이 순간은 호명에 대한 응답과 불응의 갈림길로서, 인디아 개인과 영화 플롯에서 결정적인 전환이 이루어진다. 그때 찰리의 손에서 햇빛을 받아 반짝이며 철컹철컹 소리를 냈던 것이 바로 엔딩 장면에서 클로즈업된 그 가위이다.

그렇다면 이 가위가 왜 다시 등장하고, 클로즈업돼야 했을까. 엔딩에서 이 가위가 보안관의 목에 깊숙하게 박히는 장면은 이 질문에 대한 답으로 제출된다. 문제의 그 가위는 곧 찰리 자신이자 찰리를 대리하는 것이며, '찰리의 꿈'(인디아에게 보낸 찰리의 편지에는 "네가 자라 내 이름을 계승하는 꿈을 꾸며"라는 문구가 있었음을 기억하자)의 상징이자, 실현을 위한 도구였다. 이에 따르면 딸이자 아들로서 자유로운 어른이 됐음을 선포하는 의례로 선택한 보안관 살해는 인디아의 피의 성장이 가부장제의

사진 4/5〉 멘토이자 유사 아버지인 찰리의 '꿈'이 보안관의 목에 박힌다. 이로써 가부장의 호명에 대한 인디아의 응답이 이루어진다.

부름에 응답하는 행위임을 상징화한다.

　인디아는 아버지의 가르침-총을 들고, 아버지를 대체했던 유사 아버지 찰리의 선물인 하이힐을 신은 채, 찰리가 지정한 가위로 보안관의 목을 찌르며 '찰리의 꿈'을 실현한다. 전날 밤, 윕의 살인을 반복하는 동일한 포즈를 취하며, 일종의 최종 승급심사처럼 이블린의 처형을 요구했던 찰리는 자신을 향하는 인디아의 총구 앞에서 보일 듯 말 듯한 미소를 지었다. 자신이 신겨준 인디아의 하이힐을 확인하고 죽음 직전에 지었던 그의 미소에는 청출어람에 대한 스승의 확신 어린 만족과 함께, 자신의 명령을 충실하게 이행할 자랑스러운 '딸'에 대한 '가부장'의 승인이 미리 담겼던 셈이다.

엄마의 딸-되기가 배제되는 이유

한 개체가 기성 사회 일원으로 통합·편입되는 사회화 과정을 형상화하는 성장 서사들은 입사에 순조로이 성공하는 주체, 즉 가부장적 질서로 통합되는 주체로 남성을 상정한다. 이처럼 '남성이 사회 성원으로서 자격을 획득해가는 도정'[9]을 가리키는 것으로 성장이 성별화될 때, 여성의 통과의례를 다루는 성장 서사들은 대체로 여성이 주인공이되 주체일 수 없는 한계를 갖는다. 가부장적 사회로 편입되어 남성에게 종속된 구조를 체험하게 됨으로써 불가피하게 그 존재의 속성을 잃어버리게 된다는 점에서, 여성의 성장은 근본적으로 성취될 수 없는 반성장으로 귀결되거나, '남성 영웅의 탄생과 성장에 종속된 여인상'[10]이라는 여성 성장 신화의 원형으로부터 자유롭지 못한 것이다.

그렇다면 누구에게도 의지하지 않고 홀연히 장도에 오르는 인디아의 성장담은 이러한 젠더적 한계를 불식시키는 영화적 상상력의 측면에서 긍정적으로 평가될 수 있을 것인가. 앙각 속에서 거대한 형상으로 재현되는 여성 사냥꾼-괴물 인디아의 이미지는 압도적이다. 자신의 본성을 자각케 하고 본성이 명하는 탈출을 도와주는 멘토였던 찰리를 죽이고 독립을 쟁취하는 인디아의 성장은 '성장의 주체/남성 대 보조재/여성'을 전복시키며 '성장의 주체/여성 대 보조재/남성'의 도식을 새로

---

9 장일구, 「여성 성장 신화의 서사적 변주: 최근 여성 성장 소설에 대한 비판적 재고」, 『한국언어문학』 제52집, 한국언어문학회, 2004, 4~6쪽.

10 김승희, 「웅녀 '신화' 다시 읽기」, 김경수 편, 『페미니즘 문학비평』, 프레스21, 2000 참고.

쓰는 데 성공한다. 특히 인디아의 섹슈얼리티 자각 및 실천이 응징되거나 처단되지 않고 성장의 지표로서 수용되는 내러티브 또한 그 자체로 가부장 이데올로기에 대한 저항 담론화의 가능성을 환기한다.

인디아는 자신의 성인식을 이끌었던 주관자로서, 호명의 주체이기도 했던 찰리를 총으로 쏘아죽이고 자신의 성인식을 스스로 마무리한다. 멘토의 부름을 받은 멘티가 자신의 몫으로 지시된 사냥감(엄마)을 외면하고 멘토에게 총구를 겨눈 것과, 보안관 살해에 대한 하나의 해석은 이를 남성적 폭력성에 대한 응징으로 읽는 것일 테다. 어머니에 대한 살해를 거부하고 '아버지의 법' 집행자를 처단하는 행위를 가부장제적 이데올로기의 호명에 대한 불응과 저항의 제스처로 해석하는 것이다. 그러나 〈스토커〉를 탈가부장제적 기획으로 승인할 수도 있는 이러한 해석은 표면적 서술에 유용할 뿐 '찰리의 꿈의 실현'이라는 인디아 성장의 함의를 포착하지 못한다.

여성 성장 서사로서 인디아의 성장 각본이 갖는 결정적 결핍이자 가부장제적 기획으로서의 속성은 여성이 주인공인데도 전반적으로 작동하는 여성 부재/배제 전략으로 더욱 강화된다. 엄마인 이블린의 서사가 거의 부재함으로써 세계적 톱스타 캐스팅으로 화제를 모았던 니콜 키드먼의 존재감이 거의 맥거핀에 가까울 만큼 취약했던 것은 이러한 맥락에서 비로소 설명된다. 샤워를 마친 인디아가 이블린 방에서 엄마의 머리를 빗겨주는 장면은 영화에서 거의 유일한 모녀간 육체적 접촉이 이루어지는 장면으로 관계의 심화를 기대하게 한다. 하지만 반짝이는 이블린의 금발이 아버지와 함께했던 사냥터의 무성한 풀로 이어지는 정교한 편집으로 '(머리를 빗겨주는) 어머니에서 (사냥터의) 아버지로 넘어'감으로써 영화의 부계 중심성을 확정하게 된다.

엄마와 딸이 구축하는 여성적 연대는 차치하더라도 내러티브에서

사진 6〉 엄마와 딸은 남자를 매개로 한 경쟁 구도에 배치된다.

공백으로 방치되다시피 한 이블린과 인디아의 모녀 관계가 아버지/리처드(더모트 멀로니)나 유사 아버지인 삼촌/찰리라는 남성을 공동의 목표로 한 적대적 경쟁 관계로만 배치되는 것도 문제이다. 인디아의 18세 생일 선물로 준비했던 빨간색 하이힐을 찰리가 인디아에게 신겨주는 장면은 일종의 대관식처럼 진행된다. 인디아의 새들 슈즈를 벗기고 하이힐을 신겨주는 이 성인식 직후 보안관이 찾아오지만, 인디아는 웝의 죽음에 관한 진실을 숨긴다. 이로써 '호명'에 불응할 마지막 기회를 거부한 인디아와 찰리의 피의 결속은 공고하게 된다. 바로 그때 이블린은 빨간색 하이힐을 신은 인디아를 보게 된다. 계단에 선 인디아와 찰리를 내려다보는 이블린은 적대와 배척의 시선을 교류한다(사진 6). 다음 장면에서 이블린은 찰리의 은밀한 접근의 목표가 자신이 아님을 최종적으로 깨닫고 분노에 찬 표정으로 남편 리처드가 소중하게 아꼈던 동물 박제를 불태운다.

　침대에 늘어져 있거나 잠든 모습으로 등장함으로써 시종일관 무기력함을 드러냈던 이블린이 처음으로 격렬한 감정의 분출을 드러내는 이 장면은 인디아를 장악해가는 스토커 가의 부계성에 대한 막판 취소

사진 7〉 딸이 집을 떠나는 마지막 순간까지 의식이 몽롱한 엄마.

혹은 전복 가능성을 제기한다. 여성/엄마의 강력한 도전이나 이를 바탕으로 한 여성적 연대의 가능성을 기대하게 만들며 비상한 긴장감을 고조시키는 것이다. 하지만 이블린이 정체성의 충돌과 동요만을 맥없이 드러낸 채 무기력하게 죽음의 막다른 골목으로 몰리는 전개를 통해 이러한 기대는 무산된다. 그러니 찰리를 죽인 뒤 인디아가 그냥 떠난 것은 굳이 죽일 필요조차 없을 만큼 이블린이 '아무것도 아닌 것'이어서였을지도 모른다.

엄마/여성 이블린을 살려두고 떠나는 인디아의 선택은 여성적 연대의 측면보다는 여성과 여성적 가치에 대한 불인정, 철저한 배제의 반영이라고 읽는 게 합리적일 것이다. 이블린과 찰리가 공동의 과녁으로 총을 든 인디아의 시선에 포착되는 장면과, 찰리의 죽음 이후 마지막으로 엄마를 바라볼 때 인디아의 시선에는 분명 명백한 경멸과 단호한 질책의 의미가 담겨 있다. 그런 이블린은 딸 인디아가 집을 떠날 때도 채 잠에서 깨지 못한 몽롱한 모습으로 누워 있다(사진 7).

가부장제와 딸의 성장

그이는 보호하고 먹여 살리는 것으로 만족하지 않는다. 그는 판단을 내리고 여성은 어떠해야 한다는 자신의 생각을 강요한다. 그는 바로 자신의 딸을 여자로 만들어 나가는 아버지이며, 자기 여자를 자신의 이해와 환상대로 만들고자 하는 남편과 애인이다. 더 포괄적으로 말하면 그는 여성의 전유를 정당화하기 위해 대대로 '여성'이라는 개념—그는 이것을 영원한 것으로 만든다—을 만들어내는 창조자이다./ 엠마뉴엘 레이노[11]

내러티브를 이끌어가는 욕망의 주체거나 발화 및 행위의 능력을 보유한 다른 여성 인물이 배제되는 재현 전략으로 인해 인디아의 정체성 구축에 대한 젠더적 개입과 교정의 가능성은 사라진다. 이런 점에서 〈스토커〉는 성장 서사의 성별화 맥락을 일부 교정함에도 불구하고 여전히 타자로서 여성을 재현하는 가부장제적 기획의 한계를 벗어나지 못한다. 서양 철학사는 세계를 이끌어온 '이성 활동'이자 이성을 통해 존재를 규정하는 질서부여 행위인 일련의 명명 행위의 주체로 남성을 정의한다. '그리고 남자가 살아 있는 것들을 무엇이라 부르든 간에 그것은 그 이후로 그들의 이름이 되었다'는 「창세기」에 따르면 주체로서의 자각과 각성을 요체로 하는 성장은 곧 아담/남성이 이름을 부르는 순간, 대상/여성이 존재의 참된 질서를 지닌 참된 대상으로 자리 잡게 되는 과정으로 정리된다.

이처럼 '명명하는 남/자'와 '명명당하는 여/자'라는 이항대립의 젠더 도식은 찰리와 인디아를 관통하는 호명의 메커니즘을 통해서 관철된

---

11 엠마뉴엘 레이노, 『강요된 침묵 - 억압과 폭력의 남성 지배문화』, 김희정 옮김, 책갈피, 2002.

다. 인디아는 사냥꾼의 본성과 잔인한 광기의 스토커 가문의 피의 부름을 행한 유사 아버지 찰리의 호명에 응답하며, 이 과정에서 가부장제와의 갈등 및 투쟁은 비가시화된다. 결국 '(유사) 아빠가 미리 보내놓은 편지를 이제 어른이 되어서 받'는 인디아는 '상징계의 규범을 거부한 자유로운 고아'가 아닌 '아버지의 딸'로서 성장을 완료하는 것이다.

어머니인 메티스의 자궁이 아니라 메티스를 삼킨 제우스의 머리에서 나온 여신 아테나의 탄생 신화는 '모계적 가치 규범에서 가부장적 가치 규범으로의 전환'을 상징하는 것으로 해석된다. 인디아의 성장 서사는 가부장 문화가 여신들을 주변으로 몰아내거나 남성적 가치로 흡수하고 딸을 자기편으로 끌어들이며 공고화되는 이러한 신화적 토대[12] 위에서 쓰인다. 이러한 점에서 인디아는 아테나를 대리하며, 아테나를 좇아 "어떤 어머니도 나를 낳지 않았"으므로 "사물 속에 있는 아버지의 권리와 남성의 우월함에… 내 마음으로부터의 충성을 바친다"고 선언한다.[13]

그래서 이 빼어나게 매혹적이며 강렬한 18세 소녀의 성장 영화는 어른이 되는 한 소녀의 이름, 처음으로 불림의 대상이 되었던 바로 그 이름인 '인디아'가 아니라 아버지 가계의 DNA를 일컫는 〈스토커〉를 제목으로 갖는다. 그리고 이 지점에서 우리는 요아킴 트리에가 관찰한 또 다른 18세 소녀의 성장 이야기 〈텔마〉(2017)를 만나야 한다. 그런 후에야 비로소 〈스토커〉에 대한 정리를 마칠 수 있을 것이다.

---

12 조이한, 『당신이 아름답지 않다는 거짓말 – 페미니즘이 발견한 그림 속 진실』, 한겨레출판, 2019, 164쪽.
13 아이스킬로스의 3부작 비극 〈오레스테이아〉의 마지막 장인 '복수의 세 여신' 중 아테나의 말. 거다 러너, 앞의 책, 359쪽에서 재인용.

집 떠나는 딸들

딸들이 자신의 삶의 주인이 되기 위해서는 정신적으로든 실질적으로든 가부장제를 상징하는 아버지(의 세계)와 결별해야만 한다.…… 딸들은 자살을 시도하거나 가출을 하는 등 아버지(의 세계)와 전면적인 대결도 불사하면서 주체적인 인간이 되어간다. / 황지영[14]

노르웨이 영화 〈델마〉의 엔딩도 〈스토커〉와 흡사해서, 18세의 델마 (에일리 하보)는 아버지의 집을 떠난다. 아빠의 벨트, 엄마의 블라우스, 삼촌이 선물한 구두를 신은 인디아는 아빠의 차를 타고 떠났다. 델마 또한 더없이 가볍지만 비장한 발걸음으로 집 밖으로 나선다. 그들이 떠나온 아버지의 집에 더 이상 아버지들은 살지 않는다. 아버지거나 유사 아버지는 딸에 의해 죽임을 당했고, 집에는 무기력한 엄마만 남았다. 그렇게 인디아와 델마의 성장은 아버지의 세계를 넘어서기 위해, 능동적으로 자신의 삶을 찾는 '가문-밖-딸'들의 분투의 결과[15]라는 유사성을 갖는다. 그렇다면 얼핏 쌍둥이처럼 보이기도 하는 두 영화의 제목의 차이를 질문하지 않을 수 없다. 인디아의 이야기는 〈인디아〉가 아닌 〈스토커〉인데, 어떻게 델마의 이야기는 〈델마〉가 되는가.

인적 없이 고요한 숲속. 어린 딸과 사냥을 나온 아버지 트론드(헨릭 라파엘센) 앞에 사슴 한 마리가 나타난다. 침묵 속에 총을 드는 트론드. 그러나 총구는 저 앞에 선 사슴이 아니라 그의 옆에서 숨죽인 채 앞만 보고 있는 어린 딸 델마를 향한다(사진 8). '딸을 죽이려는 아버지'. 〈델

---

14 황지영, 「실패한 가족 로망스와 고아들의 공동체」, 『한국고전연구』 제45권, 한국고전연구학회, 2019, 113~114쪽.

15 같은 글, 114쪽.

사진 8〉 충격적인 오프닝은 델마의 확정된 운명을 알려준다. 델마가 아버지의 딸로 남기를 선택한다면, 그녀는 결코 살아남지 못할 것이다.

마〉의 오프닝이 제시하는 이 충격적인 이미지는 델마의 운명을 확정적으로 지시한다. 델마가 아버지의 집에서, 아버지의 딸로 살기를 택한다면 그녀는 결국 죽게 될 것임을.

다행히, 그때 총구는 당겨지지 않았고 이제 18세가 된 델마는 집을 떠나 오슬로의 대학에 다닌다. 하지만 자신의 일거수일투족을 감시하듯 완벽히 체크하고 통제하는 아버지의 명령에 델마는 별 내색 없이 순응한다. 그게 문제인지조차 인지하지 못한다. 집을 떠나 대학 캠퍼스와 기숙사에 있어도 델마는 여전히 자신을 겨누는 총구를 알지 못한 채 눈앞의 사슴만 바라보는 어린아이인 것이다.

그러나 더 이상 아버지의 명령에 순종적인 딸일 수만은 없는 시간이 다가온다. 도서관에서 우연히 옆에 앉은 아냐(카야 윌킨스)와 눈길이 살짝 얽혔다고 느낀 순간 델마의 온몸에 경련이 일고 델마는 도서관 바닥에 쓰러진다. 그 순간부터 영화는 자신의 몸이 말하는 미스터리의 답을 찾으려는 델마의 탐색 과정으로 진행된다. 그리고 마침내 오랜 시간 어둠 속에 묻혀 있던 진실을 알게 됐을 때, 피할 수 없는 선택의 기로에 선다.

델마는 자신의 생각대로 사물이나 사람을 이동시키거나 변화를 가

할 수 있는 비상한 능력을 가진 아이로 태어났다. 그리고 자신의 놀라운 능력을 채 인지하지 못했던 어린 델마로 인해 델마의 가족은 슬픈 사건을 감당해야 했다. 하지만 비극적 사건은 좀 더 역사적인 것이어서, 델마의 몸에 흐르는 비상한 능력은 죽은 것으로 알고 있었으나 살아 있는 외할머니로 이어진 모계적 유산으로 설명된다. 이로써 델마의 각성을 통한 성장의 플롯은 사적 서사의 범주를 넘어 좀 더 구조적인 맥락으로 이동하며 '가부장 체제 내에서 여성의 성장'에 대한 의미심장한 알레고리가 된다.

딸의 초능력을 두려워했던 의사 아버지는 이성과 과학의 이름으로 딸의 인식 지평을 검열하고 종교적 메시지를 강압적으로 주입함으로써 비극의 확산을 제어하고자 했다. 그러나 각성되고 능동적으로 발현되는 딸의 섹슈얼리티가 아버지의 통제를 무효화시키는 지점에서 아버지와 딸의 대치는 피할 수 없는 운명이 된다. 자신의 권능과 가부장제의 범주를 넘어서는 딸의 초능력, 여성에 대한 사랑, 그리고 여성 자신의 모습으로 생존하려는 욕망 모두는 아버지-가부장에게 위험한 것으로 금지돼왔으며, 반드시 배제되어야만 하는 것이다.

이러한 점에서 델마의 초능력과, 이에 대한 아버지의 두려움 및 억압적 대응은 영화가 주요 모티브로 언급하는 마녀사냥이라는 역사적 연원과 맞닿는다. 여성 고유의 정서와 욕망, 능력 등이 남성 중심적 지식 체계로 포획되지 않는 가부장제 바깥의 잉여로서 오랫동안 배척되고 억압돼왔던 것처럼, 생존과 성장을 위한 델마의 소망은 가부장제적 억압과 절멸의 시도 앞에 놓이게 되는 것이다. '아버지의 이름으로' 작동되는 모든 명령을 모조리 취소시킬 수 있는 델마의 초능력과 아나를 향한 사랑은 아버지로서 절대 승인할 수 없는 것이었기에, 오래전 숲속에서 총구를 겨누었을 때처럼 트론드는 델마를 영원히 잠재울 주사를 준비한다.

사진 9〉 과학과 종교의 이름으로 딸의 욕망을 억압하던 아버지는 화염에 휩싸인다. '아버지의 법'도 사라진다.

〈스토커〉와 〈델마〉에서 상징적 질서와 호명에 대해 반응하는 주체들의 차이는 자명하며, 이에 따른 '떠남/성장/주체화'의 젠더적 함의 또한 명백하게 드러난다. "제정신 잃지 않도록 조심만 하면 돼." 아버지의 이름으로 제시된 길에서 델마가 벗어나지 않도록 하기 위해 트론드는 델마의 죄를 사하게 강요하고, 약을 먹여 초능력의 발현을 억제하려 한다. "아빠는 그만둬야 해요", 딸의 경고를 무시하는 그는 "그냥 나 그대로 사는 건 어째서 불가능한 거죠?"라는 질문을 묵살한다. 그리고 "날 그냥 보내주면 안 돼요, 아빠?"라는 간절한 소망이자 마지막 통고에도 방문을 걸어 잠그는 것으로 답함으로써 결국 새벽의 호수에서 화염에 휩싸인다(사진 9). 그 이후에야 비로소 '그냥 나 그대로 사는 것'이 가능해진 델마는 캠퍼스로 돌아가 아냐와 행복하게 손을 맞잡는다.

델마의 외할머니는 아버지에 의해 살아도 살아 있지 않은 식물인간의 삶을 겨우 연명했다. 자신의 능력을 부인하고 아냐와의 사랑을 포기하는, 그런 죽음보다 못한 삶을 거부하며 델마는 가부장의 부름에 저항한다. 반면 〈스토커〉에서 인디아는 자신을 피의 사냥꾼으로 호출하는 목소리에 응답함으로써 '스토커 가문의 인디아'가 된다.

사진 10/11〉 어떤 딸은 '아버지의 이름으로' 집을 떠나고, 어떤 딸은 '나 그대로의 모습으로' 길을 나선다.

이처럼 '부르는 남/자-가부장'과 '불림을 당하는 여/자-딸'의 젠더 도식은 두 소녀의 '출가'가 갖는 유사한 외양에 각기 다른 의미를 부여한다. '아버지의 딸'을 부르는 소리에 응답할 것인가의 질문에 두 영화는 각각 다른 답을 제출하는 것이다. 이데올로기를 통해 위치 지워진 주체의 자리, 위치 혹은 정해진 틀을 누군가는 자신의 것으로 받아들이고, 누군가는 거부한다. 부계적 호명에 응답하는 인디아와 달리, '현대판 마녀'인 델마는 가부장 체제의 바깥으로 당당히 나아가, 연인의 손을 잡는다.

다시, 엄마와 딸 이야기

마지막으로, 다시 한 번 이야기돼야 하는 것은 엄마와 딸에 관한 것이다. 〈스토커〉에서 인디아의 엄마 이블린은 맥거핀과도 같은 인물로, 딸의 성장 플롯에서 이렇다 할 역할을 하지 못한다. 딸과의 연적 관계에서 맥없이 패배하며, 궁극적으로 새롭게 구축된 딸의 세계 외부로 축출되는 무기력한 인물로 그려진다. 이는 가부장 체제에서 엄마/아내인 여성들의 수동성과 비주체성을 함의하는 것으로 받아들여지며, 이 과정에서 딸과 엄마의 여성 연대 가능성은 아예 배제된다. 〈델마〉의 플롯 또한 유사하게 출발한다. 어린 딸이 가진 초능력으로 초래된 끔찍한 비극 앞에서 엄마 우니(엘렌 도리트 페테르센)는 자신을 단죄하는 것으로 모든 고통을 끝내기 위해 자살을 시도했지만 실패한다. 그 후 휠체어를 이용해 거동하는 엄마는 딸 델마를 통제하려는 남편의 기획에 협조해 왔으며, 끝내 델마에게 죽음의 약을 주사하려는 남편의 행동을 적극 제지하지 않는다.

이 때문에 우니는 남편 트론드가 사라진 걸 알았을 때 곧장 불길한 예감에 휩싸인다. 그리고 그 예감에 맞게 자물쇠 달린 방에 감금됐던 델마가 눈앞에 나타나자, 두려움에 움찔 놀라 델마의 손길을 피하려고 한다. 하지만 아버지를 영원히 사라지게 했던 델마의 손길이 엄마의 무릎과 얼굴에 닿자, 엄마는 휠체어를 박차고 일어나 걷게 된다. 마치 못 걷던 자를 걷게 했던 예수의 기적과도 같은 이 장면은 엄마와 딸의 여성 연대에 관한 희망의 비전으로 접수된다는 점에서 〈스토커〉와 결정적으로 차별화된다.

딸들의 엄마를 바라보는 〈스토커〉와 〈델마〉의 차이는 '가부장적 권력승계 라인 안에 서 있지도 않고 가부장적 질서의 핵심 가까이에 있지도 않은 아내'¹⁶라는 여성의 지위에 대한 각기 다른 태도를 보여준다. '나날이 세세한 실천을 반복함으로써 아버지의 이름을 구체적 현실로 만들어내는 어머니',¹⁷ '남편의 말을 복화술사처럼 대리하는 존재에 지나지 않는 어머니이자 아내라는 여성'¹⁸을 〈스토커〉는 싸늘하게 외면하지만, 〈델마〉는 딸-여성의 이름으로 '죄의 대리인으로서 엄마'의 죄를 사해주고 축복한다.

"델마! 델마!" 델마는 간절하게 자신의 이름을 부르는 엄마의 목소리를 외면한 채 아버지의 집을 떠난다. 인디아가 떠나는 순간까지도 몽롱한 상태로 침대에 누워 있던 이블린은 딸 인디아와 다시 만나 화해하는 기쁨을 영영 누릴 수 없을지도 모른다. 하지만 더 이상 아버지의 집이 아닌 그곳에 엄마가 살아 있는 한 델마는 언젠가 건강하게 살아가는 엄마를 만나러 올 것 같다. 그래서 〈델마〉는 〈델마〉인데, 〈스토커〉는 〈인디아〉가 아니다.

---

16 김영희, 「'남성'의 불안과 우울을 대리하는 '여성의 죄'」, 연세대학교 젠더연구소 편, 『그런 남자는 없다 - 혐오사회에서 한국 남성성 질문하기』, 오월의봄, 2017, 44쪽.

17 김영옥, 『이미지 페미니즘 - 젠더정치학으로 읽는 시각예술』, 미디어일다, 2018, 226쪽.

18 김영희, 앞의 글, 45쪽.

아버지의 '귀가', 〈바닷마을 다이어리〉

    고레에다 히로카즈의 〈걸어도 걸어도〉(2008)에서 키키 키린(1943~
2018)이 분한 엄마 토시코는 내게 가장 강렬하고도 인상적인 모성의 이
미지로 각인된 바 있다. 고레에다 히로카즈의 페르소나로서 이 영화 속
엄마 토시코는 박제된 신화거나 판타지로 휘발되고 마는 모성성과 단
호히 결별하면서 생생하게 살아 있는 그 자체로서 엄마의 얼굴을 입체
적으로 그려낸다. 토시코는 너른 바다처럼 한없이 관대한가 하면 어떤
악한보다 비열하고 의뭉스럽다. 시련의 시간을 혼자 견디느라 마음속
깊이 벼리고 살았던 칼날은 누군가의 삶에 치명적 상처를 줄 만큼 날카
롭다. 두렵고도 친근한 존재로서의 모성을 이토록 입체적이고 현실적
으로 형상화한 키키 키린의 얼굴만으로도 〈걸어도 걸어도〉는 고레에다
히로카즈 최고작으로 꼽힐 자격이 있는 작품이었다.

    그리고 또 한 명의 엄마가 있다. 〈아무도 모른다〉(2004)에서 아버지
가 다른 네 명의 아이를 낳아 기르다가 홀연히 제 살길을 찾아감으로써
결과적으로 한 명의 아이를 저세상으로 떠나보내고 세 아이로 하여금
길바닥을 떠돌게 했던 엄마 유키코(유)였다. 배신한 남편에 대한 분노

와, 자식 잃은 어미의 한을 인자한 웃음 속에 벼리면서 평생을 칼날처럼 버텨온 토시코와는 비교도 안 될 만큼 그녀의 모성 방기는 무책임하고 비윤리적이었다. 하지만 그럼에도 〈아무도 모른다〉는 비난과 질책과 응징을 삼간 채 그녀 삶의 주변을 조용히 지켜보는 길을 택한다. 덕분에 아무런 준비 없이 너무도 성급하게 엄마의 자리에 도착했던 한 취약한 개인으로 하여금 끝내 그 자리로부터 도망치도록 만든 두려움의 근원으로서 모성을 생각하게 돕는다. 돌봄과 헌신의 주체로서 모성 찬양이 넘쳐나는 영화세상에서 고레에다 히로카즈의 엄마 이야기들은 그래서 귀하고 소중하다. 그리고 여자들만이 주인공인, 그의 영화로서는 희귀한 이야기 〈바닷마을 다이어리〉(2015)가 도착했다.

"언니밖에 없어도 아무 문제 없어"

〈바닷마을 다이어리〉의 초반 진행은 빠르다. 〈걸어도 걸어도〉에서 출중한 완성도를 과시했던 연출자의 호흡과 다르게 느껴질 만큼 성급하다 싶은 진행이 눈에 띈다. 작은 바닷가 마을 가마쿠라에 살고 있는 사치(아야세 하루카), 요시노(나가사와 마사미), 치카(가호) 세 자매는 15년 전 자신들을 버리고 떠났던 아버지의 부음을 듣고 장례식에 참석한다. 그리고 아버지의 세 번째 아내였던 의붓어머니와 남겨진 이복동생 스즈(히로세 스즈)를 처음 만난다. 그렇게 처음 얼굴을 보게 된 날, 네 자매는 함께 살기로 결정한다.

기차가 출발하기 전 느닷없이 맏이 사치가 제안하고, 다소 주저하던 이복동생 스즈가 고개를 끄덕인 뒤 세 자매의 집에 이사 오기까지 영화 속에서 걸린 시간은 약 18분 남짓. 2시간 7분의 러닝타임을 감안하면 성급하다는 느낌이 드는 건 자연스럽다. 사랑하는 사람을 잃고 남겨진 돌봄의 과제 앞에서 오랜 시간 고민한 끝에 신중하게 결정을 내리는 다른 영화들, 예를 들면 아릴드 안드레센의 노르웨이 영화 〈나는 아들을 사랑하지 않는다〉(2016)처럼 영화 끝나기 직전에야 겨우 결말이 드러나는 구조와는 정반대이다.

영화 도입부에서 동거의 결정과 실행이 일찌감치 이루어진 뒤 〈바닷마을 다이어리〉는 '어떻게 가족이 되는가'의 주제에 집중한다. 스즈가 이사 온 뒤 영화의 러닝타임은 사계절이 한 번 지나는 시간 동안 네 자매가 겪게 될 일상의 소소한 경험과 작은 에피소드들에 고루 배분된다. 한 발짝 한 발짝 걸음을 내딛듯, 조금씩 마음을 나누고 더욱 단단하게 관계를 맺어가는 모습을 지켜보는 것이다.

그러니 발군의 축구 실력을 갖고 있는 스즈가 지역 청소년팀 옥토퍼스에 들어가기 위한 지원서를 쓰려고 친구인 후타(마에다 오시로)에게 묻는 말, "난 언니밖에 없는데 괜찮아?"는 〈바닷마을 다이어리〉를 이끌고 가는 핵심적 질문을 대리한다. 그리고 후타의 경쾌한 답변, "아무 문제 없어"는 영화의 메시지를 대신한다. 그렇게 세 자매와 새로 합류한 이복동생은 '아무 문제 없이' 살아간다. 잘 먹고 잘 자고 잘 지내면서 건강하게, 평화롭게.

15년 전 아버지가 다른 여자에게로 떠나고, 14년 전 엄마마저 집을 나가버린 후 외할머니 손에서 자란 세 자매와, 새롭게 가족으로 합류할 막내 스즈는 장례식이 끝나고 기차역으로 가는 장면에서 처음으로 하나의 숏에 담긴다. 이 장면에서 뒤에서 부르는 소리에 등을 돌려 카메라 앞에 선 세 자매와 등을 보이고 마주 선 스즈는 살짝 일그러진 원형 대형을 이룬다(사진 1).

스즈가 아버지의 서랍에서 찾았다는 세 자매의 어린 시절 사진을 함

사진 1/2/3〉 '뒤늦게 도착한 아버지의 편지'가 네 자매를 하나로 모은다. 영화 초반, 아버지와 자주 왔었다며 스즈가 데려간 곳에서 네 자매는 처음으로 같은 곳을 바라본다. 그리고 영화의 끝, 가마쿠 라에서 사치가 아버지와 자주 올라왔다는 곳에서 맏이와 막내는 아버지의 딸로 시선을 공유한다. 그 렇게 자매들은 '아버지의 딸'이 된다.

께 보기 위해 세 자매가 머리를 맞대는 이 장면에서 스즈를 포함한 네 자매가 함께할 영화의 미래는 선명하게 지시된다. 그리고 네 자매는 아버지가 제일 좋아했고 스즈와 함께 자주 찾았다는 산마루를 찾아 나란히 선다(사진 2). '바다만 있다면 딱 가마쿠라를 닮았을' 야마가타의 풍경을 내려다보던 자매들은 아버지의 마지막을 지켰던 스즈의 공을 치하하며 토닥인다. 이 두 개의 숏으로 네 자매의 동거라는 플롯의 진행과, 화합과 연대라는 영화적 주제는 효율적으로 미장센화된다. 죽은 아버지의 유품은 다른 시간과 공간을 살아왔던 세 자매와 스즈를 하나의 숏에 담도록 하고, 죽은 아버지와 나누었던 추억은 같은 곳을 나란히 바라볼 수 있게 만든다.

15년 전 집을 떠남으로써 실질적으로 사치네 집에서 부재했고, 연기로 사라짐으로써 더 이상 돌아올 수 없는 아버지는 늦게나마 빛바랜 사진으로 딸들에게 못다 한 말을 걸고, 스즈와 함께 가마쿠라의 집으로 돌아간다. 일찌감치 네 자매의 동거를 기정사실화한 영화가 이후 러닝타임 내내 주력하는 건 아버지에 관해 각자가 가졌던 파편화된 기억들을 짜 맞추고, 스즈의 기억을 매개로 거대한 공백으로 남았던 15년의 시간을 복구하는 과정이다. 아버지의 부재가 남긴 고통은 용서되고 사랑과 추억으로 매만진 아버지의 초상화가 완성된다. 그렇게 아버지는 집으로 돌아온다.

15년 만의 귀가

자매들 중 유일하게 아버지를 기억하는 사치에 따르면 "좋은 사람"이었으나 "친구 보증 섰다가 빚더미에 앉고 동정심으로 금세 사랑에 빠지는 한심"한 사람이었던 아버지는 영화가 끝날 때 "비록 원망스럽지만 다정한 사람"이 된다. 네 자매가 함께하는 시간 속에서 아버지는 살아생전 못 했던 일들, 잘못했던 일들을 하나씩 용서받고 가부장의 자리로 돌아가는 명분을 축적한다. 세 번째 아내 요코(유코 나카무라)가 그의 첫 번째 아내인 사치의 엄마를 닮은 것도, 가마쿠라를 닮은 곳을 새 삶의 터전으로 삼은 것도 고향과 가족에 대한 아버지의 그리움 때문으로 이해된다.

가마쿠라 특산물인 잔 멸치로 만든 덮밥의 기억을 통해 스즈는 세 자매와 같은 추억을 공유하고, 아버지의 취미가 낚시였음을 알려줘 아버지에 대한 이렇다 할 기억이 없는 셋째 치카와 아버지를 잇는 든든한 공감의 연을 만든다. "내가 번 돈 내 맘대로 쓰겠다"며 번번이 남자들에게 돈만 떼이는 둘째 요시노의 심란한 연애사를 이해하는 과정을 거치는 동안 자매들은 자신들의 어린 시절을 우울하게 만들었던 아버지의 연애사 또한 관대하게 돌아볼 여유를 갖게 된다.

앞서 거론한 〈나는 아들을 사랑하지 않는다〉에서 키에틸(크리스토퍼 요너)은 사랑하는 아내 카밀라(엘렌 도리트 페테르센)가 교통사고로 떠난 뒤, 아내의 소원으로 입양했던 콜롬비아 출신 입양아 다니엘(크리스토페르 베치)과의 동거를 원점에서부터 다시 생각한다. 〈바닷마을 다이어리〉에서 "역시 피는 못 속여", "아버지를 많이 닮았구나"와 같은 주변 사람들의 부추김은 새로운 동거를 실행하는 데 일종의 명분을 제공하지만, 키에틸에게는 그마저도 없다. 피부색부터 다르고, 부자간의 애착 관계를 형성할 만한 시간도, 기회도 없었던 키에틸에게는 채 아버지의 자리에 도착하기도 전 떠안게 된 돌봄의 의무가 너무나 막중해서 두렵기만 하다.

준비가 돼 있지 않다고 생각하는 그는 아버지는 누구이며, 아버지가 되기 위해서 무엇이 필요한가, 어떻게 아버지가 되는 것일까를 고민하고 탐색하기 위해 다니엘과 콜롬비아로 떠난다. 〈바닷마을 다이어리〉에서도 아버지는 누구인가라는 질문은 공통으로 제기되지만, 어떻게 아버지를 받아들일 것인가, 아버지를 받아들이기 위해 무엇을 할 것인가라는 딸의 질문으로 바뀐다. 가마쿠라의 집에서 스즈가 함께 살게 되는 것은 듬성듬성 자리가 비어 있는 아버지의 초상화를 완성할 퍼즐 조각들을 스즈가 쥐고 있기 때문이며, 그토록 서둘러 결정을 내린 것은 남은 시간 동안 아버지 자리로의 귀환을 승인할 작업을 차근차근 진행해야 하기 때문이다.

'아버지의 이름으로' 새롭게 구성한 네 자매의 가족 이야기는 당초 이 책 2부에 실린 김태용의 〈가족의 탄생〉과 묶어 쓸 계획이었다가 막판에 변경됐다. 그만큼 두 영화는 공통점이 많다. 가족을 규정하던 고정된 범주들이 거의 해체된 한국과 일본의 현실을 실감 나게 반영하는 영화라는 점에서, 그 해체 이후의 가족에 대한 상상이 주로 돌봄의 가치를 구현하는 모성성에 대한 탐구와 결합된다는 점에서 그러하다.

두 영화 속에서 여자들은 가부장제가 남긴 유산의 뒤치다꺼리에 골몰하는데, 죽거나 집을 나감으로써 비어 있는 가부장의 자리를 어떻게 처리하는가의 점에서는 분명하게 차이를 보인다. 〈가족의 탄생〉은 있거나 없거나 별 상관 없다는 투의 호쾌함으로 여자들끼리 꾸려가는 돌봄 공동체를 상상하고, 〈바닷마을 다이어리〉는 부재하지만 여전히 현존하는 가부장제의 호명에 보다 성실히, 적극적으로 답하는 선택을 한다.

"누구 탓도 아니야. 당신 탓이야!"

불륜으로 가정을 꾸린 부모에게서 태어난 막내 스즈는 "나의 존재만으로도 상처받는 사람이 있다"며 스스로를 벌하는, 너무 일찍 어른이 된 아이였다. 안타깝게도 부당한 죄책감으로 어린 시절을 빼앗겨버린 그런 스즈에게서 맏이인 사치는 자신의 모습을 발견한다. 그래서 자꾸 "미안하다" 말하는 스즈에게, 과거의 스스로를 다독이듯 말한다. "너와는 아무 상관 없어. 누구도 어찌할 수 없는 일이었어. 누구의 탓도 아냐." 스즈가 자신들의 가정을 깨트린 여자의 딸이라는 사실은 상관하지 않겠다는 사치는 아픈 아내와 자신 사이에서 오랫동안 이중생활을 하다 결국 미국으로 떠나겠다는 의사 카즈야(츠츠미 신이치)의 사과에도 별다른 감정 동요 없이 "누구 탓도 아니"라고 답한다.

누군가의 잘못으로 남겨진 이들이 고통받는 이야기를 다루는 고레에다 히로카즈의 영화들은 대체로 그래왔다. 귀책사유를 낱낱이 밝히고 그에 따른 응분의 대가를 집행하는 것보다는 남겨진 이들이 어떻게 마음을 추스르고 하루 세끼 밥을 꼬박꼬박 챙겨 먹으며 그래도 살아가는가, 지켜보기를 택한다. 그 덕분에 〈아무도 모른다〉의 비극은 방기放棄의 모성에 대한 매서운 단죄에 머물지 않고 사회적 의제로서 환기될 수 있었다. 하지만 〈바닷마을 다이어리〉에서 누군가는 매섭게 잘못을 추궁당하고 질타당한다. 세상 모든 이들에게 관대하며 누구에게도 남탓을 하지 않는 사치가 유일하게 차갑고 엄격한 낯빛으로 잘못을 규명하고 질책하는 건 가부장의 아내로서 본분을 다하지 않은 여성들, 바로자신의 엄마 미야코(오타케 시노부)와 스즈의 의붓엄마 요코이다.

처음 아버지의 장례식에서 요코를 만난 사치는 어린 스즈에게 조문객 인사를 시키려는 요코를 단호하게 만류한다. "어른들이 할 일입니다." 이 장면에서 스즈와 요코 간에는 아연 팽팽한 긴장이 조성된다. 장례식이 끝나고 기차역으로 가는 길에 사치는 요코가 아버지의 병간호에 성실하지 않았을 것이라고 말하며 "혼자서 간병을 다 한 것처럼 군다"고 뒷담화를 한다. 그리고 뒤따라온 스즈에게 자신의 짐작이 옳았음을 기어코 확인한 뒤 아버지 병간호에 대한 감사를 스즈에게 표한다.

둘째인 요시노 말처럼 간호사의 매서운 눈썰미 덕분에 간파해낸 진실이었다지만, 이러한 방식으로 인물의 내면을 드러내는 건 특히 고레에다 히로카즈 영화에서는 의외여서 당혹스럽다. 인물에 대한 제한된 정보만 제시된 초반부에서 사치가 요코를 대상으로 드러내는 노골적인 적대심은 돌발적인 감정 분출로 다가오기도 하고, 이후 내러티브 전반에 걸쳐 구축되는 사치의 성격화 측면에서도 다소 의외의 지점이 되는 것이다.

하지만 처음 본 아버지의 새 아내에 대한 다소 납득하기 어려운 사치의 적대는 자신의 생모 미야코에 대한 더욱 냉담하고 적대적 태도를 통해 일관된 성격으로 설명된다. 사치는 세상 모든 잘못에는 관대해도 엄마들의 잘못만큼은 관용하지 않는다. 생모에 대한 그의 적대감은 스즈와 함께 사는 문제를 엄마와 상의했느냐고 이모할머니(키키 키린)가 물었을 때 "아뇨, 그럴 필요가 뭐 있어요?"라고 차갑게 답하는 장면에서 처음 드러난다.

치카와의 대화에서도 스즈를 데리고 온 일에 대해 "'그 사람' 생각이 중요하지 않"다고 말하는데, '그 사람'이란 표현은 삿포로에서 14년째 살고 있는 엄마의 자리가 사치 마음속에서 거의 완전히 지워졌음을 보여준다. 누구에게도 거칠거나 무례한 언사를 던지지 않는 사치는 할머니 추도식에 늦는 엄마를 기다리며 "그 사람 하는 일이 늘 그렇지. 뭘 잊어버렸네 어쩌네 하겠지"라며 노골적으로 빈정대는 것으로 임박한 엄마와의 해후를 준비한다.

그리고 추도식장에서 오랜만에 이루어진 모녀 상봉은 아슬아슬하게 넘어갔지만, 함께 집으로 온 미야코가 가마쿠라 집의 처분 문제를 언급하자 사치는 대뜸 날카롭게 반응한다. "뭘 안다고 그래요? 엄마가 이 집 문제 거론할 자격 없어요. 정원 관리 한 번도 해본 적 없으면서. 집 버리고 나간 사람이 뭘 알아요?", "엄마는 늘 남 탓만 하죠!" 사치의 격렬한 감정 격발은 고레에다 하로카즈 영화 속에서 키키 키린이 주로 담당했던 독설가의 면모와도 분명 다르게 다가온다.

에두를 것 없이 날카로운 칼날을 바로 상대의 심장에 꽂아버리는 것 같은 인물의 이러한 깊은 분노를 이전 그의 영화에서 보았던 기억이 없다. 〈바닷마을 다이어리〉를 〈아무도 모른다〉의 네 남매가 자라난 이야기라고 보는 일부의 시선을 돌려 말한다면, 사치는 〈아무도 모른다〉에서 아이들을 방기하고 모성의 의무를 저버렸던 철없는 엄마 유에게 하지 못했던 큰아들 아키라(야기라 유야)의 분노와 응징을 뒤늦게 대리하는 것처럼 느껴지기까지 한다.

그레타 거윅의 〈레이디 버드〉(2018)가 인상적으로 보여준 것처럼, 엄마와 딸의 일상이 크고 작은 충돌로 채워지는 현실은 많은 영화들에 흥미로운 장면을 제공한다. 하지만 〈바닷마을 다이어리〉에서 모성에 대한 이러한 질책은 고레에다 히로카즈의 영화에서 분명 희귀한 것이다. 특히 영화 속에서 사치가 갖는 상징적 위치를 감안할 때 이러한 의외성은 모성성의 담지자로서 여성에 대한 불균형한 시선을 숨기지 않는다.

아버지에 대해 이렇다 할 기억이 없는 요시노, 치카와 달리 15년 전즈음 가족의 불화와 해체를 분명히 목격했고 어제 일처럼 생생히 기억하는 사치는 가마쿠라의 집에 대한 막중한 책임을 자청한다. 동시에 아버지의 잘못을 용서하고 어머니의 잘못을 질책하는 판관 역할도 자임한다. 가부장 체제 바깥의 인물로 의붓아들을 데리고 아버지와 결혼했던 요코의 자리를 엄격하게 신문했던 것도, 기차역에서 자매들과 상의도 없이 "우리랑 같이 살래?" 제안했던 것도 그러니 별도의 설명을 필요로 하지 않는다. 아버지의 딸로서, 아버지의 자리를 다시 복원하기 위한 정해진

과업을 수행했던 것이기 때문이다.

그리하여 사치는 생물학적 여성이면서 가부장제를 승계하는 적자嫡子로서 상징적 아들-남성의 역할을 담당한다. 가부장의 자리를 대신해서 그 명령을 대리 발화하는 자로서, 막내인 스즈를 거두고 잘 보살피는 책무도, 부족한 모성성에 대한 단호한 응징을 가하는 것도 자신의 일이라 자임하는 것이다. "내가 죄가 많은 거 알지만 따지고 보면 바람 피운 네 아빠가 원인"이라는 엄마의 항변 같은 것은 그러니 받아들여지지 않는다.

요리하기도 싫어해서 오래 끓여야 하는 고기 대신 해산물 넣은 카레만 유일하게 사치에게 가르쳐주었던 엄마는 오랜만에 딸들과 만났을 때 차마 큰딸인 사치의 눈을 제대로 마주치지도 못한다. 가마쿠라의 집을 소중히 다루며 평화롭고 안정적인 일상을 이어가는 사치는 울창한 나무들로 둘러싸인 오래된 집에서 늘 숨이 막혔던, 지금보다 젊었던 엄마를 이해할 생각이 없어 보인다. 혹은 어쩌면 아버지처럼, 너무 늦은 뒤에야 그 심경을 헤아릴 수 있게 될지도 모른다.

스즈의 의붓엄마 요코는 영화 초반 장례식 장면 이후 사라지지만 몇몇 에피소드에서 여전히 질책과 배척의 대상으로 뒤늦게 소환된다. "새엄마 제일 싫어!", 멋모르고 마신 매실주에 곯아떨어진 스즈의 술주정은 장례식 장면에서 분출됐던 사치의 적대감을 정당화하는 역할을 한다. "새엄마 입장에서는 골칫거리도 보내고 완전히 일석이조"라고 뒷담화하던 요시노의 남자친구가 가마쿠라로의 이사를 스즈 스스로 결정한 것처럼 "(새엄마가) 말하라고 시켰을 것"이라고 난데없이 장담하는 장면도 그러한 맥락에 놓인다. 우리는 장례식장에서 슬픔에 겨운 요코의 모습만 잠시 보았을 뿐이나, 반복되는 영화적 질책 끝에 아들과 단 둘이 남은 젊은 엄마는 동정의 여지 없는 악녀가 된다.

여자들끼리 '폭탄 돌리기'

엄마 미야코와 세 자매, 그리고 스즈가 처음으로 한 장면에 담기는 추도식 장면은 영화 속 여성들이 처한 곤경을 함축한다(사진 4). 뒤늦게 도착해서 화면 왼쪽으로 진입한 엄마는 그나마 자신을 반기는 두 딸 요시노, 치카와 나란히 선다. 그리고 맞은편에 마치 대결을 준비하듯 서 있는 사치, 스즈와 마주 본다. 오랜만에 딸들을 만난 엄마는 반가움을 다 표현할 자격이 없다고 자책하고, 그 엄마의 자책과 판관의 눈을 치뜬 언니 사치의 적대감 사이에서 요시노와 치카는 어쩔 줄 몰라 하며 민망해한다.

여전히 죄 많은 엄마는 큰딸의 눈길을 마주치지 못한 채, 자신을 버리고 떠난 남편과 남편을 빼앗았던 여자와의 사이에서 태어난 스즈와 처음 인사를 나눈다. 그 공손한 인사에 더욱 공손히 답하는 스즈의 어깨는 한껏 위축돼 보인다. 무책임하게 자리를 비워버린 가부장으로 인

사진 4〉 가부장이 던지고 간 폭탄이 남은 여자들 사이를 순환한다. 죄책감과 민망함과 어색함과 증오가 마구 뒤엉키는 감정의 미장센.

해 야기된 수많은 상처들이 여성에게서 다른 여성으로 물고 물리며 순환한다. 사치의 말처럼 잘못한 사람은 없는데, 그 자리에 있는 모든 여자들이 불편하고 행복하지 못하다. 이를 가부장이 남은 여자들에게 넘긴 '폭탄 돌리기'라 해야 할까.

언제 터질지 모르는 폭탄은 째깍 소리와 함께 남아 있는 여자들 사이를 오간다. "부인 있는 남자를 사랑하다니. 그러면 안 되는 건데…", 스즈의 말에는 자신을 따뜻하게 품은 이복 자매들에 대한 사죄가 담겨 있다. 하지만 스즈는 알지 못한다. 이 말이 부인 있는 남자를 사랑하는 사치에게 화살이 돼 꽂혔다는 것을. "신랑이 바람난 건 너한테도 책임이 있다"며 조카인 미야코에게 부당하게 책임을 전가하는 이모할머니의 말은, 어쩌면 '바람난 신랑'과 내연 관계를 맺고 있는 사치가 내심 그 남자의 아내에게 하고 싶었던 치졸한 변명인지도 모른다. "오늘 미안하구나, 어색하지?", 자신의 남편을 빼앗아간 여자의 딸에게 사과하는 엄마 미야코와 그 사과를 받으며 스즈는 더 어색하기만 할 뿐이다. 그렇게 근원이 사라진 상처 앞에서 남은 여자들 사이에서 "미안해"라는 말만 공허하게 순환한다.

모성성은 〈바닷마을 다이어리〉의 여성 공동체를 구축하고 이끌어가는 동력으로, 사치네 네 자매 집은 일종의 모계가족으로 구성된다. 일찌감치 가부장이 떠나고 엄마도 떠나버린 그 집을 지켜온 건 외할머니였고, 그 외할머니의 외손주들이 지켜간다. 그러나 스즈와 함께 자매들은 '아버지의 이름으로' 가족이 된다. 아버지의 추억과, 아버지의 입맛과, 아버지의 취미와, 아버지가 즐겨 보내던 시선을 모자이크하듯 짜 맞춤으로써 죽은 아버지는 자신이 버리고 떠났던 집으로의 귀가를 완료하고 네 자매와 함께 '살아간다'.

이처럼 죽은 아버지와 딸들의 유대 구축을 위해 정작 살아 있는 엄마와 딸들 간의 연대 가능성은 거의 배제된다. 자신이 책임질 일이 아닌데도 습관적으로 "미안해"라고 말하던 사치는 10년 전 할머니가 담근 매실주만을 돌아가는 미야코에게 건네는 것으로 엄마에게 퍼부었던 날 선 공격에 대한 사과를 대략, 일방적으로 '퉁친다'. 아버지의 DNA를 나눈 자매와의 연대는 아버지의 딸들에게 기본 값으로 전제되지만, 가부장과의 불화와 모성의 방기로 낙인찍힌 엄마-여성에게는 기회가 주어지지 않는다.

'참을 수 없는 밥하기의 가벼움'

고레에다 히로카즈 특유의 일상의 리얼리티는 〈바닷마을 다이어리〉에서 특히 빛난다. 거의 가마쿠라 홍보 영화 혹은 가마쿠라 지역에 관한 민속지 영화로 느껴질 만큼 로케이션 지역의 세세한 풍습과 풍속이 디테일하게 화면에 담긴다. 그 삶의 풍경을 지켜보는 것만으로도 눈과 마음이 넉넉해진다. 당장이라도 배낭 메고 떠나면 바로 그곳에서 영화 속 인물들을 만날 수 있을 것만 같다. 하지만 역설적이게도, 〈바닷마을 다이어리〉에는 그러한 영화적 인상과 충돌하는 어떤 생략 혹은 결여 또한 두드러진다.

가령 별다른 사전 작업 없이 전격적으로 단행된 네 자매의 가족-되기는 이렇다 할 위기 국면 없이 이루어진다. 이건 영화의 메시지에 대한 공감 여부와 별개로 플롯의 긴장을 느슨하게 한다는 점에서 아쉬운 대목이다. 문제는 그 모든 것이 거의 완벽하게 '아무 문제 없이' 이루어진다는 데 있다. 아버지-남성들이 떠난 집에 남아 있는 여자들의 삶에서 생존의 지속에서 반드시 느껴짐 직한 삶의 양감, 무게나 질감이 좀처럼 와 닿지 않는 것이다.

무엇보다도 가부장제의 상징적 아들로서 플롯을 이끌어가는 사치에 대한 묘사에서는 일상의 질감과 구체성이 거의 느껴지지 않는다. 간호사로 "10년을 일에만 매진했다"며 동생 요시노는 전문직 여성으로서 언니인 사치의 성실함과 노력을 증언하지만, 그런데도 사치가 감당하는 가사 노동의 양을 꼽아보면 어마어마해서 실로 비현실적이기까지 하다. 육체적·정서적 노동 강도가 결코 만만치 않은 간호사 업무를 충실하게 다 해내면서도 〈로마〉에서 클레오만큼이나 과중한 가사 노동을 척척 맡아내는 사치는 단 한 번도 피곤한 기색을 보이지 않고, 푸념 한 번 하지 않는다.

몇 차례 "그냥 사 먹자"던 동생들 말에 단 한 번도 응하지 않는 사치는 국수도 직접 말고, 계단 물걸레질도 직접 하며, 빨래를 널고 개는 일도, 해마다 매실주를 알콜, 무알콜로 나누어 담가 일일이 사람들에게 나누어주는 일도 다 맡거나 지휘한다. 그래서 사치는 거의 빈손일 때가 없다. 인물들과 대화를 할 때 거실에 놓인 탁자를 닦거나, 찻잔을 나르며 화면으로 진입하고, 대화하는 인물들 뒤에서 밥상을 차리곤 한다.

현실에서 만나기 힘들 이 수퍼 우먼은 게다가 병원 의사 카즈야와의 불륜 관계에서도 특유의 (초)능력을 유감없이 발휘한다. 카즈야가 거실에 앉아 기다리면 사치는 식사를 챙겨 와 마주 보고 밥을 먹는다. 책꽂이에서 책을 꺼내는 카즈야 옆에서 사치가 부엌 행주를 들고 싱크대를 정리 정돈하는 모습은 마치 오래된 부부의 일상처럼 느껴진다.

침대에 함께 잠들어 있는 요시노와 남자친구의 발을 클로즈업하는 〈바닷마을 다이어리〉의 첫 장면은 고레에다 히로카즈 영화에서 좀처럼 보기 힘든 오프닝이었다. 하지만 정작 불륜 관계임에도 사치와 카즈야가 함께하는 장면에서 성적 긴장감은 거의 느껴지지 않는다. 그럴 때 사치는 로맨스에 매진하는 여성이 아니라 차라리 가사 도우미처럼 보이기까지 한다.

그렇게 불륜남의 집마서 자신의 집처럼 완벽하게 책임지며 하루 세 끼 먹고 치우는 노동의 무한 반복이 사치에게는 '아무 문제 없이' 지속된다. 안 그래도, 좀처럼 앞치마를 두른 남자를 볼 수 없던 고레에다 히로카즈의 영화세상이 점점 '아버지가 되어가는' 이야기들로 채워진다고 느끼는 즈음이었다. 그래서 〈바닷마을 다이어리〉의 무해한 판타지를 어떻게든 수긍하고 싶어도 끝내 마음에 걸렸다. '밥벌이의 지겨움'* 만큼이나 지리멸렬하며 가혹한 하루 세 끼 챙겨 먹기/먹이기에 늘 부대끼는 사람으로서, 돌봄과 헌신의 여성 공동체가 제공하는 위로와 격려가 '참을 수 없는 밥하기의 가벼움'으로부터 올 수는 없다고 생각하기 때문이다. 여전히 '여성의 이름으로' 분투할 먼 곳의 살아 있는 엄마를 외면한 채, 죽은 '아버지의 이름으로' 그림처럼 화목한 자매들의 집이라면 더욱.

---

* 김훈, 『밥벌이의 지겨움』, 생각의나무, 2007.

에필로그

'여성 서사라는 현실'

프롤로그에서 나는 "새로운 밀레니엄을 맞으며 한국 영화 지평에서 '여성의 실종'이 처음 이슈화되던 때로부터 어언 20년쯤의 시간이 흐른 지금, 현실은 전혀 변화하지 않았거나 오히려 나빠지고 있는 중이다"라고 적었다. 하지만 이 진술은 상당 정도 부정확하거나 틀렸다. 아니, '에필로그를 작성해야 하는 지점에서 부정확하거나 틀린 진술이 되었다'고 해야 정확하겠다. '남성들만의 세상으로서의 영화'에 대한 문제 제기를 정리해야겠다며 한국연구재단 프로젝트를 구상하던 2017년 하반기와 연구계획서를 제출했던 2018년 2월의 시점에서 위의 진술은 거의 모자람 없는 진실이었다. 박스 오피스에 오른 20위의 한국 영화 중 벡델 테스트를 통과하는 영화가 단 1편이었던 2017년을 막 보내고 난 뒤였지 않은가.

그런데 2019년 한국 영화 박스 오피스 중에서 〈기생충〉, 〈엑시트〉, 〈나쁜 녀석들: 더 무비〉, 〈82년생 김지영〉, 〈가장 보통의 연애〉 등 5편의 영화가 벡델 테스트를 통과했다. 박스 오피스 전체 30편 중 43.3%

에 달하는 13편이 벡델 테스트를 통과했으며,[1] 관중 동원 2위를 기록한 〈엑시트〉에서 여성 주인공 의주 역의 배우 임윤아는 남성 주인공인 용남 역의 조정석만큼, 아니 조정석보다 더 날래게 뛰어다녔다. 2014년부터 2018년까지 한국 상업영화 평균 개봉작 76편 중 7.9%에 불과했던 여성 감독의 작품은 2019년 흥행 순위 10위권에만 〈82년생 김지영〉, 〈돈〉, 〈가장 보통의 연애〉, 〈말모이〉 등 4편이었다.

여성들이 만드는 영화세상의 지평 확대를 알리는 소식들은 2020년에도 이어졌다. 2020년 한국 영화산업 결산에 따르면 실질 개봉작 165편의 헤드스태프 여성 참여율은 감독 38명(21.5%), 제작자 50명(24.0%), 프로듀서 50명(25.6%), 주연 67명(42.1%), 각본가 43명(25.9%), 촬영감독 19명(8.8%)으로, 모든 직종에서 여성 비중의 상승을 확인할 수 있다. 특히 감독과 주연의 비중이 지난 5년 동안 가장 높은 수치이며 증가 폭도 컸다거나, 흥행 순위 30위 영화 중 벡델 테스트를 통과한 영화가 총 15편(53.6%)으로 전년도보다 증가했다는 점도 눈에 띈다.[2]

그럼에도, 여전히 여성 서사는 영화세상의 중심으로 진입하지 못하고 주변을 서성인다. 그렇게 서성이는 무리들의 형상이 좀 더 거대해지고 있으며 발소리가 점차 웅장해지고 있음도 부인할 수 없지만, '현실은 변화하고 있으며 좋아지고 있는 중'이라고 적는 건 그러니 성급한 것일 수 있다. 하지만 여성들의 삶의 경험과 감각을 존중하는 상상력으로 현실을 살아가는 여성들에게 격려를 전하는 '여성 서사라는 현실'은 이제 '돌이킬 수 없음'의 단단함으로 우리 앞에 성큼 다가와 있다. 책의 기획과 발간이라는 시간적 격차가 만든 이 판단의 '차이'와 '어긋남'은 당혹스럽기

---

1 한국영화진흥위원회, 『2019 한국영화산업결산』, 114쪽.

2 정유진, "2020년 한국 영화 극장 매출액, 2005년 이후 최저치⋯女 파워 상승", 〈뉴스1〉, https://www.news1.kr/articles/?4217143

보다 반갑다. 앞이 보이지 않는 어둠 속에서 이 차이를 만들어낸 많은 이들의 수고와 노력에 깊은 경의를 표한다.

찾아보기

ㄱ

『가부장제의 창조』 31, 32
가브론, 사라 23
가브리엘리니, 에도아르도 175
〈가장 보통의 연애〉 353, 354
〈가족의 탄생〉 5, 210~213, 215,
　　218~222, 343
가호 338
강우석 39
강제규 40
강지윤 161, 162
강혜정 10
거윅, 그레타 346
〈걸어도 걸어도〉 337, 338
게이, 록산 77, 293, 294, 297

〈경축! 우리 사랑〉 217
고두심 210, 211, 215
고레에다 히로카즈 337, 338,
　　344~346, 350~352
〈고령가 소년 살인사건〉 161, 166
고리스, 마를렌 288
고서희 21
고수희 78
고아성 20, 21
〈공동경비구역 JSA〉 104, 117, 120,
　　121, 124
공효진 189, 210, 211, 218
곽경택 39
곽신애 20, 21
〈괴물〉 20~29, 163~165,
　　197~199, 292

구드, 매튜 316

구아다니노, 루카 174, 215

국가인권위원회 223, 224

〈군함도〉 39

권종관 151~153, 155, 160

〈귀향〉 148

그라프, 마르코 285

〈그래비티〉 242, 252~254, 285

그레이엄, 캐서린 260, 261, 269

그린, 그레이엄 105

『근대성의 젠더』 182

〈기생충〉 4, 9, 19~26, 29~31, 292,
    353

기주봉 118

기타코지 다카시 73

기파랑 152

김광림 53

김뢰하 56

〈김복남 살인사건의 전말〉 207

김상경 55

김새론 200

김소영 23, 60, 70, 74

김소영(배우) 130

김수안 39

김승옥 162

김승우 207

김여진 79

김영미 306

김영서 147, 149

김영재 217

김용택 65

김용한 202

김용화 37

김원 293, 300, 304, 311, 313

김원희 152

김유정 200

김윤석 200

김의석 167, 170

김정은 216, 223

김주혁 167

김주환 38

김준성 217

김지수 5, 137, 142, 150

김지혜 297

김진숙 307

김최용준 131

김태리 39

김태용 210, 343

김태우 119

김향기 39

김현준 131

김형구 98

김혜리 244

김혜수 209

김혜옥 194, 210, 211

김혜자 5, 20, 28, 207

김호정 21

김홍집 164

김효서 200

〈꾼〉 39

ㄴ

나가사와 마사미 338

나나 39

〈나는 아들을 사랑하지 않는다〉
　339, 342

〈나를 찾아줘〉 207, 208

〈나쁜 녀석들: 더 무비〉 353

『나쁜 페미니스트』 293

나오르, 이갈 87

나홍진 200

〈날 보러 와요〉 53

남다은 68, 166, 253, 254

남보라 203

네부, 메디 87

닉슨, 리처드 260, 275

ㄷ

다르덴 형제 167

달리아, 헤이토르 43

〈당신의 부탁〉 219, 220

〈더 킹〉 38

〈더 포스트〉 259~262, 265, 266,
　274, 276, 278~281

데 타비라, 마리나 285

〈데저트 플라워〉 47, 51

델 토로, 베니시오 109, 116

〈델마〉 329, 330, 333, 335, 336

〈델마와 루이스〉 288

델보노, 피포 177

〈도가니〉 148

〈돈〉 354

〈돈 크라이 마미〉 202, 206

동일방직
　노조 310
　누드 시위 301
　오물 투척 사건 301

〈동전 모으는 소년〉 151~153, 156,
　159, 161~165

동호 202

드 팔마, 브라이언 111

드미, 조나단 104

디리, 와리스 47, 50, 52
디버, 케이틀린 146
〈디아볼릭〉 155
『DMZ』 119
디킨스, 로지 111
〈똥파리〉 212

ㄹ

라, 미셸 244
라파엘센, 헨릭 330
러너, 거다 31, 32
러시, 제프리 86
레너, 제레미 105, 107
〈레이디 버드〉 346
레츠, 트레이시 265
로드, 오드리 294, 297
로르와처, 알바 179
〈로마〉 4, 281, 282, 284~288, 290,
        291, 294, 295, 297, 351
〈로스트〉 45, 47~49
론데일, 마셸 91
루베스키, 에마누엘 252
류승범 210, 216
류승완 39
류태호 29

르 귄, 어슐러 281
리치, 에이드리언 187, 188, 254
리프턴, 로버트 132

ㅁ

마그리트, 르네 302
〈마더〉 20, 21, 27~29, 151,
        163~165, 198, 207, 246, 250
마에다 오시로 339
마키, 앤서니 49
〈말모이〉 353
〈매드 맥스: 분노의 도로〉 124
매카시, 톰 145, 259
맥길리스, 켈리 196
맥나마라, 로버트 275, 276
〈먼지〉 214, 215
멀로니, 더모트 326
멀리건, 캐리 23
메수드, 클레어 77
메싱, 데브라 246
메이어, 골다 84
〈모던 보이〉 223
〈모두가 대통령의 사람들〉 259, 260
모란디, 조르조 177
모랭, 에드가 142

모에닉, 케이트 42
「무진기행」 162
문소리 5, 10, 77, 80, 82, 210, 211, 215
문희라 21
〈뮌헨〉 75, 84~88, 90~92
〈미씽: 사라진 여자〉 189~191
〈미옥〉 209
'미투' 운동 259
〈믿을 수 없는 이야기〉 146~149
『믿을 수 없는 강간 이야기』 149
밀러, 조지 124

ㅂ

바나, 에릭 84, 90
〈바닷마을 다이어리〉 337~339, 342~344, 346, 349~352
〈바람난 가족〉 212
바흐오펜, 요한 187
박노식 29
박명신 64
박명훈 19
박상연 119, 120
박성웅 139
박세범 102

박소담 22
박유희 121
〈박쥐〉 317
박찬욱 117, 119~121, 316, 317
〈박하사탕〉 4, 58, 75, 76, 78~80, 82, 83, 93, 100~103, 151, 184
박해일 29, 39
박해준 225, 229
배경민 101
〈배낭을 멘 소년〉 223, 225
배두나 21, 25
배러클러프, 루스 310, 311
백종학 95
〈버닝〉 9~12, 14~19
번탈, 존 112
베치, 크리스토페르 342
베크만베토프, 티무르 244
벡델, 앨리슨 37
    벡델 테스트 37, 38, 278, 353, 354
변희봉 54, 197
『보이스』 281
〈봄날은 간다〉 14, 17, 93, 95, 97, 98, 100, 216
봉준호 4, 19~30, 39, 53, 54, 57, 58, 61~63, 71, 151, 163, 197,

207, 246

봉태규 210, 211

브뉘엘, 루이스 159

브롤린, 조시 109, 116

블런트, 에밀리 5, 108, 125

〈블로우업〉 14

블록, 산드라 252

〈비밀은 없다〉 166, 207

빌뇌브, 드니 108

ㅅ

〈4등〉 4, 17, 223~228, 230, 231,
　　233, 234, 236, 238, 239, 241

〈사랑니〉 216, 223, 225, 239

『사막의 꽃』 47

사이프리드, 아만다 41

〈살아남은 아이〉 169

〈살인의 추억〉 4, 14, 19~22, 26,
　　29, 30, 39, 53~74, 113, 151,
　　163, 165, 168, 300

〈생강〉 223

서동원 140

서영희 200, 207

서정 79

서정주 213

〈서치〉 206, 242~247, 249~251,
　　253, 255

〈서프러제트〉 23

선자타, 대니얼 42

설경구 58, 76

〈설국열차〉 20~22, 29, 30

성유빈 169

세즈윅, 이브 12

셰리든, 테일러 105, 108, 116, 166,
　　172

소머빌, 필리스 320

손, 사라 245

손예진 99, 207

손희정 148, 150

솔리마, 스테파노 116

송강호 19, 20, 53, 64, 66, 72, 119

스윈튼, 틸다 5, 20, 175

스콧, 리들리 124, 288

〈스토커〉 316~319, 321, 325,
　　328~330, 333, 335, 336

스톤, 엠마 288

스트립, 메릴 5, 260, 261

〈스포트라이트〉 145, 148, 259

스필버그, 스티븐 4, 84, 85, 87, 91,
　　92, 259

〈시〉 14, 64~66, 68~70, 73, 74,

136, 166, 172

〈시카리오: 암살자의 도시〉 104,
　　　105, 108, 110, 111, 114~116,
　　　118, 124

〈시카리오: 데이 오브 솔다드〉 116

신경숙 81

〈신과 함께 – 죄와 벌〉 37

신동석 169

「신부新婦」 213

신지훈 166

〈실미도〉 39

실버만, 카자 44, 45, 131

심석희 224

심은하 99

ㅇ

「아네스의 노래」 66, 172

아말릭, 마티유 90

〈아무도 모른다〉 337, 338, 344,
　　　346

아야세 하루카 338

〈아이 엠 러브〉 174, 175, 177, 179,
　　　181~184

〈아저씨〉 200~202

아파리시오, 얄리차 284

안드레센, 아릴드 339

안서현 21

〈안토니아스 라인〉 288

안토니오니, 미켈란젤로 14

알튀세르, 루이 317, 318

애덤스, 존 174, 179

앤더슨, 질리언 104

야기라 유야 346

양, 에드워드 161, 166

〈양들의 침묵〉 104

양익준 212

〈언노운 걸〉 167

엄지원 189, 190

엄태웅 210, 211

에런라이크, 올던 320

〈에이리언〉 124

〈엑스파일〉 104

〈엑시트〉 353, 354

『여공 1970: 그녀들의 反역사』 293,
　　　300

『여성의 우정에 관하여 – 자매애에서
　　　동성애까지 그 친밀한 관계의 역
　　　사』 292

여성주의(적) 28, 288, 317

〈여자, 정혜〉 126, 137, 138,
　　　141~143, 150, 192, 196

연, 스티븐 10, 15

예이젠시테인, 세르게이 307

옐롬, 메릴린 292

오점균 217

오타케 시노부 344

오혜진 31

〈옥자〉 20~22, 29, 30

올슨, 엘리자베스 106, 125

와시코브스카, 미아 316

와인스타인, 하비 259

『외딴 방』 81

외스틀룬드, 루벤 289

요너, 크리스토퍼 342

우고나 56

우애령 139

〈워싱턴 포스트〉 260, 261, 263,
　　265, 276

워터게이트 사건 260

원빈 201

〈웰컴 투 동막골〉 10

〈위로공단〉 298~302, 305, 306,
　　309~313, 315

위버, 재키 320

위커샴, 에밀리 41

〈윈드리버〉 104~106, 108,
　　112~116, 121, 122, 124, 166,
　　171, 172

윌킨스, 카야 331

유 337

유선 202

유아인 9

유재명 228

유재상 224

유지태 15, 93

유코 나카무라 342

윤정희 64, 166

윤찬영 219

〈은교〉 224

이경미 166

이다윗 65

이대연 140

이동은 219

이동진 16

이동호 22

이라혜 211

이미경 21

이병헌 119

이선균 19

이성재 21

이수진(감독) 126, 127

이수진 231

이승희 168

이안규 209

이언희 189

이영란 135

이영애 5, 93, 99, 117, 125, 207,
    208

〈2001 스페이스 오딧세이〉 254

이윤기 137, 138, 192, 193

이윤종 309

이정범 200

이정은 19

이정현 39

이창동 4, 9, 12~16, 18, 36, 64, 74,
    82, 102, 136, 166

이태성 217

이항나 224, 230

이현재 263

〈인형의 집〉 174

〈1987〉 37

임상수 212

임수정 99, 219, 220

임윤아 354

임흥순 298, 299, 302

입센, 헨리크 174

ㅈ

자매애 282, 285, 288, 292~294,
    297, 309, 310, 312, 318

장영엽 244

장준환 37

장철수 207

장혜진 19, 22

장훈 37

전도연 176, 239

전미선 20

전소니 168

전여빈 168

전종서 9

정가람 228, 229

정명희 128

〈정사〉 14

정성일 23, 272

정우숙 27, 165, 198

정유미 210, 211, 216

정인선 131

정지우 4, 17, 176, 216, 223~226,
    230, 236, 239

「정혜」 139, 192

정홍채 215

정희진 77, 134

조, 존 206, 243, 244

조던, 제임스 108

조여정 19

조정래 148

조정석 354

〈죄 많은 소녀〉 151, 167, 169, 170

주러, 아예렛 89

주유신 148

주진모 176, 210, 212

지쉴러, 한스 87

〈집으로〉 10

ㅊ

차간티, 아니시 206, 242, 246, 251

천우희 5, 126, 150

〈청년경찰〉 38

체칙, 제레미아 S. 155

초우, 켈시 105

최무성 231, 232

최민식 176

최숙현 224

최우식 22

추, 존 243

〈추격자〉 200, 201

츠츠미 신이치 344

〈친구〉 39

〈친절한 금자씨〉 207, 317

〈칠드런 오브 맨〉 285

ㅋ

카메론, 제임스 124

카소비츠, 마티유 86

카플란, 조나단 195

〈캐리〉 111

컬루야, 대니얼 110

콩슬리, 리사 로벤 289

쿠아론, 알폰소 4, 252, 281, 284,
        285, 287, 294

쿤게, 요하네스 290

큐브릭, 스탠리 254

크레이그, 대니얼 87

〈크레이지 리치 아시안〉 243

크로즈, 마리조제 87

클루조, 앙리 조르주 155

키드먼, 니콜 315, 325

키비디, 리야 47

키키 키린 337, 345, 346

ㅌ

〈태극기 휘날리며〉 10, 39
〈택시운전사〉 37
〈터미네이터〉 124
테일러, 테이트 288
『트라우마 – 가정폭력에서 정치적 테
　러까지』 128
트럼프, 도널드 260
트리에, 요아킴 329

ㅍ

파레, 마이클 41
파렌티, 플라비오 177
〈파업〉 307
파이아토, 마리아 179
파쿨라, 앨런 J. 259
〈8월의 크리스마스〉 99
〈82년생 김지영〉 353, 354
페미니스트 32, 292~294
페미니즘 262, 281, 293
페테르센, 엘렌 도리트 335, 342
펜타곤 페이퍼 260, 262, 265, 266,
　270, 273, 275, 278
펠스키, 리타 182

포, 에드거 앨런 62
〈포스 마쥬어: 화이트 베케이션〉
　289, 290
포스터, 조디 104, 195
폴슨, 사라 279
〈플란다스의 개〉 20, 21, 24, 26
〈피고인〉 195
피에타 이미지 193, 195, 196

ㅎ

하보, 에일리 330
하인즈, 키어런 87
하정우 200
〈한공주〉 126, 128, 129, 131, 134,
　136~138, 147, 150, 166, 194,
　196
한석규 99
한수영 66
한재림 38
할례 49, 51
해스켈, 몰리 35
〈해피엔드〉 176, 178, 223, 225,
　239
행크스, 톰 262
허먼, 주디스 128, 133, 149

허문영 69, 252

허진호 15, 17, 99, 216

〈헬프〉 288, 293

호만, 쉐리 47

호킨스, 샐리 47

홍재희 214

〈황금시대〉 152, 159

황동혁 148

황정민 141

황지영 330

〈후라이드 그린 토마토〉 288

횟퍼드, 브래들리 267

히로세 스즈 338

힐리, 펫 261